THÉATRE CLASSIQUE
DES FRANÇAIS.
TOME XIX.

THÉATRE
CHOISI
DE VOLTAIRE.
TOME TROISIÈME.

THÉATRE
CHOISI
DE VOLTAIRE.

TOME TROISIÈME.

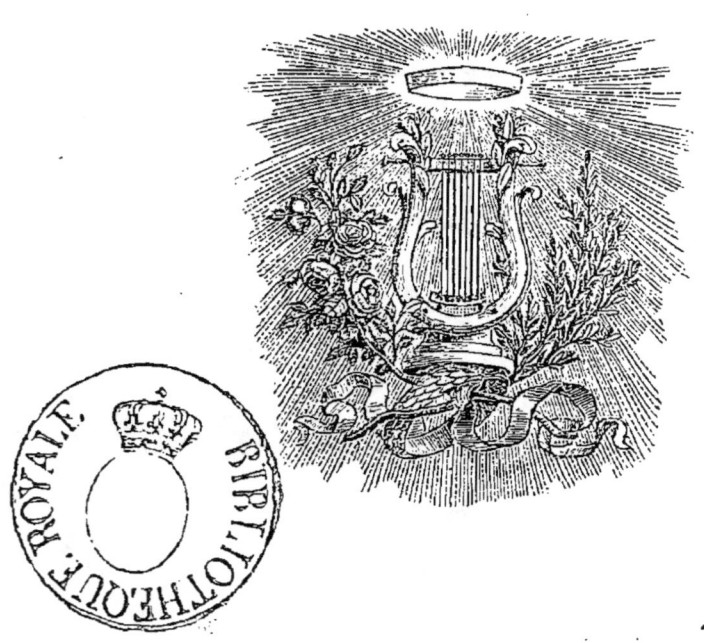

PARIS,
CHEZ TREUTTEL ET WÜRTZ, RUE DE LILLE, N° 17;
ET MÊME MAISON DE COMMERCE,
A STRASBOURG, GRAND'RUE, N° 15. — LONDRES, 30, SOHO-SQUARE.
1831.

ZULIME,

TRAGÉDIE

Représentée, pour la première fois, le 8 juin 1740.

Reprise le 29 déc. 1761, avec les changements à la suite.

AVERTISSEMENT.

Les trois premiers actes de la tragédie de *Zulime*, dont le rôle principal était joué par mademoiselle Dumesnil, furent assez applaudis, en 1740 : mais les deux derniers actes, moins bien accueillis, firent retirer la pièce, qui éprouva beaucoup de changements à cet égard. Elle fut reprise en 1761 et 1762, avec un succès auquel sans doute mademoiselle Clairon ne laissa pas de contribuer *. L'heureuse idée de corriger ce que le plan de *Bajazet* surtout offrait de défectueux, se trouve remplie en partie par Voltaire. Roxane, qui trahit cruellement Amurat, intéresse bien moins que Zulime, dont les emportements sont ceux d'une femme égarée, mais non corrompue par la passion. L'une et l'autre pièce, analogues par le sujet, étaient susceptibles de plusieurs dénouements. Sous ce rapport, le cinquième acte de Bajazet a été jugé inférieur à celui de Zulime.

* Voyez l'Épître qui suit.

AVERTISSEMENT.

C'est une catastrophe remarquable, comme on l'a observé, que celle où Zulime arrache le poignard à sa rivale, en s'écriant :

C'est à moi de mourir, puisque c'est toi qu'on aime.

Mais néanmoins, le rôle passionné du personnage principal faisant plus d'effet que celui d'Atide, on était affligé de voir Zulime sacrifiée. C'est ce qui a fait changer, en 1761, la scène du dénouement, où Atide périt. Ce motif détermine au moins l'addition des *Variantes* du cinquième acte, ainsi que celles du quatrième, auquel on reprochait de la langueur et de la monotonie, et qui a été également refait, sauf les vers distingués par une étoile.

ÉPITRE

A MADEMOISELLE CLAIRON.

Cette tragédie vous appartient, Mademoiselle ; vous l'avez fait supporter au théâtre. Les talents comme les vôtres ont un avantage assez unique, c'est celui de ressusciter les morts : c'est ce qui vous est arrivé quelquefois. Il faut avouer que, sans les grands acteurs, une pièce de théâtre est sans vie : c'est vous qui lui donnez l'ame. La tragédie est encore plus faite pour être représentée que pour être lue; et c'est sur quoi je prendrai la liberté de dire qu'il est bien singulier qu'un ouvrage qui est innocent à la lecture, puisse devenir coupable aux yeux de certaines gens en acquérant le mérite qui lui est propre, celui de paraître sur le théâtre. On ne comprendra pas un jour qu'on ait pu faire des reproches à mademoiselle de Champmêlé de jouer Chimène, lorsqu'Augustin Courbé et Mabre Cramoisi qui l'imprimaient, étaient marguilliers de leur paroisse; et l'on jouera peut-être un jour sur le théâtre ces contradictions de nos mœurs.

Je n'ai jamais conçu qu'un jeune homme qui réciterait en public une *Philippique* de Cicéron, dût déplaire mortellement à certaines personnes qui prétendent lire avec un plaisir extrême les injures grossières que ce Cicéron dit éloquemment à Marc-Antoine. Je ne vois pas non plus qu'il y ait un grand mal à prononcer tout haut des vers français que tous les honnêtes gens lisent, ou même des vers qu'on ne lit guère : c'est un ridicule qui m'a souvent frappé parmi bien d'autres; et ce ridicule, tenant à des choses sérieuses, pourrait quelquefois mettre de fort mauvaise humeur.

Quoi qu'il en soit, l'art de la déclamation demande à-la-fois tous les talents extérieurs d'un grand orateur, et tous ceux d'un grand peintre. Il en est de cet art comme de tous ceux que les hommes ont inventés pour charmer l'esprit, les oreilles et les yeux : ils sont tous enfants du génie, tous devenus nécessaires à la société perfectionnée; et ce qui est commun à tous, c'est qu'il ne leur est pas permis d'être médiocres. Il n'y a de véritable gloire que pour les artistes qui atteignent la perfection; le reste n'est que toléré.

Un mot de trop, un mot hors de sa place, gâte le plus beau vers; une belle pensée perd tout son prix, si elle est mal exprimée; elle vous ennuie, si elle est répétée : de même des inflexions de voix, ou déplacées, ou peu justes, ou trop peu variées, dérobent au récit toute sa grâce. Le secret de toucher les cœurs est dans l'assemblage d'une infinité de nuances délicates, en poésie, en éloquence, en déclamation, en peinture : la plus légère dissonance en tout genre est sentie aujourd'hui par les connaisseurs; et voilà peut-être pourquoi l'on trouve si peu de grands artistes : c'est que les défauts sont mieux sentis qu'autrefois. C'est faire votre éloge que de vous dire ici combien les arts sont difficiles. Si je vous parle de mon ouvrage, ce n'est que pour admirer vos talents.

A MADEMOISELLE CLAIRON.

Cette pièce est assez faible. Je la fis autrefois pour essayer de fléchir un père rigoureux qui ne voulait pardonner ni à son gendre ni à sa fille, quoiqu'ils fussent très-estimables, et qu'il n'eût à leur reprocher que d'avoir fait sans son consentement un mariage que lui-même aurait dû leur proposer.

L'aventure de Zulime, tirée de l'histoire des Maures, présentait aux spectateurs une princesse bien plus coupable; et Bénassar son père, en lui pardonnant, ne devait qu'inviter davantage à la clémence ceux qui pourraient avoir à punir une faute plus graciable que celle de Zulime.

Malheureusement la pièce paraît avoir quelque ressemblance avec *Bajazet;* et, pour comble de malheur, elle n'a point d'Acomat; mais aussi cet Acomat me paraît l'effort de l'esprit humain. Je ne vois rien dans l'antiquité ni chez les modernes qui soit dans ce caractère, et la beauté de la diction le relève encore; pas un seul vers ou dur ou faible, pas un mot qui ne soit le mot propre; jamais de sublime hors-d'œuvre, qui cesse alors d'être sublime; jamais de dissertation étrangère au sujet; toutes les convenances parfaitement observées : enfin ce rôle me paraît d'autant plus admirable, qu'il se trouve dans la seule tragédie où l'on pouvait l'introduire, et qu'il aurait été déplacé partout ailleurs.

Le père de Zulime a pu ne pas déplaire, parce qu'il est le premier de cette espèce qu'on ait osé mettre sur le théâtre. Un père qui a une fille unique à punir d'un amour criminel, est une nouveauté qui n'est pas sans intérêt : mais le rôle de Ramire m'a toujours paru très-faible ; et c'est pourquoi je ne voulais plus hasarder cette pièce sur la scène française. Tout n'est qu'amour dans cet ouvrage ; ce n'est pas un défaut de l'art, mais ce n'est pas aussi un grand mérite. Cet amour ne pèche pas contre la vraisemblance : il y a cent exemples de pareilles aventures et de semblables passions ; mais je voudrais que sur le théâtre l'amour fût toujours tragique.

Il est vrai que celui de Zulime est toujours annoncé par elle-même comme une passion très-condamnable ; mais ce n'est pas assez :

Et que l'amour souvent, de remords combattu,
Paraisse une faiblesse, et non une vertu.

Les autres personnages doivent concourir aux effets terribles que toute tragédie doit produire. La médiocrité du personnage de Ramire se répand sur tout l'ouvrage. Un héros qui ne joue d'autre rôle que celui d'être aimé ou amoureux, ne peut jamais émouvoir ; il cesse dès-lors d'être un personnage de tragédie : c'est ce qu'on peut quelquefois reprocher à Racine, si l'on peut reprocher quelque chose à ce grand homme, qui, de tous nos écrivains, est celui qui a le plus approché de la perfection dans l'élégance et la beauté continue de ses ouvrages. C'est surtout le grand vice de la tragédie d'*Ariane*, tragédie d'ailleurs intéressante, remplie des sentiments les plus touchants et les plus naturels, et qui devient excellente quand vous la jouez.

Le malheur de presque toutes les pièces dans lesquelles une amante est trahie, c'est qu'elles retombent toutes dans la situation d'*Ariane;* et ce n'est presque que la même tragédie sous des noms différents.

J'ose croire en général que les tragédies qui peuvent subsister sans cette passion, sont sans contredit les meilleures; non-seulement parce qu'elles sont beaucoup plus difficiles à faire, mais parce que le sujet étant une fois trouvé, l'amour qu'on introduirait y paraîtrait une puérilité, au lieu d'y être un ornement.

Figurez-vous le ridicule qu'une intrigue amoureuse ferait dans Athalie, qu'un grand-prêtre fait égorger à la porte du temple; dans cet Oreste qui venge son père, et qui tue sa mère; dans Mérope, qui, pour venger la mort de son fils, lève le bras sur son fils même; enfin dans la plupart des sujets vraiment tragiques de l'antiquité. L'amour doit régner seul, on l'a déjà dit; il n'est pas fait pour la seconde place. Une intrigue politique dans *Ariane* serait aussi déplacée qu'une intrigue amoureuse dans le parricide d'Oreste. Ne confondons point ici avec l'amour tragique les amours de comédie et d'églogue, les déclarations, les maximes d'élégie, les galanteries de madrigal : elles peuvent faire dans la jeunesse l'amusement de la société; mais les vraies passions sont faites pour la scène; et personne n'a été ni plus digne que vous de les inspirer, ni plus capable de les bien peindre.

PERSONNAGES.

BÉNASSAR, shérif de Trémizène.
ZULIME, sa fille.
MOHADIR, ministre de Bénassar.
RAMIRE, esclave espagnol.
ATIDE, esclave espagnole.
IDAMORE, esclave espagnol.
SÉRAME, attachée à Zulime.
Suite.

La scène est dans un château de la province de Trémizène, sur le bord de la mer d'Afrique.

ZULIME,
TRAGÉDIE.

ACTE PREMIER.

SCÈNE I.

ZULIME, ATIDE, MOHADIR.

ZULIME, *d'une voix basse et entrecoupée, les yeux baissés, et regardant à peine Mohadir.*

Allez, laissez Zulime aux remparts d'Arsénie * :
Partez ; loin de vos yeux je vais cacher ma vie :
Je vais mettre à jamais, dans un autre univers,
Entre mon père et moi la barrière des mers.
Je n'ai plus de patrie, et mon destin m'entraîne.
Retournez, Mohadir, aux murs de Trémizène,
Consolez les vieux ans de mon père affligé :
Je l'outrage et je l'aime ; il est assez vengé.
Puissent les justes cieux changer sa destinée !
Puisse-t-il oublier sa fille infortunée !

MOHADIR.

Qui ? lui ! vous oublier ! grand Dieu, qu'il en est loin !
Que vous prenez, Zulime, un déplorable soin !

---

* Ancienne colonie romaine, nommée *Arsenaria*.

Outragez-vous ainsi le père le plus tendre,
Qui pour vous de son trône était prêt à descendre?
Qui, vous laissant le choix de tant de souverains,
De son sceptre avec joie aurait orné vos mains?
Quoi! dans vous, dans sa fille il trouve une ennemie!
Dans cet affreux dessein seriez-vous affermie?
Ah! ne l'irritez point, revenez dans ses bras.
Mes conseils autrefois ne vous révoltaient pas;
Cette voix d'un vieillard qui nourrit votre enfance
Quelquefois de Zulime obtint plus d'indulgence.
Bénassar votre père espérait aujourd'hui
Que mes soins plus heureux pourraient vous rendre à lui
A son cœur ulcéré que faut-il que j'annonce?

ZULIME.

Porte-lui mes soupirs et mes pleurs pour réponse :
C'est tout ce que je puis; et c'est t'en dire assez.

MOHADIR.

Vous pleurez, vous, Zulime! et vous le trahissez!

ZULIME.

Je ne le trahis point. Le destin qui l'outrage
Aux cruels Turcomans livrait son héritage :
Par ces brigands nouveaux pressé de toutes parts,
De Trémizène en cendre il quitta les remparts;
Et, quel que soit l'objet du soin qui me dévore,
J'ai suivi son exemple.

MOHADIR.

Hélas! suivez-le encore.
Il revient; revenez, dissipez tant d'ennuis :
Remplissez vos devoirs, croyez-moi.

ACTE I, SCÈNE I.

ZULIME.
>Je ne puis.

MOHADIR.
Vous le pouvez. Sachez que nos tristes rivages
Ont vu fuir à la fin nos destructeurs sauvages,
Dispersés, affaiblis, et lassés désormais
Des maux qu'ils ont soufferts, et des maux qu'ils ont faits.
Trémizène renaît, et va revoir son maître :
Sans sa fille, sans vous, le verrons-nous paraître ?
Vous avez dans ce fort entraîné ses soldats :
Des esclaves d'Europe accompagnent vos pas.
Ces chrétiens, ces captifs, le prix de son courage,
Dont jadis la victoire avait fait son partage,
Ont arraché Zulime à ses bras paternels.
Avec qui fuyez-vous ?

ZULIME.
>Ah ! reproches cruels !

Arrêtez, Mohadir.

MOHADIR.
>Non, je ne puis me taire ;

Le reproche est trop juste, et vous m'êtes trop chère :
Non, je ne puis penser, sans honte et sans horreur,
Que l'esclave Ramire a fait votre malheur.

ZULIME.
Ramire esclave !

MOHADIR.
>Il l'est, il était fait pour l'être :

Il naquit dans nos fers ; Bénassar est son maître.
N'est-il pas descendu de ces Goths odieux,
Dans leurs propres foyers, vaincus par nos aïeux ?

Son père à Trémizène est mort dans l'esclavage ;
Et la bonté d'un maître est son seul héritage.
ZULIME.
Ramire esclave ! lui ?
MOHADIR.
C'est un titre qui rend
Notre affront plus sensible, et son crime plus grand.
Quoi donc ! un Espagnol ici commande en maître !
A peine devant vous m'a-t-on laissé paraître ;
A peine ai-je percé la foule des soldats
Qui veillent à sa garde, et qui suivent vos pas.
Vous pleurez malgré vous : la nature outragée
Déchire en s'indignant votre ame partagée.
A vos justes remords n'osez-vous vous livrer ?
Quand on pleure sa faute, on va la réparer.
ATIDE.
Respectez plus ses pleurs, et calmez votre zèle ;
Il ne m'appartient pas de répondre pour elle :
Mais je suis dans le rang de ces infortunés
Qu'un maître redemande, et que vous condamnez.
Je fus comme eux esclave ; et de leur innocence
Peut-être il m'appartient de prendre la défense.
Oui, Ramire a d'un maître éprouvé les bienfaits ;
Mais vous lui devez plus, qu'il ne vous dut jamais.
C'est Ramire, c'est lui, dont l'étonnant courage,
Dans vos murs pris d'assaut et fumants de carnage,
Délivra votre émir, et lui donna le temps
De dérober sa tête au fer des Turcomans.
C'est lui qui comme un dieu, veillant sur sa famille,
Ayant sauvé le père, a défendu la fille :

ACTE I, SCÈNE I.

C'est par ses seuls exploits, enfin, que vous vivez.
Quel prix a-t-il reçu? Seigneur, vous le savez.
Loin des murs tout sanglants de sa ville alarmée,
Bénassar avec peine assemblait une armée;
Et quand vos citoyens, par nos soins respirants,
A quelque ombre de paix ont porté vos tyrans,
Ces Turcs impérieux, qu'aucun devoir n'arrête,
De Ramire et des siens ont demandé la tête;
Et de votre divan la basse cruauté
Souscrivait en tremblant à cet affreux traité.
De Zulime pour nous la bonté généreuse
Vous épargna du moins une paix si honteuse.
Elle acquitte envers nous ce que vous nous devez.
N'insultez point ici ceux qui vous ont sauvés :
Respectez plus Ramire et ces guerriers si braves;
Ils sont vos défenseurs, et non plus vos esclaves.

MOHADIR, *à Zulime.*

Votre secret, Zulime, est enfin révélé :
Ainsi donc par sa voix votre cœur a parlé?

ZULIME.

Oui, je l'avoue.

MOHADIR.

Ah Dieu!

ZULIME.

Coupable, mais sincère,
Je ne puis vous tromper... Tel est mon caractère.

MOHADIR.

Vous voulez donc charger d'un affront si nouveau
Un père infortuné, qui touche à son tombeau?

####### ZULIME.

Vous me faites frémir.

####### MOHADIR.

Repentez-vous, Zulime;
Croyez-moi, votre cœur n'est point né pour le crime.

####### ZULIME.

Je me repens en vain ; tout va se déclarer :
Il est des attentats qu'on ne peut réparer.
Il ne m'appartient pas de soutenir sa vue ;
J'emporte, en le quittant, le remords qui me tue.
Allez : votre présence en ces funestes lieux
Augmente ma douleur, et blesse trop mes yeux.
Mohadir... ah ! partez.

####### MOHADIR.

Hélas ! je vais peut-être
Porter les derniers coups au sein qui vous fit naître !

SCÈNE II.

####### ZULIME, ATIDE.

####### ZULIME.

Ah ! je succombe, Atide ; et ce cœur désolé
Ne soutient plus le poids dont il est accablé.
Vous voyez ce que j'aime, et ce que je redoute,
Une patrie, un père : Atide ! ah ! qu'il en coûte !
Que de retours sur moi ! que de tristes efforts !
Je n'ai dans mon amour senti que des remords.
D'un père infortuné vous concevez l'injure ;
Il est affreux pour moi d'offenser la nature :
Mais Ramire expirait, vous étiez en danger.

ACTE I, SCÈNE II.

Est-ce un crime après tout, que de vous protéger?
Je dois tout à Ramire : il a sauvé ma vie.
A ce départ enfin vous m'avez enhardie :
Vos périls, vos vertus, vos amis malheureux,
Tant de motifs puissants, et l'amour avec eux*,
L'amour qui me conduit : hélas! si l'on m'accuse,
Voilà tous mes forfaits; mais voilà mon excuse.
Je tremble cependant : de pleurs toujours noyés,
De l'abîme où je suis mes yeux sont effrayés.

ATIDE.

Hélas! Ramire et moi nous vous devons la vie;
Vous rendez un héros, un prince à sa patrie;
Le Ciel peut-il haïr un soin si généreux?
Arrachez votre amant à ces bords dangereux.
Ma vie est peu de chose : et je ne suis encore
Qu'une esclave tremblante en des lieux que j'abhorre.
Quoique d'assez grands rois mes aïeux soient issus,
Tout ce que vous quittez, est encore au-dessus.
J'étais votre captive et vous ma protectrice;
Je ne pouvais prétendre à ce grand sacrifice.
Mais Ramire! un héros du ciel abandonné;
Lui qui, de Bénassar esclave infortuné,
A prodigué son sang pour Bénassar lui-même;
Enfin, que vous aimez...

ZULIME.

Atide, si je l'aime!
C'est toi qui découvris, dans mes esprits troublés,
De mon secret penchant les traits mal démêlés.

---

* Var. du second hémistiche, *l'amour plus puissant qu'eux.*

C'est toi qui les nourris, chère Atide; et peut-être
En me parlant de lui, c'est toi qui les fis naître.
C'est toi qui commenças mon téméraire amour;
Ramire a fait le reste, en me sauvant le jour.
J'ai cru fuir nos tyrans, et j'ai suivi Ramire.
J'abandonne pour lui parents, peuples, empire;
Et frémissant encor de ses périls passés,
Je crains dans mon amour de n'en point faire assez.
Cependant, loin de moi se peut-il qu'il s'arrête?
Quoi! Ramire aujourd'hui, trop sûr de sa conquête,
Ne prévient point mes pas, ne vient point consoler
Ce cœur trop asservi, que lui seul peut troubler!

ATIDE.

Eh! ne voyez-vous pas avec quelle prudence
De l'envoyé d'un père il fuyait la présence?

ZULIME.

J'ai tort, je te l'avoue : il a dû s'écarter;
Mais pourquoi si long-temps..?

ATIDE.

A ne vous point flatter,
Tant d'amour, tant de crainte et de délicatesse
Conviennent mal, peut-être, au péril qui nous presse;
Un moment peut nous perdre, et nous ravir le prix
De tant d'heureux travaux par l'amour entrepris;
Entre cet Océan, ces rochers et l'armée,
Ce jour, ce même jour peut vous voir enfermée.
Trop d'amour vous égare; et les cœurs si troublés
Sur leurs vrais intérêts sont toujours aveuglés.

ZULIME.

Non, sur mes intérêts c'est l'amour qui m'éclaire;

ACTE I, SCÈNE II.

Ramire va presser ce départ nécessaire :
L'ordre dépend de lui, tout est entre ses mains :
Souverain de mon ame, il l'est de mes destins.
Que fait-il? est-ce vous, est-ce moi qu'il évite?

ATIDE.

Le voici... Ciel, témoin du trouble qui m'agite,
Ciel, renferme à jamais dans ce sein malheureux
Le funeste secret qui nous perdrait tous deux!

SCÈNE III.

ZULIME, ATIDE, RAMIRE.

RAMIRE.

Madame, enfin des Cieux la clémence suprême
Semble en notre défense agir comme vous-même;
Et les mers et les vents, secondant vos bontés,
Vont nous conduire aux bords si long-temps souhaités.
Valence, de ma race autrefois l'héritage,
A vos pieds plus qu'aux miens portera son hommage.
Madame, Atide et moi, libres par vos secours,
Nous sommes vos sujets, nous le serons toujours.
Quoi! vos yeux à ma voix répondent par des larmes!

ZULIME.

Et pouvez-vous penser que je sois sans alarmes?
L'amour veut que je parte, il lui faut obéir :
Vous savez qui je quitte, et qui j'ai pu trahir.
J'ai mis entre vos mains ma fortune, ma vie,
Ma gloire encor plus chère, et que je sacrifie.
Je dépends de vous seul... Ah! prince, avant ce jour,
Plus d'un cœur a gémi d'écouter trop d'amour;

Plus d'une amante, hélas! cruellement séduite,
A pleuré vainement sa faiblesse et sa fuite.

RAMIRE.

Je ne condamne point de si justes terreurs.
Vous faites tout pour nous; oui, Madame, et nos cœurs
N'ont, pour vous rassurer dans votre défiance,
Qu'un hommage inutile et beaucoup d'espérance.
Esclave auprès de vous, mes yeux à peine ouverts
Ont connu vos grandeurs, ma misère, et des fers;
Mais j'atteste le Dieu qui soutient mon courage,
Et qui donne à son gré l'empire et l'esclavage,
Que ma reconnaissance et mes engagements...

ZULIME.

Pour me prouver vos feux, vous faut-il des serments?
En ai-je demandé, quand cette main tremblante
A détourné la mort à vos regards présente?
Si mon ame aux frayeurs se peut abandonner,
Je ne crains que mon sort : puis-je vous soupçonner?
Ah! les serments sont faits pour un cœur qui peut feindre.
Si j'en avais besoin, nous serions trop à plaindre.

RAMIRE.

Que mes jours immolés à votre sûreté...

ZULIME.

Conservez-les, cher Prince, ils m'ont assez coûté.
Peut-être que je suis trop faible et trop sensible;
Mais enfin tout m'alarme en ce séjour horrible :
Vous-même, devant moi, triste, sombre, égaré,
Vous ressentez le trouble où mon cœur est livré.

ATIDE.

Vous vous faites tous deux une pénible étude

ACTE I, SCÈNE III.

De nourrir vos chagrins et votre inquiétude.
Dérobez-vous, Madame, aux peuples irrités
Qui poursuivent sur nous l'excès de vos bontés.
Ce palais est peut-être un rempart inutile :
Le vaisseau vous attend; Valence est votre asile.
Calmez de vos chagrins l'importune douleur :
Vous avez tant de droits sur nous... et sur son cœur!
Vous condamnez sans doute une crainte odieuse.
Votre amant vous doit tout; vous êtes trop heureuse!

ZULIME.

Je dois l'être; et l'hymen qui va nous engager...

SCÈNE IV.

ZULIME, ATIDE, RAMIRE, IDAMORE.

IDAMORE.

Dans ce moment, Madame, on vient vous assiéger.

ATIDE.

Ciel!

IDAMORE.

On entend de loin la trompette guerrière;
On voit des tourbillons de flamme, de poussière;
D'étendards menaçants les champs sont inondés.
Le peu de nos amis dont nos murs sont gardés,
Sur ces bords escarpés qu'a formés la nature,
Et qui de ce palais entourent la structure,
En défendront l'approche, et seront glorieux
De chercher un trépas honoré par vos yeux.

RAMIRE.

Dans ce malheur pressant je goûte quelque joie.

Eh bien! pour vous servir le Ciel m'ouvre une voie;
De vos peuples unis je brave le courroux :
J'ai combattu pour eux, je combattrai pour vous.
Pour mériter vos soins je puis tout entreprendre;
Et mon sort en tout temps sera de vous défendre.

ZULIME.

Que dis-tu? contre un père! Arrête, épargne-moi.
L'amour n'entraîne-t-il que le crime après soi?
Tombe sur moi des cieux l'éternelle colère,
Plutôt que mon amant ose attaquer mon père!
Avant que ses soldats environnent nos tours,
Les flots nous ouvriront un plus juste secours.
Mon séjour en ces lieux me rendrait trop coupable;
D'un père courroucé fuyons l'œil respectable :
Je vais hâter ma fuite, et j'y cours de ce pas.

RAMIRE, à Atide.

Moi, je vais fuir la honte et hâter mon trépas.

SCÈNE V.

RAMIRE, ATIDE.

ATIDE.

Vous n'irez point sans moi : non, cruel que vous êtes,
Je ne souffrirai point vos fureurs indiscrètes.
Cher objet de ma crainte, arbitre de mon sort,
Cher époux, commencez par me donner la mort.
Au nom des nœuds secrets qu'à son heure dernière
De ses mourantes mains vient de former mon père,
De ces nœuds dangereux dont nous avons promis
De dérober l'étreinte à des yeux ennemis,

ACTE I, SCÈNE V.

Songez aux droits sacrés que j'ai sur votre vie :
Songez qu'elle est à moi, qu'elle est à la patrie ;
Que Valence dans vous redemande un vengeur.
Allez la délivrer de l'Arabe oppresseur ;
Quittez, sans plus tarder, cette rive fatale ;
Partez, vivez, régnez, fût-ce avec ma rivale.

RAMIRE.

Non, désormais ma vie est un tissu d'horreurs ;
Je rougis de moi-même, et surtout de vos pleurs.
Je suis né vertueux, j'ai voulu toujours l'être ;
Voulez-vous me changer ? chéririez-vous un traître ?
J'ai subi l'esclavage et son poids rigoureux ;
Le fardeau de la feinte est cent fois plus affreux.
J'ai connu tous les maux, la vertu les surmonte ;
Mais quel cœur généreux peut supporter la honte ?
Quel supplice effroyable alors qu'il faut tromper,
Et que tout mon secret est prêt à m'échapper !

ATIDE.

Eh bien ! allez, parlez, armez sa jalousie,
J'y consens : mais, cruel, n'exposez que ma vie ;
N'immolez que l'objet pour qui vous rougissez,
Qui vous forçait à feindre, et que vous haïssez.

RAMIRE.

Je vous adore, Atide ; et l'amour qui m'enflamme
Ferme à tout autre objet tout accès dans mon ame :
Mais plus je vous adore, et plus je dois rougir
De fuir avec Zulime, afin de la trahir.
Je suis bien malheureux, si votre jalousie
Joint ses poisons nouveaux aux horreurs de ma vie.
Entouré de forfaits et d'infidélités,

Je les commets pour vous; et vous seule en doutez.
Ah! mon crime est trop vrai, trop affreux envers elle :
Ce cœur est un perfide; et c'est pour vous, cruelle!

ATIDE.

Non, il est généreux, le mien n'est point jaloux;
La fraude et les soupçons ne sont point faits pour vous.
Zulime, en écoutant son amour malheureuse,
N'a point reçu de vous de promesse trompeuse.
Idamore a parlé : sûre de ses appas,
Elle a cru des discours que vous ne dictiez pas.
Eh! peut-on s'étonner que vous ayez su plaire?
Peut-on vous reprocher ce charme involontaire
Qui vous soumit un cœur prompt à se désarmer?
Ah! le mien m'est témoin que l'on doit vous aimer.

RAMIRE.

Eh! pourquoi, profanant de si saintes tendresses,
De Zulime abusée enhardir les faiblesses?
Pourquoi, déshonorant votre amant, votre époux,
Promettre à d'autres yeux un cœur qui n'est qu'à vous?
Dans quel piége Idamore a conduit l'innocence!
Des bienfaits de Zulime affreuse récompense!
Ah! cruelle! à quel prix le jour m'est conservé!

ATIDE.

Eh bien! punissez-moi de vous avoir sauvé.
Idamore, il est vrai, n'est plus le seul coupable;
J'ai parlé comme lui; comme lui condamnable
J'engageai trop Ramire, et sans le consulter;
Je n'y survivrai pas, vous n'en pouvez douter.
Je sens qu'à vos vertus je faisais trop d'injure;
Je vous épargnerai la honte d'un parjure :

Vivez, il me suffit... Ciel ! quel tumulte affreux !
RAMIRE.
Il m'annonce un combat moins grand, moins douloureux :
Le ciel m'y peut au moins accorder quelque gloire ;
J'y vole...
ATIDE.
Je vous suis ; la chute ou la victoire,
Les fers ou le trépas, je sais tout partager.
Puis-je être loin de vous ? vous êtes en danger.
RAMIRE.
Ah ! ne laissez qu'à moi le destin qui m'opprime.
Chère épouse, craignez...
ATIDE.
Je ne crains que Zulime.

FIN DU PREMIER ACTE.

ACTE SECOND.

SCÈNE I.

RAMIRE, IDAMORE.

IDAMORE.

Oui, Dieu même est pour nous ; oui, ce Dieu de la guerre
Nous appelle sur l'onde, et désarme la terre.
Vous voyez les sujets du triste Bénassar
Suspendre leurs fureurs au pied de ce rempart ;
Ils ont quitté ces traits, ces funestes machines
Qui des murs d'Arsénie apportaient les ruines ;
Tout ce grand appareil, qui dans quelques moments
Pouvait de ce palais briser les fondements.
Cependant l'heure approche où la mer favorable
Va quitter avec nous ce rivage effroyable.
Seigneur, au nom d'Atide, au nom de nos malheurs,
Et de tant de périls, et de tant de douleurs,
Par le salut public devant qui tout s'efface,
Par ce premier devoir des rois de notre race,
Ne songez qu'à partir : et ne rougissez pas
Des bontés de Zulime et de ses attentats :
Ne fuyez point les dons de sa main bienfaisante,
Envers les siens coupable, envers nous innocente.
Entouré d'ennemis dans ce séjour d'horreur,
Craignez...

ACTE II, SCÈNE I.

RAMIRE.

Mes ennemis sont au fond de mon cœur.
Atide l'a voulu; c'est assez, Idamore.

IDAMORE.

Comment! quel repentir peut vous troubler encore?
Qui vous retient?

RAMIRE.

L'honneur. Crois-tu qu'il soit permis
D'être injuste, infidèle, et traître à ses amis?

IDAMORE.

Non, sans doute, Seigneur, et ce crime est infame.

RAMIRE.

Est-il donc plus permis de trahir une femme,
De la conduire au piége, et de l'abandonner?

IDAMORE.

Un plus grand intérêt doit vous déterminer.
Voudriez-vous livrer à l'horreur des supplices
Ceux qui vous ont voué leur vie et leurs services?
Entre Zulime et nous il est temps de choisir.

RAMIRE.

Eh bien! qui de vous tous me faut-il donc trahir?
Faut-il que malgré nous il soit des conjonctures
Où le cœur égaré flotte entre les parjures?
Où la vertu sans force, et prête à succomber,
Ne voit que des écueils et tremble d'y tomber?
Tu sais ce que pour nous Zulime a daigné faire;
Elle renonce à tout, à son trône, à son père,
A sa gloire, en un mot; il faut en convenir.
Armé de ses bienfaits, moi, j'irai l'en punir!

28 ZULIME.

C'est trop rougir de moi : plains ma douleur mortelle.
IDAMORE.
Rougissez de tarder ; Valence vous appelle :
Les moments sont bien chers, et si vous hésitez...
RAMIRE.
Non, je vais m'expliquer et lui dire...
IDAMORE.
Arrêtez ;
Gardez-vous d'arracher un voile nécessaire :
Laissez-lui son erreur, cette erreur est trop chère.
Pour entraîner Zulime à ses égarements
Vous n'employâtes point l'art trompeur des amants.
Sensible, généreuse, et sans expérience,
Elle a cru n'écouter que la reconnaissance ;
Elle ne savait pas qu'elle écoutait l'amour.
Tous vos soins empressés la perdaient sans retour ;
Dans son illusion nous l'avons confirmée :
Enfin elle vous aime ; elle se croit aimée.
De quel jour odieux ses yeux seraient frappés !
Il n'est de malheureux que les cœurs détrompés.
Réservez, pour un temps plus sûr et plus tranquille,
De ces droits délicats l'examen difficile.
Lorsque vous serez roi, jugez et décidez ;
Ici Zulime règne, et vous en dépendez.
RAMIRE.
Je dépends de l'honneur ; votre discours m'offense.
Je crains l'ingratitude, et non pas sa vengeance.
Quoi qu'il puisse arriver, un cœur tel que le mien
Lui tiendra sa parole, ou ne promettra rien.

ACTE II, SCÈNE I.

IDAMORE.

Tremblez donc : son amour peut se tourner en rage.
Atide de son sang peut payer cet outrage.

RAMIRE.

Cher Idamore, au bruit de son moindre danger,
De ces lieux ennemis va, cours la dégager.
Sois sûr que de Zulime arrêtant la poursuite,
Avant que d'expirer, j'assurerai sa fuite.

IDAMORE.

Vous vous connaissez mal en ces extrémités;
Atide et vos amis mourront à vos côtés.
Mais non; votre prudence et la faveur céleste
Ne nous annoncent point une fin si funeste.
Zulime est encor loin de vouloir se venger;
Peut-elle craindre, hélas! qu'on la veuille outrager?
Son ame toute entière à son espoir livrée,
Aveugle en ses bontés et d'amour enivrée,
Goûte d'un calme heureux le dangereux sommeil...

RAMIRE.

Que je crains le moment de son affreux réveil!

IDAMORE.

Cachez donc à ses yeux la vérité cruelle,
Au nom de la patrie... On approche : c'est elle.

RAMIRE.

Va, cours après Atide ; et reviens m'avertir
Si les mers et les vents m'ordonnent de partir.

SCÈNE II.

ZULIME, RAMIRE, SÉRAME.

ZULIME.

Oui, nous touchons, Ramire, à ce moment prospère
Qui met en sûreté cette tête si chère.
En vain nos ennemis (car j'ose ainsi nommer
Qui voudrait désunir deux cœurs nés pour s'aimer),
En vain tous ces guerriers, ces peuples que j'offense,
De mon malheureux père ont armé la vengeance.
Profitons des instants qui nous sont accordés :
L'amour nous conduira, puisqu'il nous a gardés;
Et je puis dès demain rendre à votre patrie
Ce dépôt précieux qu'à moi seule il confie.
Il ne me reste plus qu'à m'attacher à vous
Par les nœuds éternels et de femme et d'époux :
Grâce à ces noms si saints, ma tendresse épurée
En est plus respectable, et non plus assurée.
Le père, les amis que j'ose abandonner,
Le ciel, tout l'univers doivent me pardonner,
Si de tant de héros la déplorable fille
Pour un époux si cher oublia sa famille.
Prenons donc à témoin ce Dieu de l'univers,
Que nous servons tous deux par des cultes divers;
Attestons cet auteur de l'amour qui nous lie,
Non que votre grande ame à la mienne est unie,
Nos cœurs n'ont pas besoin de ces vœux solennels;

ACTE II, SCÈNE II.

Mais que bientôt, Seigneur, au pied de vos autels
Vos peuples béniront, dans la même journée,
Et votre heureux retour, et ce grand hyménée.
Mettons près des humains ma gloire en sûreté;
Du Dieu qui nous entend méritons la bonté :
Et cessons de mêler, par trop de prévoyance,
Le poison de la crainte et la douce espérance.

RAMIRE.

Ah! vous percez un cœur destiné désormais
A d'éternels tourments, plus grands que vos bienfaits.

ZULIME.

Eh! qui peut vous troubler, quand vous m'avez su plaire?
Les chagrins sont pour moi; la douleur de mon père,
Sa vertu, cet opprobre à ma fuite attaché,
Voilà les déplaisirs dont mon cœur est touché.
Mais vous qui retrouvez un sceptre, une couronne,
Vos parents, vos amis, tout ce que j'abandonne,
Qui de votre bonheur n'avez point à rougir;
Vous qui m'aimez enfin...

RAMIRE.

Pourrais-je vous trahir?
Non, je ne puis.

ZULIME.

Hélas! je vous en crois sans peine.
Vous sauvâtes mes jours, je brisai votre chaîne;
Je vois en vous, Ramire, un vengeur, un époux :
Vos bienfaits et les miens, tout me répond de vous.

RAMIRE.

Sous un ciel inconnu le destin vous envoie.

ZULIME.

Je le sais, je le veux, je le cherche avec joie;
C'est vous qui m'y guidez.

RAMIRE.

C'est à vous de juger
Qu'on a tout à souffrir chez un peuple étranger;
Coutumes, préjugés, mœurs, contraintes nouvelles,
Abus devenus droits, et lois souvent cruelles...

ZULIME.

Qu'importe à notre amour ou leurs mœurs ou leurs droits?
Votre peuple est le mien, vos lois seront mes lois.
J'en ai quitté pour vous, hélas! de plus sacrées :
Et qu'ai-je à redouter des mœurs de vos contrées?
Quels sont donc les humains qui peuplent vos Etats?
Ont-ils fait quelques lois pour former des ingrats?

RAMIRE.

Je suis loin d'être ingrat; non, mon cœur ne peut l'être.

ZULIME.

Sans doute...

RAMIRE.

Mais en moi vous ne verriez qu'un traître,
Si, tout prêt à partir, je cachais à vos yeux
Un obstacle fatal opposé par les cieux.

ZULIME.

Un obstacle!

RAMIRE.

Une loi formidable, éternelle.

ZULIME.

Vous m'arrachez le cœur; achevez, quelle est-elle?

ACTE II, SCÈNE II.

RAMIRE.

C'est la religion... Je sais qu'en vos climats,
Où vingt peuples mêlés ont changé tant d'Etats,
L'hymen unit souvent ceux que leur loi divise.
En Espagne autrefois cette indulgence admise,
Désormais parmi nous est un crime odieux;
La loi dépend toujours et des temps et des lieux.
Mon sang dans mes Etats m'appelle au rang suprême;
Mais il est un pouvoir au-dessus de moi-même.

ZULIME.

Je t'entends; cher Ramire, il faut t'ouvrir mon cœur;
Pour ma religion j'ai connu ton horreur :
J'en ai souvent gémi; mais s'il ne faut rien taire,
A mon ame en secret tu la rendis moins chère.
Soit erreur ou raison, soit ou crime ou devoir,
Soit du plus tendre amour l'invincible pouvoir,
(Puisse le juste ciel excuser mes faiblesses!)
Du sang en ta faveur j'ai bravé les tendresses;
Je pourrai t'immoler, par de plus grands efforts,
Ce culte mal connu de ce sang dont je sors :
Puisqu'il t'est odieux, il doit un jour me l'être.
Fidèle à mon époux, et soumise à mon maître,
J'attendrai tout du temps et d'un si cher lien.
Mon cœur servirait-il d'autre Dieu que le tien?
Je vois couler tes pleurs : tant de soin, tant de flamme,
Tant d'abandonnement, ont pénétré ton ame.
Adressons l'un et l'autre au Dieu de tes autels
Ces pleurs que l'amour verse, et ces vœux solennels.
Qu'Atide y soit présente : elle approche; elle m'aime :

Que son amitié tendre ajoute à l'amour même.
Atide!

RAMIRE.

C'en est trop; et mon cœur déchiré...

SCÈNE III.

ZULIME, RAMIRE, ATIDE, SÉRAME.

ATIDE.

Madame, dans ces murs votre père est entré.

ZULIME.

Mon père!

RAMIRE.

Lui!

ZULIME.

Grands Dieux!

ATIDE.

Sans soldats, sans escorte,
Sa voix de ce palais s'est fait ouvrir la porte.
A l'aspect de ses pleurs et de ses cheveux blancs,
De ce front couronné, respecté si long-temps,
Vos gardes interdits, baissant pour lui les armes,
N'ont pas cru vous trahir, en partageant ses larmes.
Il approche, il vous cherche.

ZULIME.

O mon père! ô mon roi!
Devoir, nature, amour, qu'exigez-vous de moi?

ATIDE.

Il va, n'en doutez point, demander notre vie.

ACTE II, SCÈNE III.

RAMIRE.

Donnez-lui tout mon sang; je vous le sacrifie :
Mais conservez du moins...

ZULIME.

Dans l'état où je suis,
Pouvez-vous bien, cruel, irriter mes ennuis?
Tombent, tombent sur moi les traits de sa vengeance!
Allez, Atide; et vous, évitez sa présence.
C'est le premier moment où je puis souhaiter
De me voir sans Ramire, et de vous éviter.
Allez, trop digne époux de la triste Zulime;
Ce titre si sacré me laisse au moins sans crime.

ATIDE.

Qu'entends-je? son époux!

RAMIRE.

On vient, suivez mes pas;
Plaignez mon sort, Atide, et ne m'accusez pas.

SCÈNE IV.

ZULIME, BÉNASSAR, SÉRAME.

ZULIME.

Le voici, je frissonne, et mes yeux s'obscurcissent.
Terre, que devant lui tes gouffres m'engloutissent!
Sérame, soutiens-moi.

BÉNASSAR.

C'est elle.

ZULIME.

O désespoir!

BÉNASSAR.

Tu détournes les yeux, et tu crains de me voir?

ZULIME.

Je me meurs! Ah, mon père!

BÉNASSAR.

O toi qui fus ma fille!
Cher espoir autrefois de ma triste famille,
Toi qui dans mes chagrins étais mon seul recours,
Tu ne me connais plus?

ZULIME, *à genoux*.

Je vous connais toujours;
Je tombe en frémissant à ces pieds que j'embrasse;
Je les baigne de pleurs, et je n'ai point l'audace
De lever jusqu'à vous un regard criminel,
Qui ferait trop rougir votre front paternel.

BÉNASSAR.

Sais-tu quelle est l'horreur dont ton crime m'accable?

ZULIME.

Je sais trop qu'à vos yeux il est inexcusable.

BÉNASSAR.

J'aurais pu te punir; j'aurais pu dans ces tours
Ensevelir ma honte et tes coupables jours.

ZULIME.

Votre colère est juste, et je l'ai méritée.

BÉNASSAR.

Tu vois trop que mon cœur ne l'a point écoutée.
Lève-toi, ta douleur commence à m'attendrir;

(*Elle se relève.*)

Et le cœur de ton père attend ton repentir.
Tu sais si dans ce cœur trop indulgent, trop tendre,

ACTE II, SCÈNE IV.

Les cris de la nature ont su se faire entendre.
Je vivais dans toi seule; et jusques à ce jour
Jamais père à son sang n'a marqué plus d'amour.
Tu sais si j'attendais qu'au bout de ma carrière
Ma bouche en expirant nommât mon héritière,
Et cédât malgré moi, par des soins superflus,
Ce qui dans ces moments ne nous appartient plus.
Je n'ai que trop vécu : ma prodigue tendresse
Prévenait par ses dons ma caduque vieillesse.
Je te donnais pour dot, en engageant ta foi,
Ces trésors, ces Etats, que je quittais pour toi;
Et tu pouvais choisir entre les plus grands princes
Qui des bords syriens gouvernent les provinces :
Et c'est dans ces moments que fuyant de mes bras,
Toi seule à la révolte excites mes soldats,
M'arraches mes sujets, m'enlèves mes esclaves,
Outrages mes vieux ans, m'abandonnes, me braves.
Quel démon t'a conduite à cet excès d'horreur?
Quel monstre a corrompu les vertus de ton cœur?
Veux-tu ravir un rang que je te sacrifie?
Veux-tu me dépouiller de ce reste de vie?
Ah, Zulime! ah, mon sang! par tant de cruauté
Veux-tu punir ainsi l'excès de ma bonté?

ZULIME.

Seigneur, mon souverain, j'ose dire, mon père,
Je vous aime encor plus que je ne vous fus chère.
Régnez, vivez heureux; ne vous consumez plus
Pour cette criminelle en regrets superflus.
De mon aveuglement moi-même épouvantée,
Expirant des regrets dont je suis tourmentée,

Et de votre tendresse, et de votre courroux,
Je pleure ici mon crime à vos sacrés genoux :
Mais ce crime si cher a sur moi trop d'empire ;
Vous n'avez plus de fille, et je suis à Ramire.
BÉNASSAR.
Que dis-tu ? malheureuse ! opprobre de mon sort !
Quoi ! tu joins tant de honte à l'horreur de ma mort ?
Qui ? Ramire ! un captif ! Ramire t'a séduite !
Un barbare t'enlève, et te force à la fuite !
Non, dans ton cœur séduit, d'un fol amour atteint,
Tout l'honneur de mon sang n'est pas encore éteint.
Tu ne souilleras point d'une tache si noire
La race des héros, ma vieillesse et ma gloire.
Quelle honte, grand Dieu ! suivrait un sort si beau !
Veux-tu déshonorer ma vie et mon tombeau ?
De mes folles bontés quel horrible salaire !
Ma fille, un suborneur est-il donc plus qu'un père ?
Repens-toi, suis mes pas ; viens sans plus m'outrager.
ZULIME.
Je voudrais obéir ; mon sort ne peut changer.
Approuvée en Europe, en vos climats flétrie,
Il n'est plus de retour pour moi dans ma patrie.
Mais si le nom d'esclave aigrit votre courroux,
Songez que cet esclave a combattu pour vous ;
Qu'il vous a délivré d'une main ennemie,
Que vos persécuteurs ont demandé sa vie ;
Que j'acquitte envers lui ce que vous lui devez ;
Qu'à d'assez grands honneurs ses jours sont réservés ;
Qu'il est du sang des rois ; et qu'un héros pour gendre,
Un prince vertueux...

BÉNASSAR.

Je ne veux plus t'entendre,
Barbare! que les cieux partagent ma douleur!
Que ton indigne amant soit un jour mon vengeur!
Il le sera sans doute, et j'en reçois l'augure.
Tous les enlèvements sont suivis du parjure.
Puissent la perfidie et la division
Etre le digne fruit d'une telle union!
J'espère que le Ciel, sensible à mon outrage,
Accourcira bientôt dans les pleurs, dans la rage
Les jours infortunés que ma bouche a maudits,
Et qu'on te trahira, comme tu me trahis.
Coupable de la mort qu'ici tu me prépares,
Lâche, tu périras par des mains plus barbares.
Je le demande aux cieux : perfide, tu mourras
Aux pieds de ton amant, qui ne te plaindra pas.
Mais avant de combler son opprobre et sa rage,
Avant que le cruel t'arrache à ce rivage,
J'y cours; et nous verrons si tes lâches soldats
Seront assez hardis pour t'ôter de mes bras,
Et si, pour se ranger sous les drapeaux d'un traître,
Ils fouleront aux pieds et ton père et leur maître.

SCÈNE V.

ZULIME, SÉRAME.

ZULIME.

Seigneur... Ah! cher auteur de mes coupables jours!
Voilà quel est le fruit de mes tristes amours!

ZULIME.

Dieu qui l'as entendu, Dieu puissant que j'irrite,
Aurais-tu confirmé l'arrêt que je mérite?
La mort et les enfers paraissent devant moi :
Ramire, avec plaisir j'y descendrais pour toi!
Tu me plaindras sans doute... Ah! passion funeste!
Quoi! les larmes d'un père, et le courroux céleste,
Les malédictions prêtes à m'accabler,
Tout irrite les feux dont je me sens brûler!
Dieu, je me livre à toi; si tu veux que j'expire,
Frappe; mais réponds-moi des larmes de Ramire.

FIN DU SECOND ACTE.

ACTE TROISIÈME.

SCÈNE I.

ZULIME, ATIDE.

ZULIME.

Hélas! vous n'aimez point : vous ne concevez pas
Tous ces soulèvements, ces craintes, ces combats,
Ce reflux orageux du remords et du crime.
Que je me hais! j'outrage un père magnanime,
Un père qui m'est cher, et qui me tend les bras.
Que dis-je? l'outrager! j'avance son trépas :
Malheureuse!

ATIDE.

Après tout, si votre ame attendrie
Craint d'accabler un père, et tremble pour sa vie,
Pardonnez; mais je sens qu'en de tels déplaisirs
Un grand cœur quelquefois commande à ses soupirs,
Qu'on peut sacrifier...

ZULIME.

Que prétends-tu me dire?
Sacrifier l'amour qui m'enchaîne à Ramire!
A quels conseils, grand Dieu! faut-il s'abandonner?
Ai-je pu les entendre? ose-t-on les donner?
Toute prête à partir, vous proposez, barbare,
Que moi qui l'ai conduit, de lui je me sépare!

Non, mon père en courroux, mes remords, ma douleur,
De ce conseil affreux n'égalent point l'horreur.

ATIDE.

Mais vous-même à l'instant, à vos devoirs fidèle,
Vous disiez que l'amour vous rend trop criminelle.

ZULIME.

Non, je ne l'ai point dit, mon trouble m'emportait ;
Si je parlais ainsi, mon cœur me démentait.

ATIDE.

Qui ne connaît l'état d'une ame combattue ?
J'éprouve, croyez-moi, le chagrin qui vous tue ;
Et ma triste amitié...

ZULIME.

        Vous m'en devez, du moins.
Mais que cette amitié prend de funestes soins !
Ne me parlez jamais que d'adorer Ramire ;
Redoublez dans mon cœur tout l'amour qu'il m'inspire.
Hélas ! m'assurez-vous qu'il réponde à mes vœux,
Comme il le doit, Atide, et comme je le veux ?

ATIDE.

Ce n'est point à des cœurs nourris dans l'amertume,
Que la crainte a glacés, que la douleur consume ;
Ce n'est point à des yeux aux larmes condamnés,
De lire dans les cœurs des amants fortunés.
Est-ce à moi d'observer leur joie et leur caprice ?
Ne vous suffit-il pas qu'on vous rende justice,
Qu'on soit à vos bontés asservi pour jamais ?

ZULIME.

Non, il semble accablé du poids de mes bienfaits ;

Son ame est inquiète, et n'est point attendrie.
Atide, il me parlait des lois de sa patrie.
Il est tranquille assez, maître assez de ses vœux,
Pour voir en ma présence un obstacle à nos feux.
Ma tendresse un moment s'est sentie alarmée.
Chère Atide, est-ce ainsi que je dois être aimée?
Après ce que j'ai fait, après ma fuite, hélas!...
Atide, il me trahit, s'il ne m'adore pas :
Si de quelque intérêt son ame est occupée,
Si je n'y suis pas seule, Atide, il m'a trompée.

SCÈNE II.

ZULIME, ATIDE, IDAMORE.

IDAMORE.

Madame, votre père appelle ses soldats;
Résolvez votre fuite, et ne différez pas.
Déjà quelques guerriers, qui devaient vous défendre,
Aux pleurs de Bénassar étaient prêts à se rendre.
Honteux de vous prêter un sacrilége appui,
Leurs fronts en rougissant se baissaient devant lui.
De ces murs odieux je garde le passage;
Ce sentier détourné nous conduit au rivage.
Ramire impatient, de vous seule occupé,
De vos bontés rempli, de vos charmes frappé,
Et prêt pour son épouse à prodiguer sa vie,
Dispose en ce moment votre heureuse sortie.

ZULIME.

Ramire, dites-vous?

IDAMORE.

Ardent, rempli d'espoir,
Il revient vous servir; surtout il veut vous voir.

ZULIME.

Ah! je renais, Atide, et mon ame est en proie
A tout l'emportement de l'excès de ma joie.
Pardonne à des soupçons indignement conçus;
Ils sont évanouis, ils ne renaîtront plus.
J'ai douté, j'en rougis; je craignais, et l'on m'aime!
Ah! Prince...

SCÈNE III.
ZULIME, ATIDE, RAMIRE, IDAMORE.

IDAMORE, *à Ramire*.

J'ai parlé, Seigneur, comme vous-même;
J'ai peint de votre cœur les justes sentiments;
Zulime en est bien digne; achevez, il est temps.
Pressons l'heureux instant de notre délivrance;
Rien ne nous retient plus : je cours, je vous devance.
(*Il sort.*)

RAMIRE.

Nous voici parvenus à ce moment fatal
Où d'un départ trop lent on donne le signal.
Bénassar de ces lieux n'est point encor le maître;
Pour peu que nous tardions, Madame, il pourrait l'être.
Vous voulez de l'Afrique abandonner les bords;
Venez, ne craignez point ses impuissants efforts.

ZULIME.

Moi craindre! ah! c'est pour vous que j'ai connu la crainte,
Croyez-moi; je commande encor dans cette enceinte;

La porte de la mer ne s'ouvre qu'à ma voix :
Sauvez ma gloire, au moins, pour la dernière fois.
Apprenons à l'Espagne, à l'Afrique jalouse,
Que je suis mon devoir, en partant votre épouse.

RAMIRE.

C'est braver votre père, et le désespérer;
Pour le salut des miens, je ne puis différer...

ZULIME.

Ramire!

RAMIRE.

  Si le ciel me rend mon héritage,
Valence est à vos pieds.

ZULIME.

    Tu promis davantage.
Que m'importait un trône?

ATIDE.

    Eh! Madame, est-il temps
De s'oublier ici dans ces périls pressants?
Songez...

ZULIME.

  De ce péril soyez moins occupée;
Il en est un plus grand. Ciel! serais-je trompée?
Ah! Ramire!

RAMIRE.

  Attendez qu'au sein de ses Etats
L'infortuné Ramire ait pu guider vos pas.

ZULIME.

Qu'entends-je? Quel discours à tous les trois funeste!
Ramire! attendais-tu qu'immolant tout le reste,

Perfide à ma patrie, à mon père, à mon roi,
Je n'eusse en ces climats d'autre maître que toi?
Sur ces rochers déserts, ingrat, m'as-tu conduite
Pour traîner en Europe une esclave à ta suite?

RAMIRE.

Je vous y mène en reine; et mon peuple à genoux,
Avec son souverain, fléchira devant vous.

ATIDE.

Croyez que vos bienfaits...

ZULIME.

Ah! c'en est trop, Atide :
C'est trop vous efforcer d'excuser un perfide;
Le voile est déchiré : je vois mon sort affreux.
Quel père j'offensais! et pour qui? malheureux!
Des plus sacrés devoirs la barrière est franchie :
Mais il reste un retour à ma vertu trahie;
Je revole à mon père; il a plaint mes erreurs :
Il est sensible, il m'aime; il vengera mes pleurs :
Et de sa main du moins il faudra que j'obtienne,
Dirai-je, hélas! ta mort? non, ingrat, mais la mienne.
Tu l'as voulu, j'y cours.

ATIDE.

Madame!

RAMIRE.

Atide! ô ciel!

ATIDE.

Madame, écoutez-vous ce désespoir mortel?
C'est votre ouvrage, hélas! que vous allez détruire.
Vous vous perdez! Eh quoi! vous balancez, Ramire!

ACTE III, SCÈNE III.

ZULIME.

Madame, épargnez-vous ces transports empressés;
Son silence et vos pleurs m'en ont appris assez.
Je vois sur mon malheur ce qu'il faut que je pense;
Et je n'ai pas besoin de tant de confidence,
Ni des secours honteux d'une telle pitié.
J'ai prodigué pour vous la plus tendre amitié :
Vous m'en payez le prix; je vais le reconnaître.
Sortez, rentrez aux fers où vous avez dû naître;
Esclaves, redoutez mes ordres absolus;
A mes yeux indignés ne vous présentez plus :
Laissez-moi.

RAMIRE.

Non, Madame, et je perdrai la vie,
Avant d'être témoin de tant d'ignominie.
Vous ne flétrirez point cet objet malheureux,
Ce cœur digne de vous, comme vous généreux.
Si vous le connaissiez, si vous saviez...

ZULIME.

Parjure,
Ta fureur à ce point insulte à mon injure!
Tu m'outrages pour elle! Ah! vil couple d'ingrats!
Du fruit de mes douleurs vous ne jouirez pas;
Vous expîrez tous deux mes feux illégitimes :
Tremblez, ce jour affreux sera le jour des crimes.
Je n'en ai commis qu'un, ce fut de vous servir,
Ce fut de vous sauver : je cours vous en punir...
Tu me braves encore; et tu présumes, traître,
Que des lieux où je suis tu t'es rendu le maître,
Ainsi que tu l'étais de mes vœux égarés :

Tu te trompes, barbare... A moi, gardes, courez,
Suivez-moi tous, ouvrez aux soldats de mon père :
Que mon sang satisfasse à sa juste colère;
Qu'il efface ma honte, et que mes yeux mourants
Contemplent deux ingrats à mes yeux expirants.

SCÈNE IV.

ATIDE, RAMIRE.

RAMIRE.
Ah! fuyez sa vengeance, Atide, et que je meure.
ATIDE.
Non, je veux qu'à ses pieds vous vous jetiez sur l'heure;
Ramire, il faut me perdre, et vous justifier,
Laisser périr Atide, et même l'oublier.
RAMIRE.
Vous!
ATIDE.
Vos jours, vos devoirs, votre reconnaissance,
Avec ce triste hymen n'entrent point en balance.
Nos liens sont sacrés, et je les brise tous :
Mon cœur vous idolâtre... et je renonce à vous.
RAMIRE.
Vous, Atide!
ATIDE.
Il le faut; partez sous ces auspices :
Ma rivale aura fait de moindres sacrifices.
Mes mains auront brisé de plus puissants liens;
Et mes derniers bienfaits sont au-dessus des siens.

ACTE III, SCÈNE IV.

RAMIRE.

Vos bienfaits sont affreux! l'idée en est un crime.
O chère et tendre épouse! ô cœur trop magnanime!
Il faut périr ensemble; il faut qu'un noble effort
Assure la retraite, ou nous mène à la mort.

ATIDE.

Je mourrai, j'y consens; mais espérez encore,
Tout est entre vos mains; Zulime vous adore:
Ce n'est pas votre sang qu'elle prétend verser.
Pensez-vous qu'à son père elle osât s'adresser?
Vous voyez ces remparts qui ceignent notre asile,
Sont-ils pleins d'ennemis? tout n'est-il pas tranquille?
A-t-elle seulement marché de ce côté?
Sa colère trompait son esprit agité;
Confiez-vous à moi, mon amour le mérite.
Je vous réponds de tout, souffrez que je vous quitte;
Souffrez...

(*Elle sort.*)

RAMIRE.

Non... je vous suis.

SCÈNE V.

RAMIRE, BÉNASSAR.

BÉNASSAR.

Demeure, malheureux!
Demeure.

RAMIRE.

Que veux-tu?

BÉNASSAR.

Cruel, ce que je veux?

Après tes attentats, après ta fuite infame,
L'humanité, l'honneur, entrent-ils dans ton ame ?

RAMIRE.

Crois-moi, l'humanité règne au fond de ce cœur,
Qui pardonne à ton doute, et qui plaint ton malheur :
L'honneur est dans ce cœur qui brava la misère.

BÉNASSAR.

Tu ne braves, ingrat, que les larmes d'un père :
Tu laisses le poignard dans ce cœur déchiré,
Tu pars, et cet assaut est encor différé.
La mer t'ouvre ses flots pour enlever ta proie ;
Eh bien ! prends donc pitié des pleurs où je me noie ;
Prends pitié d'un vieillard trahi, déshonoré,
D'un père qui chérit un cœur dénaturé.
Je te crus vertueux, Ramire, autant que brave ;
Je corrigeai le sort qui te fit mon esclave :
Je te devais beaucoup, je t'en donnais le prix ;
J'allais avec les tiens te rendre à ton pays.
Le Ciel sait si mon cœur abhorrait l'injustice
Qui voulait de ton sang le fatal sacrifice.
Ma fille a cru sans doute une indigne terreur ;
Et son aveuglement a causé son erreur.
Je t'adresse, cruel, une plainte impuissante :
Ton fol amour insulte à ma voix expirante.
Contre les passions que peut mon désespoir ?
Que veux-tu ? je me mets moi-même en ton pouvoir :
Accepte tous mes biens, je te les sacrifie ;
Rends-moi mon sang, rends-moi mon honneur et ma vie.
Tu ne me réponds rien, barbare !

ACTE III, SCÈNE V.

RAMIRE.

Ecoute-moi :
Tes trésors, tes bienfaits, ta fille sont à toi.
Soit vertu, soit pitié, soit intérêt plus tendre,
Au péril de sa gloire elle osa nous défendre ;
Pour toi de mille morts elle eût bravé les coups.
Elle adore son père, et le trahit pour nous ;
Et je crois la payer du plus noble salaire,
En la rendant aux mains d'un si vertueux père.

BÉNASSAR.

Toi, Ramire ?

RAMIRE.

Zulime est un objet sacré
Que mes profânes yeux n'ont point déshonoré.
Tu coûtas plus de pleurs à son ame séduite,
Que n'en coûte à tes yeux sa déplorable fuite.
Le temps fera le reste ; et tu verras un jour
Qu'il soutient la nature, et qu'il détruit l'amour :
Et si dans ton courroux je te croyais capable
D'oublier pour jamais que ta fille est coupable,
Si ton cœur généreux pouvait se désarmer,
Chérir encor Zulime...

BÉNASSAR.

Ah ! si je puis l'aimer !
Que me demandes-tu ? conçois-tu bien la joie
Du plus sensible père au désespoir en proie,
Qui, noyé si long-temps dans des pleurs superflus,
Reprend sa fille enfin, quand il ne l'attend plus ?
Moi, ne la plus chérir ! Va, ma chère Zulime
Peut avec un remords effacer tout son crime.

Va, tout est oublié; j'en jure mon amour.
Mais puis-je à tes serments me fier à mon tour?
Zulime m'a trompé! Quel cœur n'est point parjure?
Quel cœur n'est point ingrat?

RAMIRE.

Que le tien se rassure.
Atide est dans ces lieux; Atide est comme moi
Du sang infortuné de notre premier roi.
Nos captifs malheureux, brûlants du même zèle,
N'ont tout fait avec moi, tout tenté que pour elle.
Je la livre en otage, et la mets dans tes mains.
Toi, si je fais un pas contraire à tes desseins,
Sur mon corps tout sanglant verse le sang d'Atide:
Mais si je suis fidèle, et si l'honneur me guide,
Toi-même arrache Atide à ces bords ennemis.
Appelle tous les tiens, délivre nos amis.
Le temps presse: peux-tu me donner ta parole?
Peux-tu me seconder?

BÉNASSAR.

Je le puis, et j'y vole.
Déjà quelques guerriers, honteux de me trahir,
Reconnaissent leur maître, et sont prêts d'obéir.
Mais aurais-tu, Ramire, une ame assez cruelle,
Pour abuser encor mon amour paternelle?
Pardonne à mes soupçons.

RAMIRE.

Va, ne soupçonne rien;
Mon plus cher intérêt s'accorde avec le tien.
Je te vois comme un père.

BÉNASSAR.

A toi je m'abandonne.
Dieu voit du haut des cieux la foi que je te donne.

RAMIRE.

Adieu; reçois la mienne.

SCÈNE VI.

RAMIRE, ATIDE.

ATIDE.

Ah! Prince, on vous attend.
Il n'est plus de danger; l'amour seul vous défend.
Zulime est apaisée; et tant de violence,
Tant de transports affreux, tant d'apprêts de vengeance,
Tout cède à la douceur d'un repentir profond;
L'orage était soudain, le calme est aussi prompt.
J'ai dit ce que j'ai dû pour adoucir sa rage;
Et l'amour à son cœur en disait davantage.
Ses yeux, auparavant si fiers, si courroucés,
Mêlaient des pleurs de joie aux pleurs que j'ai versés.
J'ai saisi cet instant, favorable à la fuite :
Jusqu'au pied du vaisseau soudain je l'ai conduite;
J'ai hâté vos amis : la moitié suit mes pas;
L'autre moitié s'embarque, ainsi que vos soldats;
On n'attend plus que vous : la voile se déploie.

RAMIRE.

Ah ciel! qu'avez-vous fait?

ATIDE.

Les pleurs où je me noie,
Seront les derniers pleurs que vous verrez couler.

C'en est fait, cher amant, je ne veux plus troubler
Le bonheur de Zulime, et le vôtre peut-être.
Vous êtes trop aimé; vous méritez de l'être.
Allez, de ma rivale heureux et cher époux,
Remplir tous les serments qu'Atide a faits pour vous.

RAMIRE.

Quoi! vous l'avez conduite à ce vaisseau funeste?

ATIDE.

Elle vous y demande.

RAMIRE.

O puissance céleste!
Elle part, dites-vous?

ATIDE.

Oui, sauvez-la, Seigneur,
Des lieux que pour vous seul elle avait en horreur.

RAMIRE.

Atide! en ce moment c'est fait de votre vie.

ATIDE.

Eh! ne savez-vous pas que je la sacrifie?

RAMIRE.

Vous êtes en otage auprès de Bénassar.
Il n'est plus d'espérance, il n'est plus de départ:
Tout est perdu.

ATIDE.

Comment?

RAMIRE.

Où courir, et que faire?
Et comment réparer mon crime involontaire?

ATIDE.

Que dites-vous? quel crime, et quel engagement?

ACTE III, SCÈNE VI.

RAMIRE.

Ah ciel!

ATIDE.

Qu'ai-je donc fait?

SCÈNE VII.

RAMIRE, ATIDE, IDAMORE.

IDAMORE.

En ce même moment,
Bénassar vous poursuit, vous, Atide et Zulime.
Le péril le plus grand est celui qui m'anime.
Seigneur, je viens combattre et mourir avec vous.
J'ai vu ce Bénassar, enflammé de courroux,
Aux siens qui l'attendaient lui-même ouvrir la porte,
Rentrer accompagné de leur fatale escorte,
Courir à ses vaisseaux la flamme dans les mains :
Il attestait le Ciel vengeur des souverains;
Sa fureur échauffait les glaces de son âge.
Déjà de tous côtés commençait le carnage;
Je me fraye un chemin, je revole en ces lieux.
Sortons... Entendez-vous tous ces cris furieux?
D'où vient que Bénassar, au fort de la mêlée,
Accuse votre foi lâchement violée?
Des soldats de Zulime ont quitté ses drapeaux :
Ils ont suivi son père, ils marchent aux vaisseaux.
D'où peut naître un revers si prompt et si funeste?

RAMIRE.

Allons le réparer; le désespoir nous reste :

Sauvons du moins Atide; et le fer à la main,
Parmi ces malheureux ouvrons-nous un chemin.
Suivez-moi. Dieu puissant! daignez enfin défendre
La vertu la plus pure, et l'amour le plus tendre.
Suivez-moi, dis-je.

ATIDE.

O Ciel! Ramire! Ah, jour affreux!

RAMIRE.

Si vous vivez, ce jour est encor trop heureux.

FIN DU TROISIÈME ACTE.

ACTE QUATRIÈME.

SCÈNE I.

ZULIME, SÉRAME.

SÉRAME.

Remerciez le Ciel, au comble des tourments,
D'avoir long-temps perdu l'usage de vos sens.
Il vous a dérobé, propice en sa colère,
Ce combat effrayant d'un amant et d'un père.
    ZULIME, *jetée dans un fauteuil, et revenant de son évanouissement.*
O jour! tu luis encore à mes yeux alarmés,
Qu'une éternelle nuit devrait avoir fermés.
O sommeil des douleurs! mort douce et passagère!
Seul moment de repos goûté dans ma misère!
Que n'es-tu plus durable? et pourquoi laisses-tu
Rentrer encor la vie en ce cœur abattu?
    (*Se relevant.*)
Où suis-je? qu'a-t-on fait? ô crime! ô perfidie!
Ramire va périr! quel monstre m'a trahie?
J'ai tout fait, malheureuse! et moi seule, en un jour,
J'ai bravé la nature, et j'ai trahi l'amour.
Quoi! mon père, dis-tu, défend que je l'approche?

SÉRAME.

Plus le combat, Madame, et le péril est proche,

Plus il veut vous sauver de ces objets d'horreur,
Qui présentés de près à votre faible cœur,
Et redoublant les maux dont l'excès vous dévore,
Peut-être vous rendraient plus criminelle encore.

ZULIME.

Qu'est devenu Ramire ?

SÉRAME.

Ai-je donc pu songer,
Dans ces malheurs communs, qu'à votre seul danger ?
Ai-je pu m'occuper que du mal qui vous tue ?

ZULIME.

Qu'est-ce qui s'est passé ? quelle erreur m'a perdue ?
Ah ! n'ai-je pas tantôt, dans mes transports jaloux,
Des miens contre Ramire allumé le courroux ?
J'accusais mon amant ; j'eus trop de violence ;
On m'a trop obéi : je meurs de ma vengeance.
Va, cours, informe-toi des funestes effets
Et des crimes nouveaux qu'ont produits mes forfaits.
Juste Ciel ! je partais, et sur la foi d'Atide !
M'aurait-elle trahie ? on m'arrête. Ah, perfide !...
N'importe : apprends-moi tout ; ne me déguise rien :
Rapporte-moi ma mort ; va, cours, vole, et revien.

SÉRAME.

Je vous laisse à regret dans ces horreurs mortelles.

ZULIME.

Va, dis-je. Ah ! j'en mérite encor de plus cruelles !

SCÈNE II.

ZULIME, *seule.*

M'as-tu trompée, Atide, avec tant de noirceur ?
Quoi ! les pleurs quelquefois ne partent point du cœur !
Mais non, en me perdant tu te perdrais toi-même,
Toi, tes amis, ton peuple, et ce cruel que j'aime.
Non, trop de vérité parlait dans tes douleurs ;
L'imposture, après tout, ne verse point de pleurs.
Ton ame m'est connue, elle est sans artifice :
Et qui m'eût fait jamais un pareil sacrifice ?
Loin de moi, loin de lui tu voulais demeurer.
Ah ! de Ramire ainsi se peut-on séparer ?
Atide n'aime point : j'étais peut-être aimée.
Ma jalouse fureur s'est trop tôt allumée.
J'assassine Ramire.

SCÈNE III.

ZULIME, SÉRAME.

ZULIME.
Eh bien ! que t'a-t-on dit ?
Parle.

SÉRAME.
Un désordre horrible accable mon esprit.
On ne voit, on n'entend que des troupes plaintives,
Au dehors, au dedans, aux portes, sur les rives,
Au palais, sur le port, autour de ce rempart ;
On se rassemble, on court, on combat au hasard.

La mort vole en tous lieux. Votre esclave perfide,
Partout oppose au nombre une audace intrépide.
Pressé de tous côtés, Ramire allait périr :
Croiriez-vous quelle main vient de le secourir ?
Atide...

ZULIME.

Atide! ô Ciel!

SÉRAME.

Au milieu du carnage,
D'un pas déterminé, d'un œil plein de courage,
S'élançant dans la foule, étonnant les soldats,
Sa beauté, son audace, ont arrêté leurs bras.
Vos guerriers, qui pensaient venger votre querelle,
Unis avec les siens, se rangent autour d'elle.
Voilà ce qu'on m'a dit, et j'en frémis d'effroi.

ZULIME.

Ramire vit encore, et ne vit point pour moi!
Ramire doit la vie à d'autres qu'à moi-même!
Une autre le défend; c'est une autre qu'il aime!
Et c'est Atide!... Allons, le charme est dissipé;
Je déchire un bandeau de mes larmes trempé :
Je revois la lumière, et je sors de l'abîme
Où me précipitaient ma faiblesse et leur crime.
Ciel, quel tissu d'horreurs! ah! j'en avais besoin.
De guérir ma blessure ils ont pris l'heureux soin.
Va, je renonce à tout, et même à la vengeance.
Je verrai leur supplice avec l'indifférence
Qu'inspirent des forfaits qui ne nous touchent pas.
Que m'importe en effet leur vie ou leur trépas?
C'en est fait.

SCÈNE IV.

ZULIME, MOHADIR, SÉRAME.

ZULIME.

Mohadir, parlez; que fait mon père?
Puisse sur moi le Ciel épuisant sa colère
Sur ses jours vertueux prodiguer sa faveur!
Qu'il soit vengé surtout.

MOHADIR.

Madame, il est vainqueur.

ZULIME.

Ah! Ramire est donc mort?

MOHADIR.

Sa valeur malheureuse
A cherché vainement une mort glorieuse.
Lassé, couvert de sang, l'esclave révolté
Est tombé dans les mains de son maître irrité.
Je ne vous nîrai point que son cœur magnanime
Semblait justifier les fautes de Zulime.
Madame, je l'ai vu, maître de son courroux,
Respecter votre père, en détournant ses coups;
Je l'ai vu, des siens même arrêtant la vengeance,
Abandonner le soin de sa propre défense.

ZULIME.

Lui!

MOHADIR.

Cependant on dit qu'il nous a trahis tous,
Qu'il trompait à-la-fois et Bénassar et vous.

Mais sans approfondir tant de sujets d'alarmes,
Sans plus empoisonner la source de vos larmes,
Il faut de votre père obtenir un pardon ;
Il le faut mériter. Je vais en votre nom
Des rebelles armés poursuivre ce qui reste.
Terminons sans retour un trouble si funeste.
Zulime, avec un père il n'est point de traité ;
Votre repentir seul est votre sûreté ;
La nature dans lui reprendra son empire,
Quand elle aura dans vous triomphé de Ramire.

ZULIME.

Il me suffit : je sais tout ce que j'ai commis,
Et combien de devoirs en un jour j'ai trahis.
Aux pieds de Bénassar il faut que je me jette.
Hâtons-nous.

MOHADIR.

         Retenez cette ardeur indiscrète ;
Gardez en ce moment de vous y présenter.

ZULIME.

Mohadir ! et c'est vous qui m'osez arrêter ?

MOHADIR.

Respectez la défense heureuse et nécessaire
D'un père au désespoir, et d'un maître en colère.
Vous devez obéir, et surtout épargner
Sa blessure trop vive et trop prompte à saigner.
Il vous aime, il est vrai ; mais après tant d'injures,
Si vos ressentiments s'échappaient en murmures,
Frémissez pour vous-même : un affront si cruel
Serait le dernier coup à ce cœur paternel ;
Dans Ramire et dans vous il confondrait peut-être...

ACTE IV, SCÈNE IV.

ZULIME.

Osez-vous bien penser que je protége un traître?

MOHADIR.

Madame, pardonnez un injuste soupçon.
Votre ame détrompée a repris sa raison.
Je le vois, et je cours, en serviteur fidèle,
Apprendre à Bénassar le succès de mon zèle.
Daignez de sa justice attendre ici l'effet.

(Il sort.)

SCÈNE V.

ZULIME, SÉRAME.

ZULIME.

Ah! j'attends le trépas. Juste ciel, qu'ai-je fait?

SÉRAME.

Vous laissez un perfide au destin qui l'accable.
Vos jours sont à ce prix.

ZULIME.

Dieu! qu'Atide est coupable!

SÉRAME.

Tous deux seront punis; ne songez plus qu'à vous :
D'un père infortuné désarmez le courroux ;
Détournez...

ZULIME.

Il ne voit en moi qu'une ennemie;
Il ne sait point, hélas! combien je suis punie.
Mon châtiment, Sérame, est dans mes attentats :
J'étais dénaturée, et j'ai fait des ingrats.

SÉRAME.

Eh bien! de leurs forfaits séparez votre cause.
Quelque punition qu'un père se propose,
Aux traits de son courroux son sang doit échapper,
Et sa main s'amollit sur le point de frapper.
Obtenez qu'il vous voie, et votre grâce est sûre.
Unissez-vous à lui pour venger son injure;
Abandonnez les jours, justement menacés,
De ce parjure amant qu'enfin vous haïssez.

ZULIME.

De Ramire!

SÉRAME.

De lui. Son indigne artifice
Vous faisait sa victime, ainsi que sa complice.

ZULIME.

Je ne le sais que trop. Hélas! que de forfaits!

SÉRAME.

Que j'aime à voir vos yeux dessillés pour jamais!
Des pleurs que vous versiez, sa vanité s'honore :
Il vous trompe, il vous hait.

ZULIME.

Sérame, je l'adore.

SÉRAME.

Qui? vous!

ZULIME.

Un dieu barbare assemble dans mon cœur
L'excès de la faiblesse et celui de l'horreur :
C'est en vain que j'ai cru triompher de moi-même;
Je déteste mon crime, et je sens que je l'aime.

ACTE IV, SCÈNE V.

Je n'y résiste plus : ce poison détesté,
Par mes tremblantes mains aujourd'hui rejeté,
De toutes les fureurs m'embrase et me déchire.
Au bord de mon tombeau j'idolâtre Ramire.
Tel est dans les replis de ce cœur dévoré
Ce pouvoir malheureux, de moi-même abhorré;
Que si, pour couronner sa lâche perfidie,
Ramire en me quittant eût demandé ma vie;
S'il m'eût aux pieds d'Atide immolée en fuyant;
S'il eût insulté même à mon dernier moment;
Je l'eusse aimé toujours, et mes mains défaillantes
Auraient cherché ses mains de mon sang dégouttantes.
Quoi! c'est ainsi que j'aime, et c'est moi qu'il trahit!
Et c'est moi qui le perds! c'est par moi qu'il périt!
Non... je le sauverai, le parjure que j'aime;
Dût-il me détester, et m'en punir lui-même.
Mais Atide est aimée!

SCÈNE VI.

ZULIME, ATIDE, *amenée par des gardes.*

ZULIME.

Ah! qu'est-ce que je vois?
Ma rivale à mes yeux! Atide devant moi!

ATIDE.

Oui, Madame, il est vrai, je suis votre rivale;
Le malheur nous rejoint, le destin nous égale.
Je sens les mêmes feux, je meurs des mêmes coups;
Et Ramire est perdu pour moi comme pour vous.

ZULIME.

Avez-vous vu Ramire?

ATIDE.

Oui, je l'ai vu combattre,
Et braver son destin, qui ne pouvait l'abattre;
Mais je ne l'ai point vu depuis qu'il est chargé
De ces indignes fers où vous l'avez plongé.
On prépare pour lui la mort la plus sanglante;
Vous le voulez Madame, et vous serez contente.
Il ne vous reste ici qu'à terminer mon sort,
Avant d'avoir appris s'il vit ou s'il est mort.

ZULIME.

S'il est mort, je sais trop le parti qu'il faut prendre.

ATIDE.

Ah! si vous le vouliez, vous pourriez le défendre,
Madame; vous l'aimez, et je connais l'amour;
Vous périrez des coups dont il perdra le jour :
Et quelque sentiment qu'un père vous inspire,
Le plus grand des forfaits est de trahir Ramire.
Il n'eut jamais que vous et le Ciel pour appui;
Et n'est-ce pas à vous d'avoir pitié de lui?
Quelques amis encore, échappés au carnage,
Vendent bien cher leur vie, et marchent au rivage :
Vous êtes mal gardée; on peut les réunir.

ZULIME.

Et vous me commandez encor de vous servir?

ATIDE.

Quand je vous l'ai cédé, quand, vous donnant ma vie,
Je me suis immolée à votre jalousie,

ACTE IV, SCÈNE VI.

Quand j'osais en ces lieux vous presser à genoux
De m'abandonner seule et de suivre un époux,
Puis-je encor mériter vos fureurs inquiètes?
Que vous faut-il? parlez, cruelle que vous êtes!
Quel fruit recueillez-vous de toutes vos erreurs?
Et qui peut contre moi vous irriter?

ZULIME.

Vos pleurs,
Votre attendrissement, votre excès de courage,
Votre crainte pour lui, vos yeux, votre langage,
Vos charmes, mon malheur, et mes transports jaloux;
Tout m'irrite, cruelle, et m'arme contre vous.
Vous avez mérité que Ramire vous aime;
Vous me forcez enfin d'immoler pour vous-même
Et l'amour paternel, et l'honneur de mes jours.
Je vous sers, vous, Madame; il le faut, et j'y cours.
Mais vous me répondrez...

ATIDE.

Ah! c'en est trop, barbare!
Eh bien! j'aime Ramire; oui, je vous le déclare;
Je l'aime, je le cède, et vous vous indignez!
J'ai sauvé votre amant, et vous vous en plaignez!
Quel temps pour les fureurs de votre jalousie!
Quel temps pour le reproche! il s'agit de sa vie.
Je jure ici par lui, par ce commun effroi,
J'en atteste le jour, ce jour que je vous dois,
Que vous n'aurez jamais à redouter Atide.
Ne vous figurez pas que ma douleur timide
S'exhale en vains serments qu'arrache le danger:
Je jure encor ce Ciel, lent à nous protéger,

Que s'il me permettait de délivrer Ramire,
S'il osait me donner son cœur et son empire,
Si du plus tendre amour il écoutait l'erreur,
Je vous sacrifirais son empire et son cœur.
Conservez-le à ce prix, au prix de mon sang même.
Que voulez-vous de plus, s'il vit et s'il vous aime?
Je ne dispute rien, Madame, à votre amour,
Non, pas même l'honneur de lui sauver le jour.
Vous en aurez la gloire; ayez-en l'avantage.

ZULIME.

Non, je ne vous crois point; je vois tout mon outrage;
Je vois jusqu'en vos pleurs un triomphe odieux :
La douceur d'être aimée éclate dans vos yeux.
Mais cessez de prétendre au superbe partage,
A l'honneur insultant d'exciter mon courage;
Ce courage intrépide autant qu'il est jaloux,
Pour braver cent trépas n'a pas besoin de vous.
Suivez-moi seulement; je vous ferai connaître
Que je sais tout tenter, et même pour un traître.
Je devrais l'oublier, je devrais le punir;
Et je cours le sauver, le venger, ou périr.
Sérame! quelle horreur a glacé ton visage?

SCÈNE VII.

ZULIME, ATIDE, SÉRAME.

SÉRAME.

Madame, il faut du sort dévorer tout l'outrage;
Il faut d'un cœur soumis souffrir ce coup affreux.
Vainement Mohadir, sensible et généreux,

ACTE IV, SCÈNE VII.

Du coupable Ramire a demandé la grâce :
Tous les chefs, irrités de sa perfide audace,
L'ont condamné, Madame, à ces tourments cruels
Réservés en ces lieux pour les grands criminels.
Il vous faut oublier jusqu'au nom de Ramire.

ZULIME.

Il ne mourra pas seul; et devant qu'il expire...

SÉRAME.

Madame, ah! gardez-vous d'un téméraire effort!

ATIDE.

Vous l'abandonneriez à cette indigne mort?
Oublîriez-vous ainsi la grandeur de votre ame?

ZULIME.

Je préviens vos conseils, n'en doutez point, Madame.
Ne les prodiguez plus. Et toi, nature, et toi,
Droits éternels du sang, toujours sacrés pour moi,
Dans cet égarement dont la fureur m'anime,
Soutenez bien mon cœur, et gardez-moi d'un crime.

FIN DU QUATRIÈME ACTE.

ACTE CINQUIÈME.

SCÈNE I.

BÉNASSAR, MOHADIR.

MOHADIR.

Ce dernier trait, sans doute, est le plus criminel.
Je sens le désespoir de ce cœur paternel :
Je partage en pleurant son trouble et sa colère.
Mais vous avez toujours des entrailles de père ;
Et tous les attentats de ce funeste jour
Ne sont qu'un même crime, et ce crime est l'amour.
Dans son aveuglement Zulime ensevelie
Mérite d'être plainte encor plus que punie ;
Et si votre bonté parlait à votre cœur...

BÉNASSAR.

Ma bonté fit son crime, et fit tout mon malheur.
Je me reproche assez mon excès d'indulgence ;
Ciel, tu m'en as donné l'horrible récompense.
Ma fille était l'idole à qui mon amitié,
Cette amitié fatale, a tout sacrifié.
Je lui tendais les bras, quand sa main ennemie
Me plongeait au tombeau, chargé d'ignominie.
Ah ! l'homme inexorable est le seul respecté :
Si j'eusse été cruel, on eût moins attenté.

La dureté de cœur est le frein légitime
Qui peut épouvanter l'insolence et le crime.
Ma facile tendresse enhardit aux forfaits :
Le temps de la clémence est passé pour jamais.
Je vais, en punissant leurs fureurs insensées,
Egaler ma justice à mes bontés passées.

MOHADIR.

Je frémis comme vous de tous ces attentats
Que l'amour fait commettre en nos brûlants climats.
En tous lieux dangereux, il est ici terrible ;
Il rend plus furieux, plus on est né sensible.
Ramire cependant, à ses erreurs livré,
De leurs cruels poisons semble moins enivré :
Vous-même l'avez dit, et j'ose le redire,
Que ce même ennemi, ce malheureux Ramire,
Est celui dont le bras vous avait défendu ;
Qu'il n'a point aujourd'hui démenti sa vertu ;
Que vous l'avez vu même, en ce combat horrible,
Dans ces moments cruels où l'homme est inflexible,
Où les yeux, les esprits, les sens sont égarés,
Détourner loin de vous ses coups désespérés,
Respecter votre sang, vous sauver, vous défendre,
Et d'un bras assuré, d'un cri terrible et tendre,
Arrêter, désarmer ses amis emportés,
Qui levaient contre vous leurs bras ensanglantés.
Oui, j'ai vu le moment où, malgré sa colère,
Il semblait en effet combattre pour son père.

BÉNASSAR.

Ah ! que n'a-t-il plutôt, dans ce malheureux flanc,
Recherché de ses mains le reste de mon sang !

Que ne l'a-t-il versé, puisqu'il le déshonore ?
Mais ma cruelle fille est plus coupable encore.
Ce cœur, en un seul jour, à jamais égaré,
Est hardi dans sa honte, est faux, dénaturé ;
Et se précipitant d'abîmes en abîmes,
Elle a contre son père accumulé les crimes.
Que dis-je ? au moment même où tu viens en son nom
De tant d'iniquités implorer le pardon,
Son amour furieux la fait courir aux armes.
Les suborneurs appas de ses trompeuses larmes
Ont séduit les soldats à sa garde commis ;
Sa voix a rassemblé ses perfides amis.
Elle vient m'arracher son indigne conquête ;
Les armes dans les mains, elle marche à leur tête.
Cet amour insensé ne connaît plus de frein :
Zulime contre un père ose lever sa main !
Au comble de l'outrage on joint le parricide !
Ah ! courons, et nous-même immolons la perfide.

SCÈNE II.

BÉNASSAR, ZULIME, *suivie de ses soldats, dans l'enfoncement,* MOHADIR, SUITE.

ZULIME, *jetant ses armes.*

Non, n'allez pas plus loin, frappez ; et vous, soldats,
Laissez périr Zulime et ne la vengez pas.
Il suffit : votre zèle a servi mon audace.
J'ai mérité la mort ; méritez votre grâce.
Sortez, dis-je.

ACTE V, SCÈNE II.
BÉNASSAR.
Ah, cruelle! est-ce toi que je voi?
ZULIME.
Pour la dernière fois, Seigneur, écoutez-moi.
Oui, cette fille indigne, et de crime enivrée,
Vient d'armer contre vous sa main désespérée :
J'allais vous arracher, au péril de vos jours,
Ce déplorable objet de mes cruels amours.
Oui, toutes les fureurs ont embrasé Zulime;
La nature en tremblait; mais je volais au crime.
Je vous vois; un regard a détruit mes fureurs :
Le fer m'est échappé; je n'ai plus que des pleurs;
Et ce cœur tout brûlant d'amour et de colère,
Tout forcené qu'il est, voit un dieu dans son père.
Que ce dieu tonne enfin, qu'il frappe de ses coups
L'objet, le seul objet d'un si juste courroux.
Faut-il pour mes forfaits que Ramire périsse?
Ah! peut-être il est loin d'en être le complice;
Peut-être pour combler l'horreur où je me voi,
Si Ramire est un traître, il ne l'est que pour moi.
Etouffez dans mon sang ce doute que j'abhorre,
Qui déchire mes sens, qui vous outrage encore.
J'idolâtre Ramire, et je ne puis, Seigneur,
Vivre un moment sans lui, ni vivre sans honneur.
J'ai perdu mon amant, et mon père, et ma gloire :
Perdez de tant d'erreurs la honteuse mémoire;
Arrachez-moi ce cœur que vous m'avez donné,
De tous les cœurs, hélas! le plus infortuné.
Je baise cette main dont il faut que j'expire;
Mais pour prix de mon sang, pardonnez à Ramire :

Ayez cette pitié pour mon dernier moment,
Et qu'au moins votre fille expire en vous aimant.

BÉNASSAR.

O Ciel, qui l'entendez! ô faiblesse d'un père!
Quoi! ses pleurs à ce point fléchiraient ma colère!
Me faudra-t-il les perdre, ou les sauver tous deux?
Faut-il dans mon courroux faire trois malheureux?
Ciel, prête tes clartés à mon ame attendrie!
L'une est ma fille, hélas! l'autre a sauvé ma vie;
La mort, la seule mort peut briser leurs liens.
Gardes, que l'on m'amène, et Ramire et les siens.

MOHADIR.

Seigneur, vous la voyez à vos pieds éperdue,
Soumise, désarmée, à vos ordres rendue.
Vous l'avez trop aimée, hélas! pour la punir.
Mais on conduit Ramire, et je le vois venir.

SCÈNE III.

BÉNASSAR, ZULIME, ATIDE, RAMIRE, MOHADIR,
SUITE.

RAMIRE, *enchaîné.*

Achève de m'ôter cette vie importune.
Depuis que je suis né, trahi par la fortune,
Sorti du sang des rois, j'ai vécu dans les fers;
Et je meurs en coupable au fond de ces déserts.
Mais de mon triste état l'outrage et la bassesse
N'ont point de mon courage avili la noblesse :
Ce cœur impénétrable aux coups qui l'ont frappé,
Ne t'ayant jamais craint, ne t'a jamais trompé.

ACTE V, SCÈNE III.

Pour otage en tes mains je remettais Atide.
Ni son cœur, ni le mien ne peut être perfide.
Va, Ramire était loin de te manquer de foi;
Bénassar, nos serments m'étaient plus chers qu'à toi :
Je sentais tes chagrins, j'effaçais ton injure;
De ce cœur paternel je fermais la blessure.
Tout était réparé. Mes funestes destins
Ont tourné contre moi mes innocents desseins.
Tu m'as trop mal connu; c'est ta seule injustice :
Que ce soit la dernière; et que dans mon supplice
Des cœurs pleins de vertu ne soient point entraînés.

BÉNASSAR.

Le Ciel à d'autres soins nous a tous destinés.
Je devrais te haïr : tu me forces, Ramire,
A reconnaître en toi des vertus que j'admire.
Je n'ai point oublié tes services passés;
Et quoique par ton crime ils fussent effacés,
J'ai trop vu, malgré moi, dans ce combat funeste,
Que de ce sang glacé tu respectais le reste.
Un amour emporté, source de nos malheurs,
Plus fort que mes bontés, plus puissant que mes pleurs,
M'arracha par tes mains et ma gloire et ma fille.
C'est par toi que mon nom, mon état, ma famille,
Sont accablés de honte; et, pour comble d'horreur,
Il faut verser mon sang pour venger mon honneur.
Après l'horrible éclat d'une amour effrénée,
Il ne reste qu'un choix, la mort, ou l'hyménée.
Je dois tous deux vous perdre, ou la mettre en tes bras.
Sois son époux, Ramire, et règne en mes Etats.

RAMIRE.

Moi!

ZULIME.

Mon père!.

ATIDE.

Ah! grand Dieu!

BÉNASSAR.

Souvent dans nos provinces
On a vu nos émirs unis avec nos princes;
L'intérêt de l'Etat l'emporta sur la loi;
Et tous les intérêts parlent ici pour toi.
J'ai besoin d'un appui, combats pour nous défendre:
Vis pour elle et pour moi; sois mon fils, sois mon gendre.

ZULIME.

Ah, Seigneur! ah, Ramire! ah, jour de mon bonheur!

ATIDE.

O jour affreux pour tous!

RAMIRE.

Vous me voyez, Seigneur,
Accablé de surprise, et confus d'une grâce
Qui ne semblait pas due à ma coupable audace.
Votre fille sans doute est d'un prix à mes yeux
Au-dessus des Etats conquis par mes aïeux :
Mais pour combler nos maux, apprenez l'un et l'autre
Le secret de ma vie, et mon sort, et le vôtre.
Quand Zulime a daigné, par un si noble effort,
Sauver Atide et moi des fers et de la mort,
Idamore, un ami qu'aveuglait trop de zèle,
Séduisait sa pitié qui la rend criminelle.
Il promettait mon cœur, il promettait ma foi :
Il n'en était plus temps, je n'étais plus à moi;
Le Ciel mit entre nous d'éternelles barrières.
En vain j'adore en vous le plus tendre des pères;

En vain vous m'accablez de gloire et de bienfaits :
Je ne puis réparer les malheurs que j'ai faits.
Madame, ainsi le veut la fortune jalouse.
Vengez-vous sur moi seul; Atide est mon épouse.

ZULIME.

Ton épouse ? perfide !

RAMIRE.

Elevés dans vos fers,
Nos yeux sur nos malheurs à peine étaient ouverts,
Quand son père, unissant notre espoir et nos larmes,
Attacha pour jamais mes destins à ses charmes.
Lui-même a resserré, dans ses derniers moments,
Ces nœuds chers et sacrés, préparés dès long-temps;
Et la loi du secret nous était imposée.

ZULIME.

Ton épouse ! à ce point ils m'auraient abusée !
Ils auront triomphé de ma crédulité !
Seigneur, à vos bienfaits ils auront insulté !
Vous souffririez qu'Atide, à ma honte, jouisse
Du fruit de tant d'audace et de tant d'artifice ?
Vengez-moi, vengez-vous de ses traîtres appas,
De cet affreux tissu de fourbes, d'attentats.
Les cruels ont nourri mes feux illégitimes.
Mon heureuse rivale a commis tous mes crimes.
Vous ne punissez pas cet objet odieux ?

ATIDE.

Vous devez me punir : mais connaissez-moi mieux.
Avant de me haïr, entendez ma réponse.
Votre père est présent; qu'il juge, et qu'il prononce.

ZULIME.

O Ciel!

ATIDE.

Ramire et moi, Seigneur, si nous vivons,
C'est votre auguste fille à qui nous le devons.
   (*A Zulime.*)
Je l'avoue à vos pieds : et moi pour récompense,
Je vous coûte à-la-fois la gloire et l'innocence.
Trahissant l'amitié, combattant vos attraits,
Je m'armais contre vous de vos propres bienfaits;
J'arrachais de vos bras, j'enlevais à vos charmes
L'objet de tant de soins, le prix de tant de larmes :
Et lorsque vous sortez de ce gouffre d'horreur,
Ma main vous y replonge, et vous perce le cœur.
Tout semble s'élever contre ma perfidie :
Mais j'aimais comme vous; ce mot me justifie :
Et d'un lien sacré l'invincible pouvoir
Accrut cet amour même, et m'en fit un devoir.
Il faut dire encor plus; vous le savez, on m'aime.
Mais malgré mon hymen, et malgré l'amour même,
Je vous immolai tout; je vous ai fait serment,
Ce jour même, en ces lieux, de céder mon amant :
J'ai promis de servir votre fatale flamme;
Le serment est affreux, vous le sentez, Madame!
Renoncer à Ramire, et le voir en vos bras,
C'est un effort trop grand; vous ne l'espérez pas :
Mais je vous ai juré d'immoler ma tendresse;
Il n'est qu'un seul moyen de tenir ma promesse,
Il n'est qu'un seul moyen de céder mon époux :
Le voici.
   (*Elle tire un poignard pour se tuer.*)

ACTE V, SCÈNE III.

RAMIRE, *la désarmant avec Zulime.*

Chère Atide!

ZULIME, *se saisissant du poignard.*

O ciel! que faites-vous?

BÉNASSAR.

Hélas! vivez pour lui.

ZULIME.

Suis-je assez confondue?
Tu l'emportes, cruelle, et Zulime est vaincue.
Oui, je le suis en tout. J'avoue avec horreur
Que ma rivale enfin mérite son bonheur.

(*A Atide.*)

J'admire en périssant jusqu'à ton amour même :
C'est à moi de mourir, puisque c'est toi qu'on aime.

(*A Ramire et à Atide.*)

Eh bien! soyez unis : eh bien! soyez heureux,
Aux dépens de ma vie, aux dépens de mes feux.
Eloignez-vous, fuyez, dérobez à ma vue
Ce spectacle effrayant d'un bonheur qui me tue.
Votre joie est horrible, et je ne puis la voir :
Fuyez, craignez encor Zulime au désespoir.
Mon père, ayez pitié du moment qui me reste;
Sauvez mes yeux mourants d'un spectacle funeste.

(*Elle tombe sur sa confidente.*)

ATIDE.

Nos deux cœurs sont à vous.

RAMIRE.

Vivez sans nous haïr.

ZULIME.

Moi te haïr, cruel! ah! laisse-moi mourir;
Va, laisse-moi.

BÉNASSAR.

Ma fille, objet funeste et tendre,
Mérite enfin les pleurs que tu nous fais répandre.

ZULIME.

Mon père, par pitié, n'approchez point de moi.
J'abjure un lâche amour; il triompha de moi :
Hélas! vous n'aurez plus de reproche à me faire.

BÉNASSAR.

Mon amitié t'attend; mon cœur s'ouvre.

ZULIME.

O mon père!
J'en suis indigne.

(*Elle se frappe.*)

BÉNASSAR.

O ciel!

RAMIRE et ATIDE.

Zulime! ô désespoir!

BÉNASSAR.

Ah, ma fille!

ZULIME.

A la fin j'ai rempli mon devoir.
Je l'aurais dû plus tôt... Pardonnez à Zulime...
Souvenez-vous de moi; mais oubliez mon crime.

FIN DE ZULIME.

VARIANTES
DU QUATRIÈME ET DU CINQUIÈME ACTE
DE ZULIME.

ACTE IV.

SCÈNE I.

RAMIRE.

Atide ne vient point! quel dieu trompeur me guide?
C'est ici qu'en mes mains on doit remettre Atide :
Elle ne paraît point à mes yeux égarés!
Où courir? où porter mes pas désespérés?

SCÈNE II.

RAMIRE, IDAMORE.

RAMIRE.

Qu'as-tu vu? Qu'a-t-on fait?

IDAMORE.

Une aveugle puissance
Détruit tous vos desseins, et confond l'innocence.
La fureur en ces lieux conduisit à-la-fois
Zulime, Atide et vous, pour vous perdre tous trois.
Le destin de Zulime était d'être trompée.
Des promesses d'Atide aveuglément frappée,
Et surtout de vos pleurs répandus à ses pieds,
De ces pleurs qu'arrachaient les maux que vous causiez,
Elle se croit aimée : elle a droit d'y prétendre.
Seigneur, jamais un cœur plus séduit et plus tendre

VARIANTES

D'un mouvement si prompt ne parut emporté
De l'excès des terreurs à la sécurité.
Libre de ses soupçons, sans crainte de rivale,
Elle vole avec joie à la rive fatale,
Fait déployer la voile, et n'attend plus que vous,
Vous qu'elle ose appeler du nom sacré d'époux.
Son père en sait bientôt la funeste nouvelle;
Il vous croit son complice, il veut se venger d'elle:
Il veut vous perdre, il court; et sa prompte fureur
De ses sens éperdus ranime la vigueur.
De ceux qu'il a gagnés il rassemble l'escorte:
Il ordonne, on le suit; il fait ouvrir la porte:
Les siens entrent en foule à pas précipités;
On se mêle, on s'égare, on fuit de tous côtés,
On combat, on n'entend que des clameurs plaintives,
Au-dehors, au-dedans, aux portes, sur les rives.
Atide suit en pleurs le triste Bénassar;
Vingt fois sa main sur elle a levé le poignard:
Il ne l'écoute pas; il la nomme perfide;
Il la menace...

RAMIRE.
O ciel! allons sauver Atide.

SCÈNE III.

RAMIRE, ZULIME, IDAMORE, SÉRAME.

ZULIME.

Quel nom prononcez-vous? Où portez-vous vos pas?
Je vous appelle en vain; vous ne me voyez pas.
N'ai-je pas expié mon injuste colère?
Vous m'aviez pardonné : puis-je encor vous déplaire?
Au nom du tendre amour qui nous unit tous deux...
Tout est prêt...

RAMIRE.
Oubliez cet amour malheureux.
C'en est fait...

DU IVe ACTE.

SCÈNE IV.

ZULIME, SÉRAME.

ZULIME.

Il me fuit! et le jour m'abandonne!

SÉRAME.

Dans ce péril qui presse et qui vous environne,
Suivez l'heureux conseil que Ramire a donné;
Chassez de votre cœur ce trait empoisonné.
Croyez-moi, jetez-vous entre les bras d'un père :
A son cœur éperdu sa fille est toujours chère.
Cet amour malheureux dont il aura pitié
N'égale point l'ardeur de sa tendre amitié.
Votre faiblesse enfin, de vos remords suivie,
Lui rendrait à-la-fois et la gloire et la vie.

ZULIME.

Je le sais, je l'avoue, il avait mérité,
Et plus d'obéissance, et moins de cruauté.
Je vois toute ma faute et mon ignominie.
Il ne sait point, hélas! combien je suis punie.
* Mon châtiment, Sérame, est dans mes attentats :
* Je fus dénaturée, et j'ai fait des ingrats!
Ramire ingrat! Ramire! Au moment où mon ame
Eût pensé que mes feux n'égalaient point sa flamme;
Quand ses yeux, d'un regard apaisant mes douleurs,
Ont arrosé mes mains des trésors de ses pleurs;
Il méditait, le lâche, un complot si perfide!
Il préparait ma mort! il adorait Atide!
Oubliez-moi, dit-il. Cœur farouche et sans foi,
Mon cœur, malgré ton ordre, est encor plein de toi!
Je ne t'oublîrai point; ma rivale adorée,
Par mes mourantes mains devant toi déchirée,
Fera voir que du moins je n'oublîrai jamais,
Infidèle Ramire, à quel point je t'aimais.

SÉRAME.

Mais Atide en effet est-elle sa complice?
Ne la traitez-vous pas avec trop d'injustice?
Son cœur tranquille et simple, à vous plaire occupé,
Vous fut toujours ouvert, et n'a jamais trompé.
Elle a de vos soupçons souffert en paix l'outrage;
Elle est prête à rester sur ce fatal rivage :
Loin de Ramire même, elle veut demeurer.

ZULIME.

Ah! de Ramire ainsi se peut-on séparer?
Cependant il m'échappe; et ma crainte redouble.

SÉRAME.

Ah! que je crains, Madame, un plus funeste trouble!
Vous nourrissez ici d'impuissantes douleurs :
Sans doute on vous attaque; entendez ces clameurs,
Ce bruit confus, affreux...

ZULIME.

Je n'entends point Ramire.
Peut-être on le poursuit; peut-être qu'il expire!
Il faut mourir pour lui, puisqu'il veut mon trépas.
Allons... Quoi! l'on m'arrête! Ah, barbares soldats!
Laissez-moi dans vos rangs me frayer un passage :
Respectez ma douleur, respectez mon courage,
Ou terminez des jours que je dois détester!

SCÈNE V.

ZULIME, MOHADIR, SÉRAME, SOLDATS.

ZULIME.

*Mohadir!... est-ce vous qui m'osez arrêter?
Vous!...

MOHADIR.

Recevez, Madame, un ordre salutaire
D'un père encor sensible à travers sa colère;
Il prend soin de vos jours, il épargne à vos yeux
D'un combat effrayant le spectacle odieux.

DU IVe ACTE.

ZULIME.

On combat ! mon amant s'arme contre mon père !

MOHADIR.

C'est le funeste prix d'un amour téméraire.

ZULIME.

Laissez-moi l'expier, s'il en est encor temps ;
Laissez-moi me jeter entre les combattants :
Après tous mes forfaits, que je prévienne un crime !
Je vais les séparer, ou tomber leur victime.
Tu dédaignes mes pleurs, et je vois tout mon sort :
Je suis ta prisonnière, et mon amant est mort !

MOHADIR.

Il vit, et j'avoûrai que son cœur magnanime
Semblait justifier les fautes de Zulime.
Madame, je l'ai vu, maître de son courroux,
Respecter votre père, et détourner ses coups.
Je l'ai vu des siens même arrêter la vengeance,
Et dédaigner le soin de sa propre défense.
Enfin, pressé par nous, Ramire allait périr
Croiriez-vous quelle main vient de le secourir !
Atide, Atide même, au milieu du carnage,
D'un pas déterminé, d'un œil plein de courage,
S'élançait dans la foule, étonnait les soldats :
Sa voix et son audace ont arrêté leurs bras.
Elle seule, en un mot, vient de sauver Ramire :
Il la suit vers la rive ; il marche, il se retire.
Sauvé par elle seule, il combat à ses yeux,
Et peut-être à nos mains ils échappent tous deux.

ZULIME.

Il vit : il doit le jour à d'autres qu'à moi-même !
Sérame, une autre main conserve ce que j'aime !
Et c'est Atide ! Ah, dieux ! N'importe : il voit le jour ;
Et du moins ma rivale a servi mon amour.
Qu'elle est heureuse, ô ciel ! elle marche à sa suite !
Elle va partager son trépas ou sa fuite !

(*A Mohadir.*)

Je ne le puis souffrir : va, cours les arrêter

VARIANTES

Aux pieds de ce vaisseau qui devait nous porter.
Mohadir, prends encor pitié de ma faiblesse ;
Si jamais tu m'aimas, et si le péril presse,
Cours aux pieds de mon père, et ne perds point de temps ;
Mesure tous tes soins à mes égaremens :
Réveille sa tendresse, autrefois prodiguée,
Que dans son cœur blessé mon crime a fatiguée :
Je ne veux que le voir, je ne veux que mourir.

MOHADIR.

Je doute que son cœur puisse encor s'attendrir.
Je vous obéirai.

ZULIME.

    Si ma douleur te touche,
Fais retirer de moi cette troupe farouche.
Epargne à mes douleurs leur aspect odieux ;
Qu'ils me gardent du moins sans offenser mes yeux.

MOHADIR.

Gardes, éloignez-vous.

SCÈNE VI.

ZULIME, SÉRAME.

ZULIME.

    Enfin à la lumière
L'indigne trahison se montre toute entière.

SÉRAME.

Remerciez le Ciel qui vous ouvre les yeux ;
Il veut vous délivrer d'un amant odieux,
Qui trouble votre vie, et qui la déshonore,
Qui vous perd, qui vous fuit, qui vous hait...

ZULIME.

        Je l'adore.
Telle est dans les replis de mon cœur déchiré
La force du poison dont il est pénétré ;
* Que si, pour couronner sa lâche perfidie,
* Ramire en me quittant eût demandé ma vie ;
* S'il m'eût aux pieds d'Atide immolée en fuyant ;
* S'il eût insulté même à mon dernier moment ;

DU IVe ACTE.

* Je l'eusse aimé toujours; et mes mains défaillantes
* Auraient cherché ses mains de mon sang dégouttantes.
* Quoi! c'est ainsi que j'aime, et c'est moi qu'on trahit!
Ma voix n'a plus d'accents, tout mon cœur se flétrit.
Je veux marcher en vain, mes genoux s'affaiblissent;
Sur moi d'un Dieu vengeur les coups s'appesantissent;
Je meurs.

SÉRAME.

On vient à nous.

SCÈNE VII.

ZULIME, ATIDE, SÉRAME.

ZULIME.

Ciel! qu'est-ce que je voi?
Ramire est-il vivant? dissipez mon effroi.

ATIDE.

J'y viens mettre le comble, ainsi qu'à nos misères;
Toutes deux en ces lieux nous sommes prisonnières.
Ramire est dans les fers.

ZULIME.

Lui!

ATIDE.

Tout couvert de coups;
Et baigné dans son sang, qu'il prodiguait pour vous;
Pressé de tous côtés, et las de se défendre,
A ses cruels vainqueurs il a fallu se rendre:
Plus mourante que lui, j'ignore encor son sort:
Hélas! et je ne sais s'il vit ou s'il est mort.

ZULIME.

* S'il est mort, je sais trop le parti qu'il faut prendre.

ATIDE.

S'il est encor vivant, vous pourriez le défendre;
* Il n'eut jamais que vous et le ciel pour appui.
* Eh! n'est-ce pas à vous d'avoir pitié de lui?
* Quelques amis encore, échappés au carnage,
Sont avec vos soldats sur ce sanglant rivage.
* Vous êtes mal gardée, on peut les réunir.

ZULIME.

Pouvez-vous bien douter que j'ose le servir?

ATIDE.

Madame, en me parlant quel front triste et sévère
Avec tant de pitié marque tant de colère?
Vous aviez condamné vos jalouses erreurs.
Eh! qui peut contre moi vous irriter?

ZULIME.

     Vos pleurs,
* Votre attendrissement, votre excès de courage,
* Votre crainte pour lui, vos yeux, votre langage,
* Vos charmes, mes malheurs, et mes transports jaloux;
* Tout m'irrite, cruelle, et m'arme contre vous.
* Vous avez mérité que Ramire vous aime;
* Vous me forcez enfin d'immoler pour vous-même,
* Et l'amour paternel, et l'honneur de mes jours.
* Je vous sers, vous, perfide : il le faut, et j'y cours.
* Mais vous me répondrez...

ATIDE.

     Ah, c'en est trop, Zulime!
Connaissez, respectez la vertu qui m'anime.
Quoi! j'ai sauvé Ramire, et vous me condamnez!
Percez cent fois ce cœur, si vous le soupçonnez.
Quelle indigne fureur votre tendresse épouse!
Il s'agit de sa vie, et vous êtes jalouse!
* Je jure ici par vous, par ce commun effroi,
* J'en atteste le jour, ce jour que je vous doi,
* Que vous n'aurez jamais à redouter Atide.
* Ne vous figurez pas que ma douleur timide
* S'exhale en vains serments qu'arrache le danger;
* Sachez que si le Ciel, prompt à nous protéger,
* Permettait à mes mains de délivrer Ramire,
* S'il osait me donner son cœur et son empire,
* Si du plus tendre amour il payait mon ardeur,
* Je vous sacrifîrais son empire et son cœur.
* Conservez-le à ce prix, au prix de mon sang même.
* Que voulez-vous de plus, s'il vit et s'il vous aime?

* Je ne dispute rien, Madame, à votre amour,
* Non, pas même l'honneur de lui sauver le jour.
* Vous en aurez la gloire; ayez-en l'avantage.

ZULIME.

* Non, je ne vous crois point; je vois tout mon outrage;
* Je vois jusqu'en vos pleurs un triomphe odieux :
* La douceur d'être aimée éclate dans vos yeux.
* Suivez-moi seulement; je vous ferai connaître
* Que je sais tout tenter, et même pour un traître.
Au milieu du danger vous me verrez courir.
Obéissez, venez le venger, ou mourir.
Sérame, quelle horreur a glacé ton visage?

SCÈNE VIII.

ZULIME, ATIDE, SÉRAME.

SÉRAME.

* Madame, il faut du sort dévorer tout l'outrage :
Il faut boire à longs traits dans ce calice affreux
Que vous a préparé cet amour malheureux.
Au plus cruel supplice on condamne Ramire.

ZULIME.

* Il ne mourra pas seul; et devant qu'il expire...

SÉRAME.

Ah! fuyez, croyez-moi; faites-vous cet effort;
Vous le pouvez.

ATIDE.

Nous, fuir! Allons chercher la mort;
Soutenez bien surtout la grandeur de votre ame.

ZULIME.

Je suivrai vos conseils, n'en doutez point, Madame;
Vous pourrez en juger : et toi, nature, et toi,
* Droits éternels du sang, toujours sacrés pour moi!
* Dans cet égarement dont la fureur m'anime,
* Soutenez bien mon cœur, et sauvez-moi d'un crime!

VARIANTES

ACTE V.

SCÈNE I.

BÉNASSAR, MOHADIR.

MOHADIR.

Oui, Seigneur, il est vrai, ce nouvel attentat
Outrage la nature, et le trône, et l'État.
Courir à la prison, braver votre colère!
C'est un excès de plus, mais vous êtes son père.
. . . .
. . . .

BÉNASSAR.

Ma bonté fit son crime, et fit tout mon malheur.
Ils ont trop méprisé mes pleurs et ma vieillesse;
Ma clémence à leurs yeux a passé pour faiblesse.
. . . .
. . . .

MOHADIR.

Me préserve le ciel d'excuser devant vous
Cet amas de forfaits que je déteste tous!
Permettez seulement que j'ose encor vous dire
Qu'avec trop de rigueur on a traité Ramire.
Fidèle à ses serments, fidèle à vos desseins,
Il a remis Atide en vos augustes mains.
Il n'a point au rivage accompagné Zulime.
Peut-être a-t-il un cœur et juste et magnanime:
Du moins il me jurait, entre mes mains remis,
Qu'il vous avait tenu tout ce qu'il a promis.
Enfin mes yeux l'ont vu dans ce combat horrible,
. . . .
. . . .

DU Ve ACTE.

SCÈNE II.

BÉNASSAR, ZULIME, MOHADIR, suite.

ZULIME.

Non, n'allez pas plus loin, frappez et vengez-vous :
Ce cœur, plein de respect, se présente à vos coups.
Je ramène à vos pieds tous ceux qui m'ont suivie :
Maître absolu de tout, arrachez-moi la vie.

BÉNASSAR.

Fille indigne du jour, est-ce toi que je vois ?

ZULIME.

* Pour la dernière fois, Seigneur, écoutez-moi.
Le triste emportement d'une amour criminelle
N'arma point contre vous votre fille rebelle ;
Pour vous contre Ramire elle aurait combattu,
Et jusqu'en sa faiblesse elle a de la vertu.
Ramire autant que moi vous révère et vous aime.
Ce héros, il est vrai, né pour le rang suprême,
Dans des fers odieux voyait flétrir ses jours :
On les menaçait même, et j'offris mon secours.
De lui, de ses amis je réglai la conduite ;
Je dirigeai leurs pas, je préparai leur fuite :
J'ai tout fait, tout tenté : n'imputez rien à lui.
Hélas ! ce n'est qu'à moi de m'en plaindre aujourd'hui.
Je sais qu'à vos douleurs il faut une victime :
Frappez, mais choisissez. Son malheur fit son crime ;
L'adorer est le mien. C'est à vous de venger
Ce crime que peut-être il n'a pu partager.
Mon père, car ce nom, ce saint nom qui me touche,
Est toujours dans mon cœur, ainsi que dans ma bouche ;
Par ce lien du sang si cher et si sacré,
Par tous les sentiments que je vous inspirai,
Par nos malheurs communs dont le fardeau m'accable,
Percez ce cœur trop faible ; il est le seul coupable.
Répandez tout ce sang que vous m'avez donné ;
Des fureurs de l'amour ce sang empoisonné,

Ce sang dégénéré dans votre fille impie :
Trop d'horreur en ces lieux assiégeraient ma vie :
Après un tel éclat, s'il n'est point mon époux,
L'opprobre seul me reste, et retombe sur vous.
Pour sauver votre gloire à ce point profanée,
Il me faut de vos mains la mort, ou l'hyménée.
Mais l'une est le seul bien que je doive espérer,
Le seul que je mérite et que j'ose implorer ;
Le seul qui puisse éteindre un feu qui vous outrage.
Ah ! ne détournez point votre auguste visage.
Voyez-moi : laissez-moi, pour comble de faveurs,
Baiser encor vos mains, les baigner de mes pleurs,
Vous bénir, vous aimer au moment que j'expire :
Mais pardonnez, mon père, au malheureux Ramire.
Et si ce cœur sanglant vous touche de pitié,
Laissez vivre de moi la plus chère moitié.
. . . .
. . . .

SCÈNE III.

BÉNASSAR, ZULIME, ATIDE, RAMIRE, MOHADIR, SUITE.

RAMIRE.

J'ai mérité la mort, et je sais qu'elle est prête :
C'est trop laisser le fer suspendu sur ma tête.
Frappe, mais que ton cœur, de vengeance occupé,
Apprenne que le mien ne t'a jamais trompé.
Pour otage en tes mains j'avais remis Atide :
Avec un tel garant pouvais-je être perfide !
* Va, Ramire était loin de te manquer de foi :
Bénassar, mes serments m'étaient plus chers qu'à toi :
Tu m'as trop mal connu ; c'est ta seule injustice :
Que ce soit la dernière, et que dans mon supplice
Des cœurs pleins de vertu ne soient point entraînés !

BÉNASSAR.

* Le ciel à d'autres soins nous a tous destinés.
Je ne suis point barbare ; et jamais ma furie
Ne perdra le héros qui conserva ma vie.

* Un amour emporté, source de nos malheurs,
* Plus fort que mes bontés, plus fort que mes rigueurs,
T'asservit pour jamais ma fille infortunée.
Je dois ou détester sa tendresse effrénée,
Vous en punir tous deux, ou la mettre en tes bras.
* Sois son époux, Ramire, et règne en mes États.
Vis pour elle et pour moi, combats pour nous défendre :
Soyons tous trois heureux : sois mon fils, sois mon gendre.

ZULIME.

* Ah, mon père ! ah, Ramire ! ah, jour de mon bonheur !

ATIDE.

* O jour affreux pour tous !

RAMIRE.

Vous me voyez, Seigneur,
Accablé, confondu de cette grâce insigne
Que vous daignez me faire, et dont je suis indigne.
* Votre fille, sans doute, est d'un prix à mes yeux,
* Au-dessus des États fondés par ses aïeux :
* Mais le Ciel nous sépare. Apprenez l'un et l'autre
* Le secret de ma vie, et mon sort, et le vôtre.
* Quand Zulime a daigné, par un si noble effort,
* Sauver Atide et moi des fers et de la mort,
* Idamore, un ami qu'aveuglait trop de zèle,
* Séduisait sa pitié, qui la rend criminelle ;
* Il promettait mon cœur, il promettait ma foi :
* Il n'en était plus temps, je n'étais plus à moi.
Les nœuds les plus sacrés, les lois les plus sévères,
Ont mis entre nous deux d'éternelles barrières :
Je ne puis accepter vos augustes bienfaits ;
* Je ne puis réparer les malheurs que j'ai faits.
* Madame, ainsi le veut la fortune jalouse ;
* Vengez-vous sur moi seul : Atide est mon épouse.

ZULIME.

* Ton épouse ? perfide !

RAMIRE.

Élevés dans vos fers,
* Nos yeux sur nos malheurs étaient à peine ouverts,

* Quand son père, unissant notre espoir et nos larmes,
* Attacha pour jamais mes destins à ses charmes.
* Lui-même a resserré, dans ses derniers moments,
* Ces nœuds infortunés, préparés dès long-temps :
* Nous gardions l'un et l'autre un secret nécessaire.

ZULIME.

Ton épouse ! à ce point ils bravent ma colère !
Ah ! c'est trop essuyer de mépris et d'horreur !
Seigneur, souffrirez-vous ce nouveau déshonneur ?
* Souffrirez-vous qu'Atide, à ma honte, jouisse
* Du fruit de tant d'audace et de tant d'artifice ?
* Vengez-moi, vengez-vous de ses traîtres appas,
* De cet affreux tissu de fourbes, d'attentats :
* Atide tiendra lieu de toutes les victimes.
* Mon indigne rivale a commis tous mes crimes ;
* Punissez cet objet exécrable à mes yeux.

ATIDE.

* Vous pouvez me punir ; mais connaissez-moi mieux.
* Avant de me haïr, entendez ma réponse.
* Votre père est présent ; qu'il juge et qu'il prononce.

BÉNASSAR.

* O ciel !

ATIDE.

Ramire et moi, Seigneur, si nous vivons,
* C'est vous, c'est votre fille à qui nous le devons.
Zulime, en nous sauvant, voulait pour tout salaire
Un cœur digne de vous, et digne de lui plaire.
C'était de tous ses soins le noble et le seul prix ;
Sa gloire en dépendait, et je la lui ravis.
Sans mon amour, sans moi, n'en doutez point, Madame,
Autant l'heureux Ramire a pu toucher votre ame,
Autant vous régneriez sur son cœur généreux.
J'étais le seul obstacle au succès de vos vœux.
J'ai causé de tous trois les malheurs et les larmes ;
J'ai bravé vos bienfaits, j'ai combattu vos charmes ;
Et lorsque vous touchez au comble du bonheur,
Ma main, ma triste main vous perce encor le cœur.

Je vous ai fait serment de vous céder Ramire;
Vous connaissez trop bien tout l'amour qu'il inspire,
Pour croire que la vie ait sans lui quelque appas :
L'effort serait trop grand; vous ne l'espérez pas.
Je dois, je l'ai juré, servir votre tendresse :
* Il n'est qu'un seul moyen de tenir ma promesse;
Le voici.

(*Elle se frappe.*)

RAMIRE, *courant vers Atide.*

Ciel! Atide!

ATIDE, *aux gardes.*

Arrêtez son transport.

(*A Zulime.*)
Je n'ai pu le céder qu'en me donnant la mort.
(*A Ramire.*)
Adieu; puisse du Ciel la fureur adoucie
Pardonner mon trépas, et veiller sur ta vie!

RAMIRE, *entre les bras des gardes.*

Je me meurs!

DÉNASSAR.

Ah! courez, qu'on vole à leur secours.

RAMIRE.

Achevez mon trépas; ayez soin de ses jours.

ATIDE, *à Zulime.*

Eh bien! ai-je apaisé votre injuste colère?
Vos bienfaits sont payés; le prix doit vous en plaire.
Nos cœurs des mêmes feux avaient dû s'enflammer :
Mais jugez qui des deux a su le mieux aimer.
C'en est fait.

ZULIME.

Malheureuse et trop chère victime!
Mon père! que je sens tout le poids de mon crime!
De Ramire et de vous j'ai tissu tous les maux;
Mes mains de toutes parts ont creusé des tombeaux :
Mon amant me déteste, et mon amie expire!

DÉNASSAR.

Que cet exemple horrible au moins serve à t'instruire :
Le ciel nous punit tous de tes funestes feux;
Et l'amour criminel fut toujours malheureux.

LE FANATISME,

OU

MAHOMET LE PROPHÈTE,

TRAGÉDIE

Représentée, pour la première fois, à Paris, le 9 auguste 1742.
Reprise le 30 septembre 1751.

AVERTISSEMENT.

La tragédie de *Mahomet*, ou du *Fanatisme*, fut composée en 1736; et l'auteur en envoya dès-lors une copie au prince-royal, depuis roi de Prusse. Cette pièce, représentée d'abord à Lille, en 1741, et à laquelle Crébillon refusa son approbation, fut lue par le cardinal de Fleury, approuvée par d'Alembert, et jouée à Paris en 1742. Cependant, sur les murmures d'hommes prévenus, après la troisième représentation, l'auteur la retira; mais elle reparut, en 1751, avec un succès qui s'est toujours soutenu. Quoique le quatrième acte offre quelque imitation d'une pièce anglaise, du *Marchand de Londres*, de Lillo, le plan, comme la conduite de cet acte et de toute la tragédie, est une création qui appartient à Voltaire, et qui, pour les sentiments d'humanité dirigés surtout dans le rôle de *Zopire* contre le fanatisme, a mérité à l'auteur les éloges de Benoît XIV.

A SA MAJESTÉ

LE ROI DE PRUSSE.

A Roterdam, ce 20 janvier 1742.

Sire, je ressemble à présent aux pélerins de la Mecque, qui tournent les yeux vers cette ville après l'avoir quittée : je tourne les miens vers votre cour. Mon cœur, pénétré des bontés de votre Majesté, ne connaît que la douleur de ne pouvoir vivre auprès d'elle. Je prends la liberté de lui envoyer une nouvelle copie de cette tragédie de *Mahomet*, dont elle a bien voulu, il y a déjà long-temps, voir les premières esquisses. C'est un tribut que je paye à l'amateur des arts, au juge éclairé, surtout au philosophe, beaucoup plus qu'au souverain.

Votre Majesté sait quel esprit m'animait en composant cet ouvrage. L'amour du genre humain et l'horreur du fanatisme, deux vertus qui sont faites pour être toujours auprès de votre trône, ont conduit ma plume. J'ai toujours pensé que la tragédie ne doit pas être un simple spectacle, qui touche le cœur sans le corriger. Qu'importent au genre humain les passions et les malheurs d'un héros de l'antiquité, s'ils ne servent pas à nous instruire? On avoue que la comédie du *Tartufe*, ce chef-d'œuvre qu'aucune nation n'a égalé, a fait beaucoup de bien aux hommes, en montrant l'hypocrisie dans toute sa laideur. Ne peut-on pas essayer d'attaquer, dans une tragédie, cette espèce d'imposture qui met en œuvre à-la-fois l'hypocrisie des uns et la fureur des autres? Ne peut-on pas remonter jusqu'à ces anciens scélérats, fondateurs illustres de la superstition et du fanatisme, qui les premiers ont pris le couteau sur l'autel, pour faire des victimes de ceux qui refusaient d'être leurs disciples?

Ceux qui diront que les temps de ces crimes sont passés, qu'on ne verra plus de Barcochebas, de Mahomet, de Jean de Leyde, etc., que les flammes des guerres de religion sont éteintes, font, ce me semble, trop d'honneur à la nature humaine. Le même poison subsiste encore, quoique moins développé : cette peste, qui semble étouffée, reproduit de temps en temps des germes capables d'infecter la terre. N'a-t-on pas vu de nos jours les prophètes des Cévennes tuer au nom de Dieu ceux de leur secte qui n'étaient pas assez soumis?

L'action que j'ai peinte, est atroce; et je ne sais si l'horreur a été plus loin sur aucun théâtre. C'est un jeune homme né avec de la vertu, qui, séduit par son fanatisme, assassine un vieillard qui l'aime, et qui, dans l'idée de servir Dieu, se rend coupable, sans le savoir, d'un parricide : c'est un imposteur qui ordonne ce meurtre, et qui promet à l'assassin un inceste pour récompense. J'avoue que c'est mettre l'horreur sur le théâtre; et votre Majesté est bien persuadée qu'il ne faut pas que la tragédie consiste uniquement dans une déclaration d'amour, une jalousie et un mariage.

Nos historiens mêmes nous apprennent des actions plus atroces que celle que j'ai inventée. Séide ne sait pas du moins que celui qu'il assassine, est son père; et quand il a porté le coup, il éprouve un repentir aussi grand que son crime. Mais Mézerai rapporte qu'à Melun un père tua son fils de sa main pour sa religion, et n'en eut aucun repentir. On connaît l'aventure des deux frères Diaz, dont l'un était à Rome, et l'autre en Allemagne, dans les commencements des troubles excités par Luther. Barthélemi Diaz, apprenant à Rome que son frère donnait dans les opinions de Luther à Francfort, part de Rome dans le dessein de l'assassiner, arrive, et l'assassine. J'ai lu dans Herrera, auteur espagnol, que ce Barthélemi Diaz *risquait beaucoup par cette action; mais que rien n'ébranle un homme d'honneur quand la probité le conduit.* Herrera, dans une religion toute sainte et toute ennemie de la cruauté, dans une religion qui enseigne à souffrir et non à se venger, était donc persuadé que la probité peut conduire à l'assassinat et au parricide : et on ne s'élevera pas de tous côtés contre ces maximes infernales!

Ce sont ces maximes qui mirent le poignard à la main du monstre qui priva la France de Henri-le-Grand : voilà ce qui plaça le portrait de Jacques Clément sur l'autel, et son nom parmi les bienheureux : c'est ce qui coûta la vie à Guillaume, prince d'Orange, fondateur de la liberté et de la grandeur des Hollandais. D'abord Salcède le blessa au front d'un coup de pistolet : et Strada raconte que Salcède (ce sont ses propres mots.) *n'osa entreprendre cette action qu'après avoir purifié son ame par la confession aux pieds d'un dominicain, et l'avoir fortifiée par le pain céleste.* Herrera dit quelque chose de plus insensé et de plus atroce : *Estando firme con el exemplo de nuestro Salvador Jesu-Christo y de sus Santos.* Balthazar Gérard, qui ôta enfin la vie à ce grand homme, en usa de même que Salcède.

Je remarque que tous ceux qui ont commis de bonne-foi de pareils crimes, étaient des jeunes gens comme Séide. Balthasar Gérard avait environ vingt ans. Quatre Espagnols, qui avaient fait avec lui serment de tuer le prince, étaient du même âge. Le monstre qui tua Henri III, n'avait que vingt-quatre ans. Poltrot, qui assassina le grand duc de Guise, en avait vingt-cinq : c'est le temps de la séduction et de la fureur. J'ai été presque témoin en Angleterre de ce que peut sur une imagination jeune et faible la force du fanatisme. Un enfant de seize ans, nommé Shepherd, se chargea d'assassiner le roi George Ier, votre aïeul maternel. Quelle était la cause qui le portait à cette frénésie ? c'était uniquement que Shepherd n'était pas de la même religion que le roi. On eut pitié de sa jeunesse; on lui offrit sa grâce; on le sollicita long-temps au repentir : il persista toujours à dire qu'il valait mieux obéir à Dieu qu'aux hommes; et que, s'il était libre, le premier usage qu'il ferait de sa liberté serait de tuer son prince. Ainsi on fut obligé de l'envoyer au supplice, comme un monstre qu'on désespérait d'apprivoiser.

J'ose dire que quiconque a un peu vécu avec les hommes, a pu voir quelquefois combien aisément on est prêt à sacrifier la nature à la superstition. Que de pères ont détesté et déshérité leurs enfants! que de frères ont poursuivi leurs frères par ce funeste principe! J'en ai vu des exemples dans plus d'une famille.

Si la superstition ne se signale pas toujours par ces excès qui sont comptés dans l'histoire des crimes, elle fait dans la société tous les petits maux innombrables et journaliers qu'elle peut faire. Elle désunit les amis; elle divise les parents; elle persécute le sage qui n'est qu'homme de bien, par la main du fou qui est enthousiaste. Elle ne donne pas toujours de la ciguë à Socrate; mais elle bannit Descartes d'une ville qui devait être l'asile de la liberté; elle donne à Jurieu, qui faisait le prophète, assez de crédit pour réduire à la pauvreté le savant et philosophe Bayle. Elle bannit, elle arrache à une florissante jeunesse qui court à ses leçons le successeur du grand Leibnitz; et il faut, pour le rétablir, que le ciel fasse naître un roi philosophe; vrai miracle qu'il fait bien rarement. En vain la raison humaine se perfectionne par la philosophie qui fait tant de progrès en Europe; en vain, vous surtout, grand Prince, vous efforcez-vous de pratiquer et d'inspirer cette philosophie si humaine; on voit dans ce même siècle, où la raison élève son trône d'un côté, le plus absurde fanatisme dresser encore ses autels de l'autre.

On pourra me reprocher que, donnant trop à mon zèle, je fais commettre dans cette pièce un crime à Mahomet, dont en effet il ne fut point coupable.

M. le comte Boulainvilliers écrivit, il y a quelques années, la vie de ce prophète. Il essaya de le faire passer pour un grand homme que la Providence avait choisi pour punir les chrétiens, et pour changer la face d'une partie du monde. M. Sale, qui nous a donné une excellente version de l'Alcoran en anglais, veut faire regarder Mahomet comme un Numa et comme un Thésée. J'avoue qu'il faudrait le respecter, si, né prince légitime, ou appelé au gouvernement par le suffrage des siens, il avait donné des lois paisibles, comme Numa, ou défendu ses compatriotes, comme on le dit de Thésée. Mais qu'un marchand de chameaux excite une sédition dans sa bourgade; qu'associé à quelques malheureux Coracites il leur persuade qu'il s'entretient avec l'ange Gabriel; qu'il se vante d'avoir été ravi au ciel, et d'y avoir reçu une partie de ce livre inintelligible qui fait frémir le sens commun à chaque page; que, pour faire respecter ce livre, il porte dans sa patrie le fer et la flamme; qu'il égorge les pères; qu'il ravisse les filles; qu'il donne aux vaincus le choix de sa religion ou de la mort; c'est assurément ce que nul homme ne peut excuser, à moins qu'il ne soit né Turc, et que la superstition n'étouffe en lui toute lumière naturelle.

Je sais que Mahomet n'a pas tramé précisément l'espèce de trahison qui fait le sujet de cette tragédie. L'histoire dit seulement qu'il enleva la femme de Séide, l'un de ses disciples, et qu'il persécuta Abusofian, que je nomme Zopire : mais quiconque fait la guerre à son pays, et ose la faire au nom de Dieu, n'est-il pas capable de tout? Je n'ai pas prétendu mettre seulement une action vraie sur la scène, mais des mœurs vraies; faire penser les hommes comme ils pensent dans les circonstances où ils se trouvent, et représenter enfin ce que la fourberie peut inventer de plus atroce, et ce que le fanatisme peut exécuter de plus horrible. Mahomet n'est ici autre chose que Tartufe les armes à la main.

Je me croirai bien récompensé de mon travail, si quelqu'une de ces ames faibles, toujours prêtes à recevoir les impressions d'une fureur étrangère qui n'est pas au fond de leur cœur, peut s'affermir contre ces funestes séductions par la lecture de cet ouvrage; si, après avoir eu en horreur la malheureuse obéissance de Séide, elle se dit à elle-même : Pourquoi obéirais-je en aveugle à des aveugles qui me crient : Haïssez, persécutez, perdez celui qui est assez téméraire pour n'être pas de notre avis sur des choses même indifférentes que nous n'entendons pas? Que ne puis-je servir à déraciner de tels sentiments chez les hommes! L'esprit d'indulgence ferait des frères; celui d'intolérance peut former des monstres.

C'est ainsi que pense votre Majesté. Ce serait pour moi la plus grande des consolations de vivre auprès de ce roi philosophe. Mon attachement est égal à mes regrets; et si d'autres devoirs m'entraînent, ils n'effaceront jamais de mon cœur les sentiments que je dois à ce prince qui pense et qui parle en homme; qui fuit cette fausse gravité sous laquelle se cachent tou-

AU ROI DE PRUSSE.

jours la petitesse et l'ignorance; qui se communique avec liberté, parce qu'il ne craint point d'être pénétré; qui veut toujours s'instruire, et qui peut instruire les plus éclairés.

Je serai toute ma vie avec le plus profond respect et la plus vive reconnaissance, etc.

LETTRE

DE M. DE VOLTAIRE
AU PAPE BENOÎT XIV.

B^{mo} Padre, la Santità vostra perdonerà l'ardire che prende uno de' più infimi fedeli, ma uno de' maggiori ammiratori della virtù, di sottomettere al capo della vera religione questa opera contro il fondatore d'una falsa e barbara setta.

A chi potrei più convenevolmente dedicare la satira della crudeltà e degli errori d'un falso profeta, che al vicario ed imitatore d'un Dio di verità e di mansuetudine?

Vostra Santità mi conceda dunque di poter mettere a i suoi piedi il libretto e l'autore, e di domandare umilmente la sua protezzione per l'uno, e le sue benedizioni per l'altro. In tanto profundissimamente m'inchino, e le baccio i sacri piedi.

Parigi, 17 agosto 1745.

TRADUCTION.

Très-saint père, votre Sainteté voudra bien pardonner la liberté que prend un des plus humbles, mais l'un des plus grands admirateurs de la vertu, de consacrer au chef de la véritable religion un écrit contre le fondateur d'une religion fausse et barbare.

A qui pourrais-je plus convenablement adresser la satire de la cruauté et des erreurs d'un faux prophète, qu'au vicaire et à l'imitateur d'un Dieu de paix et de vérité?

Que votre Sainteté daigne permettre que je mette à ses pieds et le livre et l'auteur. J'ose lui demander sa protection pour l'un, et sa bénédiction pour l'autre. C'est avec ces sentiments d'une profonde vénération, que je me prosterne, et que je baise vos pieds sacrés.

Paris, 17 auguste 1745.

RÉPONSE

DU SOUVERAIN PONTIFE BENOÎT XIV

A M. DE VOLTAIRE.

Benedictus P. P. XIV dilecto filio salutem et apostolicam benedictionem.

SETTIMANE sono ci fu presentato da sua parte la sua bellissima tragedia di *Mahomet*, la quale leggemmo con sommo piacere. Poi ci presentò il cardinale Passionei in di lei nome il suo eccellente poëma di Fontenoi... Monsignor Leprotti ci diede poscia il distico fatto da lei sotto il nostro ritratto; ieri mattina il cardinale Valenti ci presentò la di lei lettera del 17 agosto. In questa serie d'azzioni si contengono molti capi per ciascheduno de' quali ci riconosciamo in obbligo di ringraziarla. Noi gli uniamo tutti assieme, e rendiamo a lei le dovute grazie per così singolare bontà verso di noi, assicurandola che abbiamo tutta la dovuta stima del suo tanto applaudito merito.

Publicato in Roma il di lei distico sopradetto, ci fu riferito esservi stato un suo paesano letterato che in una publica conversazione aveva detto peccare in una sillaba, avendo fatta la parola *hic* breve, quando sempre deve esser longa.

Rispondemmo che sbagliava, potendo essere la parola e breve e longa, conforme vuole il poëta, avendola Virgilio fatta breve in quel verso :

Solus hic inflexit sensus animumque labantem :

Avendola fatta longa in un altro :

Hic finis Priami fatorum, hic exitus illum....

Ci sembra d'aver risposto ben espresso, ancor che siano più di cinquanta anni che non abbiamo letto Virgilio. Benchè la causa sia propria della sua persona, abbiamo tanta buona idea della sua sincerità e probità che facciamo la stessa giudice sopra il punto della ragione a chi assista, se a noi o al suo oppositore, ed in tanto restiamo col dare a lei l'apostolica benedizione.

Datum Romæ, apud Sanctam-Mariam-Majorem, die 19 septembris 1745, pontificatûs nostri anno sexto.

TRADUCTION.

Benoît XIV, pape, à son cher fils salut et bénédiction apostolique.

Il y a quelques semaines qu'on me présenta de votre part votre admirable tragédie de *Mahomet*, que j'ai lue avec un très-grand plaisir. Le cardinal Passionei me donna ensuite, en votre nom, le beau poème de Fontenoi. M. Leprotti m'a communiqué votre distique pour mon portrait; et le cardinal Valenti me remit hier votre lettre du 17 d'auguste. Chacune de ces marques de bonté mériterait un remercîment particulier; mais vous voudrez bien que j'unisse ces différentes attentions pour vous en rendre des actions de grâces générales. Vous ne devez pas douter de l'estime singulière que m'inspire un mérite aussi reconnu que le vôtre.

Dès que votre distique (1) fut publié à Rome, on nous dit qu'un homme de lettres français, se trouvant dans une société où l'on en parlait, avait repris dans le premier vers une faute de quantité. Il préten-

---

(1) Voici le distique :

Lambertinus hic est, Romæ decus, et pater orbis,
Qui mundum scriptis docuit, virtutibus ornat.

dait que le mot *hic*, que vous employez comme bref, doit être toujours long.

Nous répondîmes qu'il était dans l'erreur, que cette syllabe était indifféremment brève ou longue dans les poètes, Virgile ayant fait ce mot bref dans ce vers :

Solus hic inflexit sensus animumque labantem ;

Et long dans cet autre :

Hic finis Priami fatorum, hic exitus illum...

C'était peut-être assez bien répondre pour un homme qui n'a pas lu Virgile depuis cinquante ans. Quoique vous soyez partie intéressée dans ce différend, nous avons une si haute idée de votre franchise et de votre droiture, que nous n'hésitons pas de vous faire juge entre votre critique et nous. Il ne nous reste plus qu'à vous donner notre bénédiction apostolique.

Donné à Rome, à Sainte-Marie-Majeure, le 19 septembre 1745, la sixième année de notre pontificat.

―――

LETTRE

DE REMERCÎMENT

DE M. DE VOLTAIRE

AU PAPE.

Non vengono tanto meglio figurate le fatezze di vostra Beatitudine su i medaglioni che ho ricevuti dalla sua singolare benignità, di quello che si vedono espressi l'ingegno e l'animo suo nella lettera della quale s'è degnata d'onorarmi; ne pongo a i suoi piedi le più vive ed umilissime grazie.

Veramente sono in obbligo di riconoscere la sua infallibilità nelle decisioni di letteratura, sic come nelle altre cose più riverende: V. S. è più prattica del latino che quel Francese il di cui sbaglio s'è degnata di corregere: mi maraviglio come si ricordi così appuntino del suo Virgilio. Tra i più letterati monarchi furono sempre segnalati i sommi pontifici; ma tra loro, credo che non se ne trovasse mai uno che adornasse tanta dottrina di tanti fregi di bella letteratura.

Agnosco rerum dominos, gentemque togatam.

Se il Francese che sbagliò nel riprendere questo *hic*, avesse tenuto a mente Virgilio come fa vostra Beatitudine, avrebbe potuto citare un bene adatto verso dove *hic* e breve e longo insieme. Questo bel verso mi pareva un presagio dei favori a me conferiti dalla sua beneficenza. Eccolo :

Hic vir, hic est, tibi quem promitti sœpiùs audis.

Così Roma doveva gridare quando Benedetto XIV fù esaltato. Il tanto baccio con somma riverenza e gratitudine i suoi sacri piedi, etc.

TRADUCTION.

Les traits de votre Sainteté ne sont pas mieux exprimés dans les médailles dont elle m'a gratifié par une bonté toute particulière, que ceux de son esprit et de son caractère dans la lettre dont elle a daigné m'honorer. Je mets à ses pieds mes très-humbles et très-vives actions de grâces.

Je suis forcé de reconnaître son infaillibilité dans les décisions littéraires comme dans les autres choses plus respectables. Votre Sainteté a plus d'usage de la langue latine que le censeur français dont elle a daigné relever la méprise. J'admire comment elle s'est rappelé si à propos son Virgile. Parmi les monarques amateurs des lettres, les souverains pontifes se sont toujours signalés; mais aucun n'a paré comme V. S. la plus profonde érudition, des plus riches ornements de la belle littérature.

Agnosco rerum dominos, gentemque togatam.

Si le Français qui a repris avec si peu de justesse la syllabe *hic*, avait eu son Virgile aussi présent à la mémoire, il aurait pu citer fort à propos un vers où ce mot est à-la-fois bref et long; ce beau vers me semblait contenir le présage des faveurs dont votre bonté généreuse m'a comblé. Le voici :

Hic vir, hic est, tibi quem promitti sæpiùs audis.

Rome a dû retentir de ce vers à l'exaltation de Benoît XIV. C'est avec les sentiments de la plus profonde vénération et de la plus vive gratitude que je baise vos pieds sacrés.

PERSONNAGES.

MAHOMET.
ZOPIRE, sheik ou shérif de la Mecque.
OMAR, lieutenant de Mahomet.
SÉIDE,
PALMIRE, } esclaves de Mahomet.
PHANOR, sénateur de la Mecque.
Troupe de Mecquois.
Troupe de Musulmans.

La scène est à la Mecque.

LE FANATISME,
TRAGÉDIE.

ACTE PREMIER.

SCÈNE I.

ZOPIRE, PHANOR.

ZOPIRE.

Qui? moi, baisser les yeux devant ces faux prodiges?
Moi, de ce fanatique encenser les prestiges?
L'honorer dans la Mecque après l'avoir banni!
Non. Que des justes dieux Zopire soit puni,
Si tu vois cette main, jusqu'ici libre et pure,
Caresser la révolte, et flatter l'imposture!

PHANOR.

Nous chérissons en vous ce zèle paternel
Du chef auguste et saint du sénat d'Ismaël;
Mais ce zèle est funeste, et tant de résistance,
Sans lasser Mahomet, irrite sa vengeance.
Contre ses attentats vous pouviez autrefois
Lever impunément le fer sacré des lois,
Et des embrasements d'une guerre immortelle
Etouffer sous vos pieds la première étincelle.

Mahomet citoyen ne parut à vos yeux
Qu'un novateur obscur, un vil séditieux :
Aujourd'hui c'est un prince ; il triomphe, il domine ;
Imposteur à la Mecque, et prophète à Médine,
Il sait faire adorer à trente nations
Tous ces mêmes forfaits qu'ici nous détestons.
Que dis-je ? en ces murs même une troupe égarée,
Des poisons de l'erreur avec zèle enivrée,
De ses miracles faux soutient l'illusion,
Répand le fanatisme et la sédition,
Appelle son armée, et croit qu'un dieu terrible
L'inspire, le conduit, et le rend invincible.
Tous nos vrais citoyens avec vous sont unis :
Mais les meilleurs conseils sont-ils toujours suivis ?
L'amour des nouveautés, le faux zèle, la crainte,
De la Mecque alarmée ont désolé l'enceinte ;
Et ce peuple, en tout temps chargé de vos bienfaits,
Crie encore à son père, et demande la paix.

ZOPIRE.

La paix avec ce traître ! Ah ! peuple sans courage,
N'en attendez jamais qu'un horrible esclavage :
Allez, portez en pompe, et servez à genoux
L'idole dont le poids va vous écraser tous.
Moi, je garde à ce fourbe une haine éternelle ;
De mon cœur ulcéré la plaie est trop cruelle :
Lui-même a contre moi trop de ressentiments.
Le cruel fit périr ma femme et mes enfants ;
Et moi, jusqu'en son camp j'ai porté le carnage :
La mort de son fils même honora mon courage.

Les flambeaux de la haine, entre nous allumés,
Jamais des mains du temps ne seront consumés.
PHANOR.
Ne les éteignez point, mais cachez-en la flamme;
Immolez au public les douleurs de votre ame.
Quand vous verrez ces lieux par ses mains ravagés,
Vos malheureux enfants seront-ils mieux vengés?
Vous avez tout perdu, fils, frère, épouse, fille;
Ne perdez point l'Etat : c'est-là votre famille.
ZOPIRE.
On ne perd les Etats que par timidité.
PHANOR.
On périt quelquefois par trop de fermeté.
ZOPIRE.
Périssons, s'il le faut. *
PHANOR.
     Ah! quel triste courage,
Quand vous touchez au port, vous expose au naufrage?**
Le Ciel, vous le voyez, a remis en vos mains
De quoi fléchir encor ce tyran des humains.
Cette jeune Palmire, en ses camps élevée,
Dans vos derniers combats par vous-même enlevée,
Semble un ange de paix descendu parmi nous,
Qui peut de Mahomet apaiser le courroux.
Déjà par ses hérauts il l'a redemandée.

* Var. des anciennes éditions :
 On périt avec gloire.
** Var. *id.*
 Vous fait si près du port exposer au naufrage?
Voyez les *Remarques*, à la fin du volume.

ZOPIRE.

Tu veux qu'à ce barbare elle soit accordée?
Tu veux que d'un si cher et si noble trésor
Ses criminelles mains s'enrichissent encor?
Quoi! lorsqu'il nous apporte et la fraude et la guerre,
Lorsque son bras enchaîne et ravage la terre,
Les plus tendres appas brigueront sa faveur,
Et la beauté sera le prix de la fureur!
Ce n'est pas qu'à mon âge, aux bornes de ma vie,
Je porte à Mahomet une honteuse envie;
Ce cœur triste et flétri, que les ans ont glacé,
Ne peut sentir les feux d'un desir insensé.
Mais soit qu'en tous les temps un objet né pour plaire
Arrache de nos vœux l'hommage involontaire;
Soit que, privé d'enfants, je cherche à dissiper
Cette nuit de douleurs qui vient m'envelopper;
Je ne sais quel penchant pour cette infortunée
Remplit le vide affreux de mon ame étonnée.
Soit faiblesse ou raison, je ne puis sans horreur
La voir aux mains d'un monstre, artisan de l'erreur.
Je voudrais qu'à mes vœux heureusement docile,
Elle-même en secret pût chérir cet asile;
Je voudrais que son cœur, sensible à mes bienfaits,
Détestât Mahomet autant que je le hais.
Elle veut me parler sous ces sacrés portiques,
Non loin de cet autel de nos dieux domestiques;
Elle vient, et son front, siége de la candeur,
Annonce en rougissant les vertus de son cœur.

SCÈNE II.

ZOPIRE, PALMIRE.

ZOPIRE.

Jeune et charmant objet, dont le sort de la guerre,
Propice à ma vieillesse, honora cette terre,
Vous n'êtes point tombée en de barbares mains;
Tout respecte avec moi vos malheureux destins,
Votre âge, vos beautés, votre aimable innocence.
Parlez; et s'il me reste encor quelque puissance,
De vos justes desirs si je remplis les vœux,
Ces derniers de mes jours seront des jours heureux.

PALMIRE.

Seigneur, depuis deux mois sous vos lois prisonnière,
Je dus à mes destins pardonner ma misère :
Vos généreuses mains s'empressent d'effacer
Les larmes que le Ciel me condamne à verser.
Par vous, par vos bienfaits, à parler enhardie,
C'est de vous que j'attends le bonheur de ma vie.
Aux vœux de Mahomet j'ose ajouter les miens :
Il vous a demandé de briser mes liens;
Puissiez-vous l'écouter, et puissé-je lui dire
Qu'après le Ciel et lui je dois tout à Zopire !

ZOPIRE.

Ainsi de Mahomet vous regrettez les fers,
Ce tumulte des camps, ces horreurs des deserts,
Cette patrie errante, au trouble abandonnée !

PALMIRE.

La patrie est aux lieux où l'ame est enchaînée.

Mahomet a formé mes premiers sentiments,
Et ses femmes en paix guidaient mes faibles ans :
Leur demeure est un temple où ces femmes sacrées
Lèvent au ciel des mains de leur maître adorées.
Le jour de mon malheur, hélas! fut le seul jour
Où le sort des combats a troublé leur séjour :
Seigneur, ayez pitié d'une ame déchirée,
Toujours présente aux lieux dont je suis séparée.

ZOPIRE.

J'entends : vous espérez partager, quelque jour,
De ce maître orgueilleux et la main et l'amour.

PALMIRE.

Seigneur, je le révère; et mon ame tremblante
Croit voir dans Mahomet un dieu qui m'épouvante.
Non, d'un si grand hymen mon cœur n'est point flatté;
Tant d'éclat convient mal à tant d'obscurité.

ZOPIRE.

Ah! qui que vous soyez, il n'est point né peut-être
Pour être votre époux, encor moins votre maître;
Et vous semblez d'un sang fait pour donner des lois
A l'Arabe insolent qui marche égal aux rois.

PALMIRE.

Nous ne connaissons point l'orgueil de la naissance :
Sans parents, sans patrie, esclaves dès l'enfance,
Dans notre égalité nous chérissons nos fers;
Tout nous est étranger, hors le Dieu que je sers.

ZOPIRE.

Tout vous est étranger! Cet état peut-il plaire?
Quoi! vous servez un maître, et n'avez point de père?

Dans mon triste palais, seul et privé d'enfants,
J'aurais pu voir en vous l'appui de mes vieux ans.
Le soin de vous former des destins plus propices
Eût adouci des miens les longues injustices.
Mais non, vous abhorrez ma patrie et ma loi.
PALMIRE.
Comment puis-je être à vous? je ne suis point à moi.
Vous aurez mes regrets, votre bonté m'est chère;
Mais enfin Mahomet m'a tenu lieu de père.
ZOPIRE.
Quel père! justes Dieux! lui? ce monstre imposteur!
PALMIRE.
Ah! quels noms inouïs lui donnez-vous, Seigneur!
Lui dans qui tant d'Etats adorent leur prophète!
Lui l'envoyé du Ciel, et son seul interprète!
ZOPIRE.
Etrange aveuglement des malheureux mortels!
Tout m'abandonne ici, pour dresser des autels
A ce coupable heureux qu'épargna ma justice,
Et qui courut au trône, échappé du supplice.
PALMIRE.
Vous me faites frémir, Seigneur, et de mes jours
Je n'avais entendu ces horribles discours.
Mon penchant, je l'avoue, et ma reconnaissance
Vous donnaient sur mon cœur une juste puissance :
Vos blasphèmes affreux contre mon protecteur
A ce penchant si doux font succéder l'horreur.
ZOPIRE.
O superstition! tes rigueurs inflexibles
Privent d'humanité les cœurs les plus sensibles.

Que je vous plains, Palmire, et que sur vos erreurs
Ma pitié malgré moi me fait verser de pleurs!

PALMIRE.

Et vous me refusez!

ZOPIRE.

Oui. Je ne puis vous rendre
Au tyran qui trompa ce cœur flexible et tendre :
Oui, je crois voir en vous un bien trop précieux,
Qui me rend Mahomet encor plus odieux.

SCÈNE III.

ZOPIRE, PALMIRE, PHANOR.

ZOPIRE.

Que voulez-vous, Phanor?

PHANOR.

Aux portes de la ville,
D'où l'on voit de Moad la campagne fertile,
Omar est arrivé.

ZOPIRE.

Qui? ce farouche Omar,
Que l'erreur aujourd'hui conduit après son char,
Qui combattit long-temps le tyran qu'il adore,
Qui vengea son pays?

PHANOR.

Peut-être il l'aime encore.
Moins terrible à nos yeux, cet insolent guerrier,
Portant entre ses mains le glaive et l'olivier,
De la paix à nos chefs a présenté le gage.

ACTE I, SCÈNE III.

On lui parle, il demande, il reçoit un otage.
Séide est avec lui.

PALMIRE.

Grand Dieu! destin plus doux!
Quoi! Séide?

PHANOR.

Omar vient, il s'avance vers vous.

ZOPIRE.

Il le faut écouter. Allez, jeune Palmire.

(Palmire sort.)

Omar devant mes yeux! qu'osera-t-il me dire?
O dieux de mon pays, qui depuis trois mille ans
Protégiez d'Ismaël les généreux enfants!
Soleil, sacrés flambeaux, qui dans votre carrière,
Images de ces dieux, nous prêtez leur lumière,
Voyez et soutenez la juste fermeté
Que j'opposai toujours contre l'iniquité!

SCÈNE IV.

ZOPIRE, OMAR, PHANOR, suite.

ZOPIRE.

Eh bien! après six ans tu revois ta patrie,
Que ton bras défendit, que ton cœur a trahie.
Ces murs sont encor pleins de tes premiers exploits.
Déserteur de nos dieux, déserteur de nos lois,
Persécuteur nouveau de cette cité sainte,
D'où vient que ton audace en profane l'enceinte?
Ministre d'un brigand qu'on dut exterminer,
Parle; que me veux-tu?

OMAR.
Je veux te pardonner.
Le prophète d'un dieu, par pitié pour ton âge,
Pour tes malheurs passés, surtout pour ton courage,
Te présente une main qui pourrait t'écraser ;
Et j'apporte la paix qu'il daigne proposer.

ZOPIRE.
Un vil séditieux prétend avec audace
Nous accorder la paix, et non demander grâce !
Souffrirez-vous, grands Dieux ! qu'au gré de ses forfaits
Mahomet nous ravisse ou nous rende la paix ?
Et vous, qui vous chargez des volontés d'un traître,
Ne rougissez-vous point de servir un tel maître ?
Ne l'avez-vous pas vu, sans honneur et sans biens,
Ramper au dernier rang des derniers citoyens ?
Qu'alors il était loin de tant de renommée !

OMAR.
A tes viles grandeurs ton ame accoutumée
Juge ainsi du mérite, et pèse les humains
Au poids que la fortune avait mis dans tes mains.
Ne sais-tu pas encore, homme faible et superbe,
Que l'insecte insensible, enseveli sous l'herbe,
Et l'aigle impérieux qui plane au haut du ciel,
Rentrent dans le néant aux yeux de l'Eternel ?
Les mortels sont égaux : ce n'est point la naissance,
C'est la seule vertu qui fait leur différence.
Il est de ces esprits favorisés des cieux
Qui sont tout par eux-même, et rien par leurs aïeux.
Tel est l'homme, en un mot, que j'ai choisi pour maître ;
Lui seul dans l'univers a mérité de l'être :

ACTE I, SCÈNE IV.

Tout mortel à sa loi doit un jour obéir ;
Et j'ai donné l'exemple aux siècles à venir.

ZOPIRE.

Je te connais, Omar : en vain ta politique
Vient m'étaler ici ce tableau fanatique ;
En vain tu peux ailleurs éblouir les esprits :
Ce que ton peuple adore, excite mes mépris.
Bannis toute imposture, et d'un coup-d'œil plus sage
Regarde ce prophète à qui tu rends hommage ;
Vois l'homme en Mahomet ; conçois par quel degré
Tu fais monter aux cieux ton fantôme adoré.
Enthousiaste ou fourbe, il faut cesser de l'être ;
Sers-toi de ta raison, juge avec moi ton maître :
Tu verras de chameaux un grossier conducteur,
Chez sa première épouse insolent imposteur,
Qui, sous le vain appât d'un songe ridicule,
Des plus vils des humains tente la foi crédule ;
Comme un séditieux à mes pieds amené,
Par quarante vieillards à l'exil condamné :
Trop léger châtiment qui l'enhardit au crime.
De caverne en caverne il fuit avec Fatime.
Ses disciples errants de cités en déserts,
Proscrits, persécutés, bannis, chargés de fers,
Promènent leur fureur, qu'ils appellent divine :
De leurs venins bientôt ils infectent Médine.
Toi-même alors, toi-même, écoutant la raison,
Tu voulus dans sa source arrêter le poison.
Je te vis plus heureux, et plus juste, et plus brave,
Attaquer le tyran dont je te vois l'esclave.

S'il est un vrai prophète, osas-tu le punir?
S'il est un imposteur, oses-tu le servir?

OMAR.

Je voulus le punir, quand mon peu de lumière
Méconnut ce grand homme entré dans la carrière;
Mais enfin, quand j'ai vu que Mahomet est né
Pour changer l'univers à ses pieds consterné;
Quand mes yeux, éclairés du feu de son génie,
Le virent s'élever dans sa course infinie;
Eloquent, intrépide, admirable en tout lieu,
Agir, parler, punir ou pardonner en dieu;
J'associai ma vie à ses travaux immenses :
Des trônes, des autels en sont les récompenses.
Je fus, je te l'avoue, aveugle comme toi.
Ouvre les yeux, Zopire, et change ainsi que moi :
Et sans plus me vanter les fureurs de ton zèle,
Ta persécution si vaine et si cruelle,
Nos frères gémissants, notre Dieu blasphèmé,
Tombe aux pieds d'un héros par toi-même opprimé.
Viens baiser cette main qui porte le tonnerre.
Tu me vois après lui le premier de la terre :
Le poste qui te reste, est encore assez beau
Pour fléchir noblement sous ce maître nouveau.
Vois ce que nous étions, et vois ce que nous sommes.
Le peuple aveugle et faible est né pour les grands hommes,
Pour admirer, pour croire, et pour nous obéir.
Viens régner avec nous, si tu crains de servir;
Partage nos grandeurs, au lieu de t'y soustraire,
Et las de l'imiter, fais trembler le vulgaire.

ZOPIRE.

Ce n'est qu'à Mahomet, à ses pareils, à toi,
Que je prétends, Omar, inspirer quelque effroi.
Tu veux que du sénat le shérif infidèle
Encense un imposteur, et couronne un rebelle!
Je ne te nîrai point que ce fier séducteur
N'ait beaucoup de prudence et beaucoup de valeur :
Je connais comme toi les talents de ton maître;
S'il était vertueux, c'est un héros peut-être :
Mais ce héros, Omar, est un traître, un cruel;
Et de tous les tyrans, c'est le plus criminel.
Cesse de m'annoncer sa trompeuse clémence;
Le grand art qu'il possède, est l'art de la vengeance.
Dans le cours de la guerre, un funeste destin
Le priva de son fils que fit périr ma main.
Mon bras perça le fils, ma voix bannit le père;
Ma haine est inflexible, ainsi que sa colère :
Pour rentrer dans la Mecque, il doit m'exterminer;
Et le juste aux méchants ne doit point pardonner.

OMAR.

Eh bien! pour te montrer que Mahomet pardonne,
Pour te faire embrasser l'exemple qu'il te donne,
Partage avec lui-même, et donne à tes tribus
Les dépouilles des rois que nous avons vaincus.
Mets un prix à la paix, mets un prix à Palmire;
Nos trésors sont à toi.

ZOPIRE.

Tu penses me séduire,
Me vendre ici ma honte, et marchander la paix
Par ses trésors honteux, le prix de ses forfaits?

Tu veux que sous ses lois Palmire se remette?
Elle a trop de vertus pour être sa sujette;
Et je veux l'arracher aux tyrans imposteurs
Qui renversent les lois, et corrompent les mœurs.

OMAR.

Tu me parles toujours comme un juge implacable,
Qui sur son tribunal intimide un coupable.
Pense et parle en ministre; agis, traite avec moi,
Comme avec l'envoyé d'un grand homme et d'un roi.

ZOPIRE.

Qui l'a fait roi? qui l'a couronné?

OMAR.

La victoire.
Ménage sa puissance, et respecte sa gloire.
Aux noms de conquérant et de triomphateur
Il veut joindre le nom de pacificateur.
Son armée est encore aux bords du Saïbare;
Des murs où je suis né le siége se prépare;
Sauvons, si tu m'en crois, le sang qui va couler :
Mahomet veut ici te voir et te parler.

ZOPIRE.

Lui? Mahomet!

OMAR.

Lui-même; il t'en conjure.

ZOPIRE.

Traitre!
Si de ces lieux sacrés j'étais l'unique maître,
C'est en te punissant que j'aurais répondu.

OMAR.

Zopire, j'ai pitié de ta fausse vertu.

Mais puisqu'un vil sénat insolemment partage
De ton gouvernement le fragile avantage,
Puisqu'il règne avec toi, je cours m'y présenter.
ZOPIRE.
Je t'y suis, nous verrons qui l'on doit écouter.
Je défendrai mes lois, mes Dieux et ma patrie.
Viens-y contre ma voix prêter ta voix impie
Au Dieu persécuteur, effroi du genre humain,
Qu'un fourbe ose annoncer les armes à la main.
  (*A Phanor.*)
Toi, viens m'aider, Phanor, à repousser un traître :
Le souffrir parmi nous, et l'épargner, c'est l'être.
Renversons ses desseins, confondons son orgueil,
Préparons son supplice, ou creusons mon cercueil.
Je vais, si le sénat m'écoute et me seconde,
Délivrer d'un tyran ma patrie et le monde.

FIN DU PREMIER ACTE.

ACTE SECOND.

SCÈNE I.

SÉIDE, PALMIRE.

PALMIRE.

Dans ma prison cruelle est-ce un dieu qui te guide ?
Mes maux sont-ils finis ? te revois-je, Séide ?

SÉIDE.

O charme de ma vie et de tous mes malheurs !
Palmire, unique objet qui m'a coûté des pleurs,
Depuis ce jour de sang qu'un ennemi barbare,
Près des camps du prophète, aux bords du Saïbare,
Vint arracher sa proie à mes bras tout sanglants ;
Qu'étendu loin de toi sur des corps expirants,
Mes cris, mal entendus sur cette infame rive,
Invoquèrent la mort, sourde à ma voix plaintive,
O ma chère Palmire, en quel gouffre d'horreur
Tes périls et ma perte ont abîmé mon cœur !
Que mes feux, que ma crainte et mon impatience
Accusaient la lenteur des jours de la vengeance !
Que je hâtais l'assaut si long-temps différé,
Cette heure de carnage, où, de sang enivré,
Je devais de mes mains brûler la ville impie
Où Palmire a pleuré sa liberté ravie !

Enfin de Mahomet les sublimes desseins,
Que n'ose approfondir l'humble esprit des humains,
Ont fait entrer Omar en ce lieu d'esclavage;
Je l'apprends, et j'y vole. On demande un otage;
J'entre, je me présente, on accepte ma foi,
Et je me rends captif, ou je meurs avec toi.

PALMIRE.

Séide, au moment même, avant que ta présence
Vînt de mon désespoir calmer la violence,
Je me jetais aux pieds de mon fier ravisseur.
Vous voyez, ai-je dit, les secrets de mon cœur :
Ma vie est dans les camps dont vous m'avez tirée;
Rendez-moi le seul bien dont je suis séparée.
Mes pleurs, en lui parlant, ont arrosé ses pieds;
Ses refus ont saisi mes esprits effrayés.
J'ai senti dans mes yeux la lumière obscurcie;
Mon cœur, sans mouvement, sans chaleur et sans vie,
D'aucune ombre d'espoir n'était plus secouru;
Tout finissait pour moi, quand Séide a paru.

SÉIDE.

Quel est donc ce mortel insensible à tes larmes?

PALMIRE.

C'est Zopire; il semblait touché de mes alarmes :
Mais le cruel enfin vient de me déclarer
Que des lieux où je suis rien ne peut me tirer.

SÉIDE.

Le barbare se trompe, et Mahomet mon maître,
Et l'invincible Omar, et ton amant peut-être,
(Car j'ose me nommer après ces noms fameux,
Pardonne à ton amant cet espoir orgueilleux;)

Nous briserons ta chaîne, et tarirons tes larmes.
Le dieu de Mahomet, protecteur de nos armes,
Le dieu dont j'ai porté les sacrés étendards,
Le dieu qui de Médine a détruit les remparts,
Renversera la Mecque à nos pieds abattue.
Omar est dans la ville; et le peuple à sa vue
N'a point fait éclater ce trouble et cette horreur,
Qu'inspire aux ennemis un ennemi vainqueur.
Au nom de Mahomet un grand dessein l'amène.

PALMIRE.

Mahomet nous chérit; il briserait ma chaîne;
Il unirait nos cœurs; nos cœurs lui sont offerts :
Mais il est loin de nous, et nous sommes aux fers.

SCÈNE II.

PALMIRE, SÉIDE, OMAR.

OMAR.

Vos fers seront brisés, soyez pleins d'espérance;
Le Ciel vous favorise, et Mahomet s'avance.

SÉIDE.

Lui?

PALMIRE.

Notre auguste père?

OMAR.

     Au conseil assemblé
L'esprit de Mahomet par ma bouche a parlé.
« Ce favori du dieu qui préside aux batailles,
« Ce grand homme, ai-je dit, est né dans vos murailles.

ACTE II, SCÈNE II.

« Il s'est rendu des rois le maître et le soutien ;
« Et vous lui refusez le rang de citoyen !
« Vient-il vous enchaîner, vous perdre, vous détruire ?
« Il vient vous protéger, mais surtout vous instruire :
« Il vient dans vos cœurs même établir son pouvoir. »
Plus d'un juge à ma voix a paru s'émouvoir ;
Les esprits s'ébranlaient : l'inflexible Zopire,
Qui craint de la raison l'inévitable empire,
Veut convoquer le peuple et s'en faire un appui.
On l'assemble, j'y cours, et j'arrive avec lui :
Je parle aux citoyens, j'intimide, j'exhorte ;
J'obtiens qu'à Mahomet on ouvre enfin la porte.
Après quinze ans d'exil il revoit ses foyers ;
Il entre accompagné des plus braves guerriers,
D'Ali, d'Ammon, d'Hercide, et de sa noble élite ;
Il entre, et sur ses pas chacun se précipite.
Chacun porte un regard, comme un cœur différent ;
L'un croit voir un héros, l'autre voir un tyran.
Celui-ci le blasphème, et le menace encore ;
Cet autre est à ses pieds, les embrasse et l'adore.
Nous faisons retentir à ce peuple agité
Les noms sacrés de Dieu, de paix, de liberté.
De Zopire éperdu la cabale impuissante
Vomit en vain les feux de sa rage expirante.
Au milieu de leurs cris, le front calme et serein,
Mahomet marche en maître, et l'olive à la main :
La trêve est publiée, et le voici lui-même.

SCÈNE III.

MAHOMET, OMAR, ALI, HERCIDE, SÉIDE, PALMIRE,
SUITE.

MAHOMET.

Invincibles soutiens de mon pouvoir suprême,
Noble et sublime Ali, Morad, Hercide, Ammon,
Retournez vers ce peuple, instruisez-le en mon nom.
Promettez, menacez, que la vérité règne;
Qu'on adore mon Dieu, mais surtout qu'on le craigne.
Vous, Séide, en ces lieux?

SÉIDE.

O mon père! ô mon roi!
Le dieu qui vous inspire a marché devant moi.
Prêt à mourir pour vous, prêt à tout entreprendre,
J'ai prévenu votre ordre.

MAHOMET.

Il eût fallu l'attendre.
Qui fait plus qu'il ne doit, ne sait point me servir.
J'obéis à mon dieu; vous, sachez m'obéir.

PALMIRE.

Ah, Seigneur, pardonnez à son impatience.
Elevés près de vous dans notre tendre enfance,
Les mêmes sentiments nous animent tous deux :
Hélas! mes tristes jours sont assez malheureux!
Loin de vous, loin de lui, j'ai langui prisonnière;
Mes yeux de pleurs noyés s'ouvraient à la lumière :
Empoisonneriez-vous l'instant de mon bonheur?

ACTE II, SCÈNE III.

MAHOMET.

Palmire, c'est assez; je lis dans votre cœur :
Que rien ne vous alarme et rien ne vous étonne.
Allez; malgré les soins de l'autel et du trône,
Mes yeux sur vos destins seront toujours ouverts;
Je veillerai sur vous comme sur l'univers.
      (*A Séide.*)
Vous, suivez mes guerriers; et vous, jeune Palmire,
En servant votre dieu, ne craignez que Zopire.

SCÈNE IV.

MAHOMET, OMAR.

MAHOMET.

Toi, reste, brave Omar; il est temps que mon cœur
De ses derniers replis t'ouvre la profondeur.
D'un siége encor douteux la lenteur ordinaire
Peut retarder ma course et borner ma carrière :
Ne donnons point le temps aux mortels détrompés
De rassurer leurs yeux de tant d'éclat frappés.
Les préjugés, ami, sont les rois du vulgaire.
Tu connais quel oracle et quel bruit populaire
Ont promis l'univers à l'envoyé d'un Dieu,
Qui, reçu dans la Mecque, et vainqueur en tout lieu,
Entrerait dans ces murs en écartant la guerre :
Je viens mettre à profit les erreurs de la terre.
Mais tandis que les miens, par de nouveaux efforts,
De ce peuple inconstant font mouvoir les ressorts,
De quel œil revois-tu Palmire avec Séide?

OMAR.

Parmi tous ces enfants enlevés par Hercide,
Qui, formés sous ton joug et nourris dans ta loi,
N'ont de dieu que le tien, n'ont de père que toi,
Aucun ne te servit avec moins de scrupule,
N'eut un cœur plus docile, un esprit plus crédule :
De tous tes musulmans ce sont les plus soumis.

MAHOMET.

Cher Omar, je n'ai point de plus grands ennemis.
Ils s'aiment, c'est assez.

OMAR.

Blâmes-tu leurs tendresses ?

MAHOMET.

Ah ! connais mes fureurs et toutes mes faiblesses.

OMAR.

Comment ?

MAHOMET.

Tu sais quel sentiment vainqueur
Parmi mes passions règne au fond de mon cœur.
Chargé du soin du monde, environné d'alarmes,
Je porte l'encensoir, et le sceptre, et les armes :
Ma vie est un combat, et ma frugalité
Asservit la nature à mon austérité.
J'ai banni loin de moi cette liqueur traîtresse
Qui nourrit des humains la brutale mollesse :
Dans des sables brûlants, sur des rochers déserts,
Je supporte avec toi l'inclémence des airs.
L'amour seul me console ; il est ma récompense,
L'objet de mes travaux, l'idole que j'encense,
Le dieu de Mahomet ; et cette passion

ACTE II, SCÈNE IV.

Est égale aux fureurs de mon ambition.
Je préfère en secret Palmire à mes épouses.
Conçois-tu bien l'excès de mes fureurs jalouses,
Quand Palmire à mes pieds, par un aveu fatal,
Insulte à Mahomet, et lui donne un rival?

OMAR.

Et tu n'es pas vengé?

MAHOMET.

Juge si je dois l'être.
Pour le mieux détester, apprends à le connaître.
De mes deux ennemis apprends tous les forfaits :
Tous deux sont nés ici du tyran que je hais.

OMAR.

Quoi! Zopire...

MAHOMET.

Est leur père : Hercide en ma puissance
Remit depuis quinze ans leur malheureuse enfance.
J'ai nourri dans mon sein ces serpents dangereux;
Déjà, sans se connaître, ils m'outragent tous deux.
J'attisai de mes mains leurs feux illégitimes.
Le ciel voulut ici rassembler tous les crimes.
Je veux... Leur père vient; ses yeux lancent vers nous
Les regards de la haine, et les traits du courroux.
Observe tout, Omar; et qu'avec son escorte
Le vigilant Hercide assiége cette porte.
Reviens me rendre compte, et voir s'il faut hâter
Ou retenir les coups que je dois lui porter.

SCÈNE V.

ZOPIRE, MAHOMET.

ZOPIRE.

Ah! quel fardeau cruel à ma douleur profonde!
Moi, recevoir ici cet ennemi du monde!

MAHOMET.

Approche, et puisqu'enfin le Ciel veut nous unir,
Vois Mahomet sans crainte, et parle sans rougir.

ZOPIRE.

Je rougis pour toi seul, pour toi dont l'artifice
A traîné ta patrie au bord du précipice;
Pour toi de qui la main sème ici les forfaits,
Et fait naître la guerre au milieu de la paix.
Ton nom seul parmi nous divise les familles,
Les époux, les parents, les mères et les filles;
Et la trève pour toi n'est qu'un moyen nouveau
Pour venir dans nos cœurs enfoncer le couteau.
La discorde civile est partout sur ta trace;
Assemblage inouï de mensonge et d'audace,
Tyran de ton pays, est-ce ainsi qu'en ce lieu
Tu viens donner la paix, et m'annoncer un dieu?

MAHOMET.

Si j'avais à répondre à d'autres qu'à Zopire,
Je ne ferais parler que le dieu qui m'inspire;
Le glaive et l'Alcoran, dans mes sanglantes mains,
Imposeraient silence au reste des humains;
Ma voix ferait sur eux les effets du tonnerre,
Et je verrais leurs fronts attachés à la terre:

ACTE II, SCÈNE V.

Mais je te parle en homme, et sans rien déguiser;
Je me sens assez grand pour ne pas t'abuser.
Vois quel est Mahomet; nous sommes seuls, écoute :
Je suis ambitieux; tout homme l'est sans doute;
Mais jamais roi, pontife, ou chef, ou citoyen,
Ne conçut un projet aussi grand que le mien.
Chaque peuple à son tour a brillé sur la terre,
Par les lois, par les arts, et surtout par la guerre :
Le temps de l'Arabie est à la fin venu.
Ce peuple généreux, trop long-temps inconnu,
Laissait dans ses deserts ensevelir sa gloire;
Voici les jours nouveaux marqués pour la victoire.
Vois du nord au midi l'univers désolé,
La Perse encor sanglante, et son trône ébranlé,
L'Inde esclave et timide, et l'Egypte abaissée,
Des murs de Constantin la splendeur éclipsée;
Vois l'empire romain tombant de toutes parts,
Ce grand corps déchiré, dont les membres épars,
Languissent dispersés sans honneur et sans vie :
Sur ces débris du monde élevons l'Arabie.
Il faut un nouveau culte, il faut de nouveaux fers;
Il faut un nouveau dieu pour l'aveugle univers.

En Egypte Osiris, Zoroastre en Asie,
Chez les Crétois Minos, Numa dans l'Italie,
A des peuples sans mœurs, et sans culte, et sans rois,
Donnèrent aisément d'insuffisantes lois.
Je viens, après mille ans, changer ces lois grossières.
J'apporte un joug plus noble aux nations entières.
J'abolis les faux dieux; et mon culte épuré,
De ma grandeur naissante est le premier degré.

Ne me reproche point de tromper ma patrie;
Je détruis sa faiblesse et son idolâtrie :
Sous un roi, sous un dieu, je viens la réunir;
Et pour la rendre illustre, il la faut asservir.

ZOPIRE.

Voilà donc tes desseins! c'est donc toi dont l'audace
De la terre à ton gré prétend changer la face!
Tu veux, en apportant le carnage et l'effroi,
Commander aux humains de penser comme toi :
Tu ravages le monde, et tu prétends l'instruire.
Ah! si par des erreurs il s'est laissé séduire,
Si la nuit du mensonge a pu nous égarer,
Par quels flambeaux affreux veux-tu nous éclairer?
Quel droit as-tu reçu d'enseigner, de prédire,
De porter l'encensoir, et d'affecter l'empire?

MAHOMET.

Le droit qu'un esprit vaste, et ferme en ses desseins,
A sur l'esprit grossier des vulgaires humains. *

ZOPIRE.

Eh quoi! tout factieux, qui pense avec courage,
Doit donner aux mortels un nouvel esclavage?
Il a droit de tromper, s'il trompe avec grandeur?

MAHOMET.

Oui, je connais ton peuple, il a besoin d'erreur;
Ou véritable ou faux, mon culte est nécessaire.
Que t'ont produit tes dieux? quel bien t'ont-ils pu faire?
Quels lauriers vois-tu croître au pied de leurs autels?
Ta secte obscure et basse avilit les mortels,

---

* C'est le mot de la maréchale d'Ancre : *L'ascendant que les ames fortes ont sur les esprits faibles.*

ACTE II, SCÈNE V.

Enerve le courage, et rend l'homme stupide;
La mienne élève l'ame, et la rend intrépide.
Ma loi fait des héros.

ZOPIRE.

Dis plutôt des brigands.
Porte ailleurs tes leçons, l'école des tyrans;
Va vanter l'imposture à Médine où tu règnes,
Où tes maîtres séduits marchent sous tes enseignes,
Où tu vois tes égaux à tes pieds abattus.

MAHOMET.

Des égaux! dès long-temps Mahomet n'en a plus.
Je fais trembler la Mecque, et je règne à Médine :
Crois-moi, reçois la paix, si tu crains ta ruine.

ZOPIRE.

La paix est dans ta bouche, et ton cœur en est loin :
Penses-tu me tromper?

MAHOMET.

Je n'en ai pas besoin.
C'est le faible qui trompe, et le puissant commande.
Demain j'ordonnerai ce que je te demande;
Demain je puis te voir à mon joug asservi :
Aujourd'hui Mahomet veut être ton ami.

ZOPIRE.

Nous amis! nous? cruel! ah, quel nouveau prestige!
Connais-tu quelque dieu qui fasse un tel prodige?

MAHOMET.

J'en connais un puissant, et toujours écouté,
Qui te parle avec moi.

ZOPIRE.

Qui?

MAHOMET.
La nécessité,
Ton intérêt.

ZOPIRE.
Avant qu'un tel nœud nous rassemble,
Les enfers et les cieux seront unis ensemble.
L'intérêt est ton dieu, le mien est l'équité ;
Entre ces ennemis il n'est point de traité.
Quel serait le ciment, réponds-moi, si tu l'oses,
De l'horrible amitié qu'ici tu me proposes ?
Réponds ; est-ce ton fils que mon bras te ravit ?
Est-ce le sang des miens que ta main répandit ?

MAHOMET.
Oui, ce sont tes fils même. Oui, connais un mystère,
Dont seul dans l'univers je suis dépositaire :
Tu pleures tes enfants ; ils respirent tous deux.

ZOPIRE.
Ils vivraient ! qu'as-tu dit ? ô Ciel ! ô jour heureux !
Ils vivraient ! c'est de toi qu'il faut que je l'apprenne !

MAHOMET.
Elevés dans mon camp, tous deux sont dans ma chaîne.

ZOPIRE.
Mes enfants dans tes fers ! ils pourraient te servir !

MAHOMET.
Mes bienfaisantes mains ont daigné les nourrir.

ZOPIRE.
Quoi ! tu n'as point sur eux étendu ta colère ?

MAHOMET.
Je ne les punis point des fautes de leur père.

ZOPIRE.

Achève, éclaircis-moi ; parle, quel est leur sort ?

MAHOMET.

Je tiens entre mes mains et leur vie et leur mort ;
Tu n'as qu'à dire un mot, et je t'en fais l'arbitre.

ZOPIRE.

Moi, je puis les sauver ! à quel prix ? à quel titre ?
Faut-il donner mon sang ? faut-il porter leurs fers ?

MAHOMET.

Non ; mais il faut m'aider à tromper l'univers.
Il faut rendre la Mecque, abandonner ton temple,
De la crédulité donner à tous l'exemple,
Annoncer l'Alcoran aux peuples effrayés,
Me servir en prophète, et tomber à mes pieds :
Je te rendrai ton fils, et je serai ton gendre.

ZOPIRE.

Mahomet, je suis père, et je porte un cœur tendre.
Après quinze ans d'ennuis, retrouver mes enfants,
Les revoir et mourir dans leurs embrassements,
C'est le premier des biens pour mon ame attendrie :
Mais s'il faut à ton culte asservir ma patrie,
Ou de ma propre main les immoler tous deux,
Connais-moi, Mahomet, mon choix n'est pas douteux.
Adieu.

MAHOMET, *seul*.

Fier citoyen, vieillard inexorable,
Je serai plus que toi cruel, impitoyable.

SCÈNE VI.

MAHOMET, OMAR.

OMAR.

Mahomet, il faut l'être, ou nous sommes perdus :
Les secrets des tyrans me sont déjà vendus.
Demain la trève expire, et demain l'on t'arrête ;
Demain Zopire est maître, et fait tomber ta tête.
La moitié du sénat vient de te condamner ;
N'osant pas te combattre, on t'ose assassiner.
Ce meurtre d'un héros, ils le nomment supplice ;
Et ce complot obscur, ils l'appellent justice.

MAHOMET.

Ils sentiront la mienne ; ils verront ma fureur.
La persécution fit toujours ma grandeur.
Zopire périra.

OMAR.

   Cette tête funeste,
En tombant à tes pieds, fera fléchir le reste.
Mais ne perds point de temps.

MAHOMET.

     Mais, malgré mon courroux,
Je dois cacher la main qui va lancer les coups,
Et détourner de moi les soupçons du vulgaire.

OMAR.

Il est trop méprisable.

MAHOMET.

    Il faut pourtant lui plaire ;

ACTE II, SCÈNE VI.

Et j'ai besoin d'un bras qui, par ma voix conduit,
Soit seul chargé du meurtre, et m'en laisse le fruit.

OMAR.

Pour un tel attentat je réponds de Séide.

MAHOMET.

De lui ?

OMAR.

C'est l'instrument d'un pareil homicide.
Otage de Zopire, il peut seul aujourd'hui
L'aborder en secret, et te venger de lui.
Tes autres favoris, zélés avec prudence,
Pour s'exposer à tout ont trop d'expérience;
Ils sont tous dans cet âge où la maturité
Fait tomber le bandeau de la crédulité.
Il faut un cœur plus simple, aveugle avec courage,
Un esprit amoureux de son propre esclavage.
La jeunesse est le temps de ces illusions.
Séide est tout en proie aux superstitions;
C'est un lion docile à la voix qui le guide.

MAHOMET.

Le frère de Palmire ?

OMAR.

Oui, lui-même; oui, Séide,
De ton fier ennemi le fils audacieux,
De son maître offensé rival incestueux.

MAHOMET.

Je déteste Séide, et son seul nom m'offense.
La cendre de mon fils me crie encor vengeance.
Mais tu connais l'objet de mon fatal amour;
Tu connais dans quel sang elle a puisé le jour.

Tu vois que dans ces lieux environnés d'abîmes
Je viens chercher un trône, un autel, des victimes;
Qu'il faut d'un peuple fier enchanter les esprits;
Qu'il faut perdre Zopire, et perdre encor son fils.
Allons, consultons bien mon intérêt, ma haine,
L'amour, l'indigne amour, qui malgré moi m'entraîne,
Et la religion, à qui tout est soumis,
Et la nécessité, par qui tout est permis.

FIN DU SECOND ACTE.

ACTE TROISIÈME.

SCÈNE I.

SÉIDE, PALMIRE.

PALMIRE.

Demeure. Quel est donc ce secret sacrifice ?
Quel sang a demandé l'éternelle justice ?
Ne m'abandonne pas.

SÉIDE.

Dieu daigne m'appeler :
Mon bras doit le servir, mon cœur va lui parler.
Omar veut à l'instant, par un serment terrible,
M'attacher de plus près à ce maître invincible.
Je vais jurer à Dieu de mourir pour sa loi ;
Et mes seconds serments ne seront que pour toi.

PALMIRE.

D'où vient qu'à ce serment je ne suis point présente ?
Si je t'accompagnais, j'aurais moins d'épouvante.
Omar, ce même Omar, loin de me consoler,
Parle de trahison, de sang prêt à couler,
Des fureurs du sénat, des complots de Zopire.
Les feux sont allumés ; bientôt la trêve expire.
Le fer cruel est prêt, on s'arme, on va frapper :
Le prophète l'a dit, il ne peut nous tromper.
Je crains tout de Zopire, et je crains pour Séide.

SÉIDE.

Croirai-je que Zopire ait un cœur si perfide ?
Ce matin, comme otage à ses yeux présenté,
J'admirais sa noblesse et son humanité :
Je sentais qu'en secret une force inconnue
Enlevait jusqu'à lui mon ame prévenue.
Soit respect pour son nom, soit qu'un dehors heureux
Me cachât de son cœur les replis dangereux ;
Soit que dans ces moments où je t'ai rencontrée,
Mon ame toute entière à son bonheur livrée,
Oubliant ses douleurs, et chassant tout effroi,
Ne connût, n'entendit, ne vît plus rien que toi ;
Je me trouvais heureux d'être auprès de Zopire.
Je le hais d'autant plus qu'il m'avait su séduire ;
Mais, malgré le courroux dont je dois m'animer,
Qu'il est dur de haïr ceux qu'on voulait aimer !

PALMIRE.

Ah ! que le ciel en tout a joint nos destinées !
Qu'il a pris soin d'unir nos ames enchaînées !
Hélas ! sans mon amour, sans ce tendre lien,
Sans cet instinct charmant qui joint mon cœur au tien,
Sans la religion que Mahomet m'inspire,
J'aurais eu des remords en accusant Zopire.

SÉIDE.

Laissons ces vains remords, et nous abandonnons
A la voix de ce dieu qu'à l'envi nous servons.
Je sors. Il faut prêter ce serment redoutable :
Le dieu qui m'entendra nous sera favorable ;
Et le pontife-roi, qui veille sur nos jours,
Bénira de ses mains de si chastes amours.
Adieu. Pour être à toi, je vais tout entreprendre.

SCÈNE II.

PALMIRE, *seule*.

D'un noir pressentiment je ne puis me défendre.
Cet amour dont l'idée avait fait mon bonheur,
Ce jour tant souhaité n'est qu'un jour de terreur.
Quel est donc ce serment qu'on attend de Séide?
Tout m'est suspect ici; Zopire m'intimide.
J'invoque Mahomet; et cependant mon cœur
Eprouve, à son nom même, une secrète horreur.
Dans les profonds respects que ce héros m'inspire,
Je sens que je le crains presque autant que Zopire.
Délivre-moi, grand Dieu, de ce trouble où je suis.
Craintive je te sers, aveugle je te suis.
Hélas! daigne essuyer les pleurs où je me noie.

SCÈNE III.

MAHOMET, PALMIRE.

PALMIRE.

C'est vous qu'à mon secours un Dieu propice envoie,
Seigneur. Séide...

MAHOMET.

Eh bien! d'où vous vient cet effroi?
Et que craint-on pour lui, quand on est près de moi?

PALMIRE.

O Ciel! vous redoublez la douleur qui m'agite.
Quel prodige inouï! votre ame est interdite;
Mahomet est troublé pour la première fois.

MAHOMET.
Je devrais l'être au moins du trouble où je vous vois.
Est-ce ainsi qu'à mes yeux votre simple innocence
Ose avouer un feu qui peut-être m'offense?
Votre cœur a-t-il pu, sans être épouvanté,
Avoir un sentiment que je n'ai pas dicté?
Ce cœur que j'ai formé, n'est-il plus qu'un rebelle,
Ingrat à mes bienfaits, à mes lois infidèle?

PALMIRE.
Que dites-vous? Surprise et tremblante à vos pieds,
Je baisse en frémissant mes regards effrayés.
Eh quoi! n'avez-vous pas daigné, dans ce lieu même,
Vous rendre à nos souhaits, et consentir qu'il m'aime?
Ces nœuds, ces chastes nœuds, que Dieu formait en nous,
Sont un lien de plus qui nous attache à vous.

MAHOMET.
Redoutez des liens formés par l'imprudence.
Le crime quelquefois suit de près l'innocence.
Le cœur peut se tromper : l'amour et ses douceurs
Pourront coûter, Palmire, et du sang et des pleurs.

PALMIRE.
N'en doutez pas, mon sang coulerait pour Séide.

MAHOMET.
Vous l'aimez à ce point?

PALMIRE.
Depuis le jour qu'Hercide
Nous soumit l'un et l'autre à votre joug sacré,
Cet instinct tout-puissant, de nous-même ignoré,
Devançant la raison, croissant avec notre âge,
Du Ciel, qui conduit tout, fut le secret ouvrage.

Nos penchants, dites-vous, ne viennent que de lui.
Dieu ne saurait changer : pourrait-il aujourd'hui
Réprouver un amour que lui-même il fit naître?
Ce qui fut innocent, peut-il cesser de l'être?
Pourrais-je être coupable?

MAHOMET.

Oui. Vous devez trembler.
Attendez les secrets que je dois révéler;
Attendez que ma voix veuille enfin vous apprendre
Ce qu'on peut approuver, ce qu'on doit se défendre.
Ne croyez que moi seul.

PALMIRE.

Et qui croire que vous?
Esclave de vos lois, soumise, à vos genoux,
Mon cœur d'un saint respect ne perd point l'habitude.

MAHOMET.

Trop de respect souvent mène à l'ingratitude.

PALMIRE.

Non, si de vos bienfaits je perds le souvenir,
Que Séide à vos yeux s'empresse à m'en punir.

MAHOMET.

Séide!

PALMIRE.

Ah! quel courroux arme votre œil sévère?

MAHOMET.

Allez, rassurez-vous, je n'ai point de colère.
C'est éprouver assez vos sentiments secrets;
Reposez-vous sur moi de vos vrais intérêts.
Je suis digne du moins de votre confiance;
Vos destins dépendront de votre obéissance.

Si j'eus soin de vos jours, si vous m'appartenez,
Méritez des bienfaits qui vous sont destinés.
Quoi que la voix du Ciel ordonne de Séide,
Affermissez ses pas où son devoir le guide :
Qu'il garde ses serments, qu'il soit digne de vous.

PALMIRE.

N'en doutez point, mon père, il les remplira tous.
Je réponds de son cœur, ainsi que de moi-même.
Séide vous adore encor plus qu'il ne m'aime ;
Il voit en vous son roi, son père, son appui :
J'en atteste à vos pieds l'amour que j'ai pour lui.
Je cours à vous servir encourager son ame.

SCÈNE IV.

MAHOMET, *seul*.

Quoi ! je suis malgré moi confident de sa flamme ?
Quoi ! sa naïveté, confondant ma fureur,
Enfonce innocemment le poignard dans mon cœur ?
Père, enfants, destinés au malheur de ma vie,
Race toujours funeste, et toujours ennemie,
Vous allez éprouver, dans cet horrible jour,
Ce que peut à-la-fois ma haine et mon amour.

SCÈNE V.

MAHOMET, OMAR.

OMAR.

Enfin, voici le temps, et de ravir Palmire,
Et d'envahir la Mecque, et de punir Zopire :

Sa mort seule à tes pieds mettra nos citoyens;
Tout est désespéré, si tu ne le préviens.
Le seul Séide ici te peut servir sans doute;
Il voit souvent Zopire, il lui parle, il l'écoute.
Tu vois cette retraite, et cet obscur détour,
Qui peut de ton palais conduire à son séjour;
Là, cette nuit, Zopire à ses dieux fantastiques
Offre un encens frivole et des vœux chimériques :
Là, Séide, enivré du zèle de ta loi,
Va l'immoler au dieu qui lui parle par toi.

MAHOMET.

Qu'il l'immole, il le faut; il est né pour le crime :
Qu'il en soit l'instrument, qu'il en soit la victime.
Ma vengeance, mes feux, ma loi, ma sûreté,
L'irrévocable arrêt de la fatalité,
Tout le veut. Mais crois-tu que son jeune courage,
Nourri du fanatisme, en ait toute la rage?

OMAR.

Lui seul était formé pour remplir ton dessein.
Palmire à te servir excite encor sa main.
L'amour, le fanatisme, aveuglent sa jeunesse;
Il sera furieux par excès de faiblesse.

MAHOMET.

Par les nœuds des serments as-tu lié son cœur?

OMAR.

Du plus saint appareil la ténébreuse horreur,
Les autels, les serments, tout enchaîne Séide.
J'ai mis un fer sacré dans sa main parricide;
Et la religion le remplit de fureur.
Il vient.

SCÈNE VI.

MAHOMET, OMAR, SÉIDE.

MAHOMET.

Enfant d'un Dieu qui parle à votre cœur,
Ecoutez par ma voix sa volonté suprême ;
Il faut venger son culte, il faut venger Dieu même.

SÉIDE.

Roi, pontife et prophète, à qui je suis voué,
Maître des nations par le Ciel avoué,
Vous avez sur mon être une entière puissance ;
Eclairez seulement ma docile ignorance.
Un mortel venger Dieu !

MAHOMET.

C'est par vos faibles mains
Qu'il veut épouvanter les profanes humains.

SÉIDE.

Ah ! sans doute ce Dieu, dont vous êtes l'image,
Va d'un combat illustre honorer mon courage.

MAHOMET.

Faites ce qu'il ordonne ; il n'est point d'autre honneur.
De ses décrets divins aveugle exécuteur,
Adorez, et frappez ; vos mains seront armées
Par l'ange de la mort, et le dieu des armées.

SÉIDE.

Parlez : quels ennemis vous faut-il immoler ?
Quel tyran faut-il perdre, et quel sang doit couler ?

MAHOMET.

Le sang du meurtrier que Mahomet abhorre,
Qui nous persécuta, qui nous poursuit encore,

ACTE III, SCÈNE VI.

Qui combattit mon dieu, qui massacra mon fils;
Le sang du plus cruel de tous nos ennemis :
De Zopire.

SÉIDE.

De lui! quoi! mon bras...

MAHOMET.

Téméraire,
On devient sacrilége alors qu'on délibère.
Loin de moi les mortels assez audacieux
Pour juger par eux-même, et pour voir par leurs yeux.
Quiconque ose penser, n'est pas né pour me croire.
Obéir en silence est votre seule gloire.
Savez-vous qui je suis? Savez-vous en quels lieux
Ma voix vous a chargé des volontés des cieux?
Si, malgré ses erreurs et son idolâtrie,
Des peuples d'Orient la Mecque est la patrie;
Si ce temple du monde est promis à ma loi;
Si Dieu m'en a créé le pontife et le roi;
Si la Mecque est sacrée, en savez-vous la cause?
Ibrahim y naquit, et sa cendre y repose : *
Ibrahim, dont le bras docile à l'Eternel
Traîna son fils unique aux marches de l'autel,
Etouffant pour son dieu les cris de la nature.
Et quand ce dieu par vous veut venger son injure,
Quand je demande un sang à lui seul adressé,
Quand Dieu vous a choisi, vous avez balancé!
Allez, vil idolâtre, et né pour toujours l'être,
Indigne musulman, cherchez un autre maître.

* Les musulmans croient avoir à la Mecque le tombeau d'Abraham.

Le prix était tout prêt, Palmire était à vous;
Mais vous bravez Palmire et le Ciel en courroux.
Lâche et faible instrument des véngeances suprêmes,
Les traits que vous portez, vont tomber sur vous-mêmes;
Fuyez, servez, rampez sous mes fiers ennemis.

SÉIDE.

Je crois entendre Dieu : tu parles, j'obéis.

MAHOMET.

Obéissez, frappez : teint du sang d'un impie,
Méritez par sa mort une éternelle vie.

(*A Omar.*)

Ne l'abandonne pas; et non loin de ces lieux,
Sur tous ses mouvements ouvre toujours les yeux.

SCÈNE VII.

SÉIDE, *seul.*

Immoler un vieillard de qui je suis l'otage,
Sans armes, sans défense, appesanti par l'âge!
N'importe : une victime amenée à l'autel
Y tombe sans défense, et son sang plaît au ciel.
Enfin, Dieu m'a choisi pour ce grand sacrifice;
J'en ai fait le serment, il faut qu'il s'accomplisse.
Venez à mon secours, ô vous de qui le bras
Aux tyrans de la terre a donné le trépas;
Ajoutez vos fureurs à mon zèle intrépide;
Affermissez ma main saintement homicide. *

---

* Expression répétée au quatrième acte, et due à Racine :

De leurs plus chers parents saintement homicides. (*Athalie.*)

Ange de Mahomet, ange exterminateur,
Mets ta férocité dans le fond de mon cœur.
Ah! que vois-je?

SCÈNE VIII.

ZOPIRE, SÉIDE.

ZOPIRE.

A mes yeux tu te troubles, Séide!
Vois d'un œil plus content le dessein qui me guide;
Otage infortuné, que le sort m'a remis,
Je te vois à regret parmi mes ennemis.
La trêve a suspendu le moment du carnage;
Ce torrent retenu peut s'ouvrir un passage :
Je ne t'en dis pas plus; mais mon cœur, malgré moi,
A frémi des dangers assemblés près de toi.
Cher Séide, en un mot, dans cette horreur publique,
Souffre que ma maison soit ton asile unique.
Je réponds de tes jours, ils me sont précieux;
Ne me refuse pas.

SÉIDE.

O mon devoir! ô Cieux!
Ah, Zopire! est-ce vous qui n'avez d'autre envie
Que de me protéger, de veiller sur ma vie?
Prêt à verser son sang, qu'ai-je ouï? qu'ai-je vu?
Pardonne, Mahomet, tout mon cœur s'est ému.

ZOPIRE.

De ma pitié pour toi tu t'étonnes peut-être;
Mais enfin je suis homme, et c'est assez de l'être
Pour aimer à donner des soins compatissants

A des cœurs malheureux que l'on croit innocents.
Exterminez, grands Dieux, de la terre où nous sommes,
Quiconque avec plaisir répand le sang des hommes!
SÉIDE.
Que ce langage est cher à mon cœur combattu!
L'ennemi de mon dieu connaît donc la vertu!
ZOPIRE.
Tu la connais bien peu, puisque tu t'en étonnes.
Mon fils, à quelle erreur, hélas! tu t'abandonnes!
Ton esprit, fasciné par les lois d'un tyran,
Pense que tout est crime hors d'être musulman.
Cruellement docile aux leçons de ton maître,
Tu m'avais en horreur avant de me connaître;
Avec un joug de fer, un affreux préjugé
Tient ton cœur innocent dans le piége engagé.
Je pardonne aux erreurs où Mahomet t'entraîne:
Mais peux-tu croire un dieu qui commande la haine?
SÉIDE.
Ah! je sens qu'à ce dieu je vais désobéir;
Non, Seigneur, non, mon cœur ne saurait vous haïr.
ZOPIRE.
Hélas! plus je lui parle, et plus il m'intéresse;
Son âge, sa candeur, ont surpris ma tendresse.
Se peut-il qu'un soldat de ce monstre imposteur
Ait trouvé malgré lui le chemin de mon cœur?
Quel es-tu? de quel sang les dieux t'ont-ils fait naître?
SÉIDE.
Je n'ai point de parents, Seigneur, je n'ai qu'un maître,
Que jusqu'à ce moment j'avais toujours servi,
Mais qu'en vous écoutant ma faiblesse a trahi.

ACTE III, SCÈNE VIII.

ZOPIRE.

Quoi! tu ne connais point de qui tu tiens la vie?

SÉIDE.

Son camp fut mon berceau, son temple est ma patrie:
Je n'en connais point d'autre; et parmi ces enfants,
Qu'en tribut à mon maître on offre tous les ans,
Nul n'a plus que Séide éprouvé sa clémence.

ZOPIRE.

Je ne puis le blâmer de sa reconnaissance.
Oui, les bienfaits, Séide, ont des droits sur un cœur.
Ciel! pourquoi Mahomet fut-il son bienfaiteur?
Il t'a servi de père, aussi-bien qu'à Palmire;
D'où vient que tu frémis, et que ton cœur soupire?
Tu détournes de moi ton regard égaré;
De quelque grand remords tu sembles déchiré.

SÉIDE.

Eh! qui n'en aurait pas dans ce jour effroyable?

ZOPIRE.

Si tes remords sont vrais, ton cœur n'est plus coupable.
Viens, le sang va couler; je veux sauver le tien.

SÉIDE.

Juste ciel! et c'est moi qui répandrais le sien!
O serments! ô Palmire! ô vous, Dieu des vengeances!

ZOPIRE.

Remets-toi dans mes mains; trembles, si tu balances;
Pour la dernière fois, viens, ton sort en dépend.

SCÈNE IX.

ZOPIRE, SÉIDE, OMAR, SUITE.

OMAR, *entrant avec précipitation.*
Traître, que faites-vous? Mahomet vous attend.
SÉIDE.
Où suis-je? ô Ciel! où suis-je, et que dois-je résoudre?
D'un et d'autre côté je vois tomber la foudre.
Où courir? où porter un trouble si cruel?
Où fuir?
OMAR.
Aux pieds du roi qu'a choisi l'Eternel.
SÉIDE.
Oui, j'y cours abjurer un serment que j'abhorre.

SCÈNE X.

ZOPIRE, *seul.*

Ah! Séide, où vas-tu? Mais il me fuit encore.
Il sort désespéré, frappé d'un sombre effroi;
Et mon cœur qui le suit s'échappe loin de moi.
Ses remords, ma pitié, son aspect, son absence,
A mes sens déchirés font trop de violence.
Suivons ses pas.

SCÈNE XI.

ZOPIRE, PHANOR.

PHANOR.

Lisez ce billet important,
Qu'un Arabe en secret m'a donné dans l'instant.

ZOPIRE.

Hercide! qu'ai-je lu? Grands Dieux, votre clémence
Répare-t-elle enfin soixante ans de souffrance?
Hercide veut me voir, lui dont le bras cruel
Arracha mes enfants à ce sein paternel!
Ils vivent! Mahomet les tient sous sa puissance :
Et Séide et Palmire ignorent leur naissance!
Mes enfants! tendre espoir, que je n'ose écouter;
Je suis trop malheureux, je crains de me flatter.
Pressentiment confus, faut-il que je vous croie?
O mon sang! où porter mes larmes et ma joie?
Mon cœur ne peut suffire à tant de mouvements :
Je cours, et je suis prêt d'embrasser mes enfants.
Je m'arrête, j'hésite; et ma douleur craintive
Prête à la voix du sang une oreille attentive.
Allons. Voyons Hercide au milieu de la nuit;
Qu'il soit sous cette voûte en secret introduit,
Au pied de cet autel, où les pleurs de ton maître
Ont fatigué les Dieux qui s'apaisent peut-être.
Dieux, rendez-moi mes fils; Dieux, rendez aux vertus
Deux cœurs nés généreux, qu'un traître a corrompus.
S'ils ne sont point à moi, si telle est ma misère,
Je les veux adopter, je veux être leur père.

FIN DU TROISIÈME ACTE.

ACTE QUATRIÈME.

SCÈNE I.

MAHOMET, OMAR.

OMAR.

Oui, de ce grand secret la trame est découverte;
Ta gloire est en danger, ta tombe est entr'ouverte.
Séidé obéira : mais avant que son cœur,
Raffermi par ta voix, eût repris sa fureur,
Séide a révélé cet horrible mystère.

MAHOMET.

O Ciel!

OMAR.

Hercide l'aime; il lui tient lieu de père.

MAHOMET.

Eh bien! que pense Hercide?

OMAR.

Il paraît effrayé;
Il semble pour Zopire avoir quelque pitié.

MAHOMET.

Hercide est faible : ami, le faible est bientôt traître.
Qu'il tremble, il est chargé du secret de son maître.
Je sais comme on écarte un témoin dangereux.
Suis-je en tout obéi?

OMAR.

J'ai fait ce que tu veux.

MAHOMET.

Préparons donc le reste. Il faut que dans une heure
On nous traîne au supplice, ou que Zopire meure.
S'il meurt, c'en est assez; tout ce peuple éperdu
Adorera mon dieu, qui m'aura défendu.
Voilà le premier pas : mais sitôt que Séide
Aura rougi ses mains de ce grand homicide,
Réponds-tu qu'au trépas Séide soit livré?
Réponds-tu du poison qui lui fut préparé?

OMAR.

N'en doute point.

MAHOMET.

Il faut que nos mystères sombres
Soient cachés dans la mort, et couverts de ses ombres.
Mais tout prêt à frapper, prêt à percer le flanc
Dont Palmire a tiré la source de son sang,
Prends soin de redoubler son heureuse ignorance :
Épaississons la nuit qui voile sa naissance,
Pour son propre intérêt, pour moi, pour mon bonheur :
Mon triomphe en tout temps est fondé sur l'erreur.
Elle naquit en vain de ce sang que j'abhorre.
On n'a point de parents, alors qu'on les ignore.
Les cris du sang, sa force et ses impressions,
Des cœurs toujours trompés sont les illusions.
La nature à mes yeux n'est rien que l'habitude ;
Celle de m'obéir, fit son unique étude :
Je lui tiens lieu de tout. Qu'elle passe en mes bras
Sur la cendre des siens, qu'elle ne connaît pas.
Son cœur même en secret, ambitieux peut-être,
Sentira quelque orgueil à captiver son maître.

Mais déjà l'heure approche où Séide en ces lieux
Doit m'immoler son père à l'aspect de ses dieux.
Retirons-nous.

OMAR.

Tu vois sa démarche égarée :
De l'ardeur d'obéir son ame est dévorée.

SCÈNE II.

MAHOMET et OMAR *sur le devant, mais retirés de côté;*
SÉIDE, *dans le fond.*

SÉIDE.

Il le faut donc remplir ce terrible devoir!

MAHOMET.

Viens, et par d'autres coups assurons mon pouvoir.
(*Il sort avec Omar.*)

SÉIDE, *seul.*

A tout ce qu'ils m'ont dit je n'ai rien à répondre.
Un mot de Mahomet suffit pour me confondre :
Mais quand il m'accablait de cette sainte horreur,
La persuasion n'a point rempli mon cœur.
Si le Ciel a parlé, j'obéirai sans doute;
Mais quelle obéissance, ô Ciel! et qu'il en coûte!

SCÈNE III.

SÉIDE, PALMIRE.

SÉIDE.

Palmire, que veux-tu? Quel funeste transport?
Qui t'amène en ces lieux consacrés à la mort?

PALMIRE.

Séide, la frayeur et l'amour sont mes guides;
Mes pleurs baignent tes mains saintement homicides.
Quel sacrifice horrible, hélas! faut-il offrir?
A Mahomet, à Dieu, tu vas donc obéir?

SÉIDE.

O de mes sentiments souveraine adorée,
Parlez, déterminez ma fureur égarée;
Eclairez mon esprit, et conduisez mon bras;
Tenez-moi lieu d'un dieu que je ne comprends pas.
Pourquoi m'a-t-il choisi? Ce terrible prophète
D'un ordre irrévocable est-il donc l'interprète?

PALMIRE.

Tremblons d'examiner. Mahomet voit nos cœurs,
Il entend nos soupirs; il observe mes pleurs.
Chacun redoute en lui la divinité même;
C'est tout ce que je sais, le doute est un blasphême :
Et le dieu qu'il annonce avec tant de hauteur,
Séide, est le vrai dieu, puisqu'il le rend vainqueur.

SÉIDE.

Il l'est, puisque Palmire et le croit et l'adore.
Mais mon esprit confus ne conçoit point encore
Comment ce dieu si bon, ce père des humains,
Pour un meurtre effroyable a réservé mes mains.
Je ne le sais que trop, que mon doute est un crime,
Qu'un prêtre sans remords égorge sa victime,
Que par la voix du Ciel Zopire est condamné,
Qu'à soutenir ma loi j'étais prédestiné.
Mahomet s'expliquait, il a fallu me taire;
Et tout fier de servir la céleste colère,

Sur l'ennemi de Dieu je portais le trépas :
Un autre Dieu, peut-être, a retenu mon bras.
Du moins, lorsque j'ai vu ce malheureux Zopire,
De ma religion j'ai senti moins l'empire.
Vainement mon devoir au meurtre m'appelait;
A mon cœur éperdu l'humanité parlait.
Mais avec quel courroux, avec quelle tendresse,
Mahomet de mes sens accuse la faiblesse!
Avec quelle grandeur et quelle autorité
Sa voix vient d'endurcir ma sensibilité!
Que la religion est terrible et puissante!
J'ai senti la fureur en mon cœur renaissante;
Palmire, je suis faible, et du meurtre effrayé :
De ces saintes fureurs je passe à la pitié;
De sentiments confus une foule m'assiège;
Je crains d'être barbare, ou d'être sacrilège.
Je ne me sens point fait pour être un assassin.
Mais quoi! Dieu me l'ordonne, et j'ai promis ma main;
J'en verse encor des pleurs de douleur et de rage.
Vous me voyez, Palmire, en proie à cet orage,
Nageant dans le reflux des contrariétés,
Qui pousse et qui retient mes faibles volontés.
C'est à vous de fixer mes fureurs incertaines;
Nos cœurs sont réunis par les plus fortes chaînes :
Mais sans ce sacrifice à mes mains imposé,
Le nœud qui nous unit, est à jamais brisé.
Ce n'est qu'à ce seul prix que j'obtiendrai Palmire.

PALMIRE.

Je suis le prix du sang du malheureux Zopire!

ACTE IV, SCÈNE III.

SÉIDE.

Le Ciel et Mahomet ainsi l'ont arrêté.

PALMIRE.

L'amour est-il donc fait pour tant de cruauté ?

SÉIDE.

Ce n'est qu'au meurtrier que Mahomet te donne.

PALMIRE.

Quelle effroyable dot !

SÉIDE.

Mais si le Ciel l'ordonne,
Si je sers et l'amour et la religion ?

PALMIRE.

Hélas !

SÉIDE.

Vous connaissez la malédiction
Qui punit à jamais la désobéissance.

PALMIRE.

Si Dieu même en tes mains a remis sa vengeance,
S'il exige le sang que ta bouche a promis...

SÉIDE.

Eh bien ! pour être à toi que faut-il ?

PALMIRE.

Je frémis.

SÉIDE.

Je t'entends, son arrêt est parti de ta bouche.

PALMIRE.

Qui, moi ?

SÉIDE.

Tu l'as voulu.

PALMIRE.
Dieu! quel arrêt farouche!
Que t'ai-je dit?
SÉIDE.
Le Ciel vient d'emprunter ta voix;
C'est son dernier oracle, et j'accomplis ses lois.
Voici l'heure où Zopire à cet autel funeste
Doit prier en secret des dieux que je déteste.
Palmire, éloigne-toi.
PALMIRE.
Je ne puis te quitter.
SÉIDE.
Ne vois point l'attentat qui va s'exécuter :
Ces moments sont affreux. Va, fuis; cette retraite
Est voisine des lieux qu'habite le prophète.
Va, dis-je.
PALMIRE.
Ce vieillard va donc être immolé!
SÉIDE.
De ce grand sacrifice ainsi l'ordre est réglé.
Il le faut de ma main traîner sur la poussière,
De trois coups dans le sein lui ravir la lumière,
Renverser dans son sang cet autel dispersé.
PALMIRE.
Lui mourir par tes mains! tout mon sang s'est glacé.
Le voici, juste Ciel!...

(*Le fond du théâtre s'ouvre. On voit un autel.*)

SCÈNE IV.

ZOPIRE, SÉIDE, PALMIRE *sur le devant.*

ZOPIRE, *près de l'autel.*
O Dieux de ma patrie!
Dieux prêts à succomber sous une secte impie,
C'est pour vous-même ici que ma débile voix
Vous implore aujourd'hui pour la dernière fois.
La guerre va renaître, et ses mains meurtrières
De cette faible paix vont briser les barrières.
Dieux! si d'un scélérat vous respectez le sort...

SÉIDE, *à Palmire.*
Tu l'entends qui blasphème?

ZOPIRE.
Accordez-moi la mort;
Mais rendez-moi mes fils à mon heure dernière :
Que j'expire en leurs bras, qu'ils ferment ma paupière.
Hélas! si j'en croyais mes secrets sentiments,
Si vos mains en ces lieux ont conduit mes enfants...

PALMIRE, *à Séide.*
Que dit-il? ses enfants!

ZOPIRE.
O mes dieux que j'adore!
Je mourrais du plaisir de les revoir encore.
Arbitre des destins, daignez veiller sur eux;
Qu'ils pensent comme moi, mais qu'ils soient plus heureux!

SÉIDE.
Il court à ses faux dieux! frappons.
(*Il tire son poignard.*)

PALMIRE.

Que vas-tu faire ?
Hélas !

SÉIDE.

Servir le ciel, te mériter, te plaire.
Ce glaive à notre dieu vient d'être consacré.
Que l'ennemi de Dieu soit par lui massacré !
Marchons. Ne vois-tu pas dans ces demeures sombres
Ces traits de sang, ce spectre, et ces errantes ombres ?

PALMIRE.

Que dis-tu ?

SÉIDE.

Je vous suis, ministres du trépas ;
Vous me montrez l'autel, vous conduisez mon bras.
Allons.

PALMIRE.

Non, trop d'horreur entre nous deux s'assemble.
Demeure.

SÉIDE.

Il n'est plus temps, avançons ; l'autel tremble.

PALMIRE.

Le Ciel se manifeste, il n'en faut pas douter.

SÉIDE.

Me pousse-t-il au meurtre, ou veut-il m'arrêter ?
Du prophète de Dieu la voix se fait entendre ;
Il me reproche un cœur trop flexible et trop tendre.
Palmire !

PALMIRE.

Eh bien ?

ACTE IV, SCÈNE IV.

SÉIDE.

Au Ciel adressez tous vos vœux.
Je vais frapper.
(*Il sort, et va derrière l'autel où est Zopire.*)

PALMIRE.

Je meurs. O moment douloureux!
Quelle effroyable voix dans mon ame s'élève!
D'où vient que tout mon sang malgré moi se soulève?
Si le Ciel veut un meurtre, est-ce à moi d'en juger?
Est-ce à moi de m'en plaindre, et de l'interroger?
J'obéis. D'où vient donc que le remords m'accable?
Ah! quel cœur sait jamais s'il est juste ou coupable?
Je me trompe, ou les coups sont portés cette fois;
J'entends les cris plaintifs d'une mourante voix.
Séide... hélas!...

SÉIDE *revient d'un air égaré.*

Où suis-je, et quelle voix m'appelle?
Je ne vois point Palmire; un dieu m'a privé d'elle.

PALMIRE.

Eh quoi! méconnais-tu celle qui vit pour toi?

SÉIDE.

Où sommes-nous?

PALMIRE.

Eh bien! cette effroyable loi,
Cette triste promesse est-elle enfin remplie?

SÉIDE.

Que me dis-tu?

PALMIRE.

Zopire a-t-il perdu la vie?

SÉIDE.

Qui? Zopire?

PALMIRE.

Ah, grand Dieu! dieu de sang altéré,
Ne persécutez point son esprit égaré.
Fuyons d'ici.

SÉIDE.

Je sens que mes genoux s'affaissent.
(*Il s'assied.*)
Ah! je revois le jour, et mes forces renaissent,
Quoi! c'est vous?

PALMIRE.

Qu'as-tu fait?

SÉIDE.

(*Il se relève.*)
Moi! je viens d'obéir...
D'un bras désespéré je viens de le saisir.
Par ses cheveux blanchis j'ai traîné ma victime.
O Ciel! tu l'as voulu : peux-tu vouloir un crime?
Tremblant, saisi d'effroi, j'ai plongé dans son flanc
Ce glaive consacré, qui dut verser son sang.
J'ai voulu redoubler : ce vieillard vénérable
A jeté dans mes bras un cri si lamentable;
La nature a tracé dans ses regards mourants
Un si grand caractère, et des traits si touchants!...
De tendresse et d'effroi mon ame s'est remplie,
Et plus mourant que lui, je déteste ma vie.

PALMIRE.

Fuyons vers Mahomet, qui doit nous protéger :

ACTE IV, SCÈNE IV.

Près de ce corps sanglant vous êtes en danger.
Suivez-moi.

SÉIDE.
Je ne puis. Je me meurs. Ah! Palmire!

PALMIRE.
Quel trouble épouvantable à mes yeux le déchire?

SÉIDE, *en pleurant.*
Ah! si tu l'avais vu, le poignard dans le sein,
S'attendrir à l'aspect de son lâche assassin!
Je fuyais. Croirais-tu que sa voix affaiblie,
Pour m'appeler encore, a ranimé sa vie?
Il retirait ce fer de ses flancs malheureux.
Hélas! il m'observait d'un regard douloureux.
Cher Séide, a-t-il dit, infortuné Séide!
Cette voix, ces regards, ce poignard homicide,
Ce vieillard attendri, tout sanglant à mes pieds,
Poursuivent devant toi mes regards effrayés.
Qu'avons-nous fait!

PALMIRE.
On vient, je tremble pour ta vie.
Fuis au nom de l'amour et du nœud qui nous lie.

SÉIDE.
Va, laisse-moi. Pourquoi cet amour malheureux
M'a-t-il pu commander ce sacrifice affreux?
Non, cruelle, sans toi, sans ton ordre suprême,
Je n'aurais pu jamais obéir au Ciel même.

PALMIRE.
De quel reproche horrible oses-tu m'accabler?
Hélas! plus que le tien mon cœur se sent troubler.
Cher amant, prends pitié de Palmire éperdue!

SÉIDE.
Palmire! quel objet vient effrayer ma vue?
(*Zopire paraît appuyé sur l'autel, après s'être relevé derrière cet autel où il a reçu le coup.*)

PALMIRE.
C'est cet infortuné, luttant contre la mort,
Qui vers nous tout sanglant se traîne avec effort.

SÉIDE.
Eh quoi! tu vas à lui?

PALMIRE.
De remords dévorée,
Je cède à la pitié dont je suis déchirée.
Je n'y puis résister, elle entraîne mes sens.

ZOPIRE, *avançant et soutenu par elle.*
Hélas, servez de guide à mes pas languissants!
(*Il s'assied.*)
Séide, ingrat! c'est toi qui m'arraches la vie!
Tu pleures! ta pitié succède à ta furie!

SCÈNE V.

ZOPIRE, SÉIDE, PALMIRE, PHANOR.

PHANOR.
Ciel! quels affreux objets se présentent à moi!

ZOPIRE.
Si je voyais Hercide!... Ah, Phanor! est-ce toi?
Voilà mon assassin.

PHANOR.
O crime! affreux mystère!
Assassin malheureux, connaissez votre père.

ACTE IV, SCÈNE V.

SÉIDE.

Qui?

PALMIRE.

Lui?

SÉIDE.

Mon père?

ZOPIRE.

O ciel!

PHANOR.

Hercide est expirant,
Il me voit, il m'appelle; il s'écrie en mourant :
S'il en est encor temps, préviens un parricide;
Cours arracher ce fer à la main de Séide.
Malheureux confident d'un horrible secret,
Je suis puni; je meurs des mains de Mahomet :
Cours, hâte-toi d'apprendre au malheureux Zopire
Que Séide est son fils, et frère de Palmire.

SÉIDE.

Vous!

PALMIRE.

Mon frère!

ZOPIRE.

O mes fils! ô nature! ô mes dieux!
Vous ne me trompiez pas quand vous parliez pour eux.
Vous m'éclairiez sans doute. Ah! malheureux Séide!
Qui t'a pu commander cet affreux homicide?

LE FANATISME.

SÉIDE, *se jetant à genoux.*

L'amour de mon devoir et de ma nation,
Et ma reconnaissance, et ma religion,
Tout ce que les humains ont de plus respectable
M'inspira des forfaits le plus abominable.
Rendez, rendez ce fer à ma barbare main.

PALMIRE, *à genoux, arrêtant le bras de Séide.*

Ah! mon père, ah! Seigneur, plongez-le dans mon sein.
J'ai seule à ce grand crime encouragé Séide;
L'inceste était pour nous le prix du parricide.

SÉIDE.

Le Ciel n'a point pour nous d'assez grands châtiments.
Frappez vos assassins.

ZOPIRE, *en les embrassant.*

J'embrasse mes enfants.
Le Ciel voulut mêler, dans les maux qu'il m'envoie,
Le comble des horreurs au comble de la joie.
Je bénis mon destin; je meurs, mais vous vivez.
O vous qu'en expirant mon cœur a retrouvés,
Séide, et vous, Palmire, au nom de la nature,
Par ce reste de sang qui sort de ma blessure,
Par ce sang paternel, par vous, par mon trépas,
Vengez-vous, vengez-moi; mais ne vous perdez pas.
L'heure approche, mon fils, où la trève rompue
Laissait à mes desseins une libre étendue :
Les Dieux de tant de maux ont pris quelque pitié,
Le crime de tes mains n'est commis qu'à moitié.
Le peuple avec le jour en ces lieux va paraître;
Mon sang va les conduire : ils vont punir un traître.
Attendons ces moments.

SÉIDE.

Ah! je cours de ce pas
Vous immoler ce monstre, et hâter mon trépas;
Me punir, vous venger.

SCÈNE IV.

ZOPIRE, SÉIDE, PALMIRE, OMAR, suite.

OMAR.

Qu'on arrête Séide.
Secourez tous Zopire; enchaînez l'homicide.
Mahomet n'est venu que pour venger les lois.

ZOPIRE.

Ciel! quel comble du crime! et qu'est-ce que je vois?

SÉIDE.

Mahomet me punir?

PALMIRE.

Eh quoi! tyran farouche,
Après ce meurtre horrible ordonné par ta bouche!

OMAR.

On n'a rien ordonné.

SÉIDE.

Va, j'ai bien mérité
Cet exécrable prix de ma crédulité.

OMAR.

Soldats, obéissez.

PALMIRE.

Non; arrêtez. Perfide!

OMAR.

Madame, obéissez, si vous aimez Séide.
Mahomet vous protège; et son juste courroux,

Prêt à tout foudroyer, peut s'arrêter pour vous.
Auprès de votre roi, Madame, il faut me suivre.
PALMIRE.
Grand Dieu, de tant d'horreurs que la mort me délivre !
(*On emmène Palmire et Séide.*)
ZOPIRE, *à Phanor.*
On les enlève ? O ciel ! ô père malheureux !
Le coup qui m'assassine, est cent fois moins affreux.
PHANOR.
Déjà le jour renaît; tout le peuple s'avance;
On s'arme, on vient à vous, on prend votre défense.
ZOPIRE.
Quoi ! Séide est mon fils !
PHANOR.
N'en doutez point.
ZOPIRE.
Hélas !
O forfaits ! ô nature !... Allons, soutiens mes pas;
Je meurs. Sauvez, grands Dieux ! de tant de barbarie
Mes deux enfants que j'aime, et qui m'ôtent la vie.

FIN DU QUATRIÈME ACTE.

ACTE CINQUIÈME.

SCÈNE I.

MAHOMET, OMAR, SUITE DANS LE FOND.

OMAR.

Zopire est expirant; et ce peuple éperdu
Levait déjà son front dans la poudre abattu.
Tes prophètes et moi, que ton esprit inspire,
Nous désavouons tous le meurtre de Zopire.
Ici, nous l'annonçons à ce peuple en fureur,
Comme un coup du Très-Haut qui s'arme en ta faveur.
Là, nous en gémissons, nous promettons vengeance;
Nous vantons ta justice, ainsi que ta clémence.
Partout on nous écoute, on fléchit à ton nom;
Et ce reste importun de la sédition
N'est qu'un bruit passager des flots après l'orage,
Dont le courroux mourant frappe encor le rivage
Quand la sérénité règne aux plaines du ciel.
MAHOMET.
Imposons à ces flots un silence éternel.
As-tu fait des remparts approcher mon armée?
OMAR.
Elle a marché la nuit vers la ville alarmée :
Osman la conduisait par de secrets chemins.

MAHOMET.

Faut-il toujours combattre, ou tromper les humains!
Séide ne sait point qu'aveugle en sa furie,
Il vient d'ouvrir le flanc dont il reçut la vie?

OMAR.

Qui pourrait l'en instruire? un éternel oubli
Tient avec ce secret Hercide enseveli :
Séide va le suivre, et son trépas commence.
J'ai détruit l'instrument qu'employa ta vengeance.
Tu sais que dans son sang ses mains ont fait couler
Le poison qu'en sa coupe on avait su mêler.
Le châtiment sur lui tombait avant le crime ;
Et tandis qu'à l'autel il traînait sa victime,
Tandis qu'au sein d'un père il enfonçait son bras,
Dans ses veines, lui-même, il portait son trépas.
Il est dans la prison, et bientôt il expire.
Cependant en ces lieux j'ai fait garder Palmire.
Palmire à tes desseins va même encor servir ;
Croyant sauver Séide, elle va t'obéir.
Je lui fais espérer la grâce de Séide.
Le silence est encor sur sa bouche timide :
Son cœur toujours docile, et fait pour t'adorer,
En secret seulement n'osera murmurer.
Législateur, prophète, et roi dans ta patrie,
Palmire achèvera le bonheur de ta vie.
Tremblante, inanimée, on l'amène à tes yeux.

MAHOMET.

Va rassembler mes chefs, et revole en ces lieux.

SCÈNE II.

MAHOMET, PALMIRE, SUITE DE PALMIRE ET DE MAHOMET.

PALMIRE.
Ciel! où suis-je! ah! grand Dieu!
MAHOMET.
Soyez moins consternée;
J'ai du peuple et de vous pesé la destinée.
Le grand événement qui vous remplit d'effroi,
Palmire, est un mystère entre le Ciel et moi.
De vos indignes fers à jamais dégagée,
Vous êtes en ces lieux libre, heureuse et vengée.
Ne pleurez point Séide, et laissez à mes mains
Le soin de balancer le destin des humains.
Ne songez plus qu'au vôtre : et si vous m'êtes chère,
Si Mahomet sur vous jeta des yeux de père,
Sachez qu'un sort plus noble, un titre encor plus grand,
Si vous le méritez, peut-être vous attend.
Portez vos vœux hardis au faîte de la gloire;
De Séide et du reste étouffez la mémoire :
Vos premiers sentiments doivent tous s'effacer
A l'aspect des grandeurs où vous n'osiez penser.
Il faut que votre cœur à mes bontés réponde,
Et suive en tout mes lois, lorsque j'en donne au monde.
PALMIRE.
Qu'entends-je? quelles lois, ô Ciel! et quels bienfaits!
Imposteur teint de sang, que j'abjure à jamais,
Bourreau de tous les miens, va, ce dernier outrage
Manquait à ma misère, et manquait à ta rage.

Le voilà donc, grand Dieu! ce prophète sacré,
Le roi que je servis, ce dieu que j'adorai!
Monstre, dont les fureurs et les complots perfides
De deux cœurs innocents ont fait deux parricides,
De ma faible jeunesse infame séducteur,
Tout souillé de mon sang, tu prétends à mon cœur!
Mais tu n'as pas encore assuré ta conquête;
Le voile est déchiré; la vengeance s'apprête.
Entends-tu ces clameurs? entends-tu ces éclats?
Mon père te poursuit des ombres du trépas.
Le peuple se soulève; on s'arme en ma défense :
Leurs bras vont à ta rage arracher l'innocence.
Puissé-je de mes mains te déchirer le flanc,
Voir mourir tous les tiens, et nager dans leur sang!
Puissent la Mecque ensemble, et Médine, et l'Asie,
Punir tant de fureur et tant d'hypocrisie!
Que le monde, par toi séduit et ravagé,
Rougisse de ses fers, les brise, et soit vengé!
Que ta religion, que fonda l'imposture,
Soit l'éternel mépris de la race future!
Que l'enfer, dont tes cris menaçaient tant de fois
Quiconque osait douter de tes indignes lois,
Que l'enfer, que ces lieux de douleur et de rage,
Pour toi seul préparés, soient ton juste partage!
Voilà les sentiments qu'on doit à tes bienfaits,
L'hommage, les serments et les vœux que je fais.

MAHOMET.

Je vois qu'on m'a trahi : mais quoi qu'il en puisse être,
Et qui que vous soyez, fléchissez sous un maître.
Apprenez que mon cœur...

SCÈNE III.

MAHOMET, PALMIRE, OMAR, ALI, suite.

OMAR.

On sait tout, Mahomet :
Hercide en expirant révéla ton secret.
Le peuple en est instruit; la prison est forcée;
Tout s'arme, tout s'émeut; une foule insensée,
Elevant contre toi ses hurlements affreux,
Porte le corps sanglant de son chef malheureux.
Séide est à leur tête, et d'une voix funeste
Les excite à venger ce déplorable reste.
Ce corps, souillé de sang, est l'horrible signal
Qui fait courir le peuple à ce combat fatal.
Il s'écrie en pleurant, je suis un parricide :
La douleur le ranime, et la rage le guide.
Il semble respirer pour se venger de toi;
On déteste ton dieu, tes prophètes, ta loi.
Ceux mêmes qui devaient, dans la Mecque alarmée,
Faire ouvrir, cette nuit, la porte à ton armée,
De la fureur commune avec zèle enivrés,
Viennent lever sur toi leurs bras désespérés.
On n'entend que les cris de mort et de vengeance.

PALMIRE.

Achève, juste Ciel, et soutiens l'innocence.
Frappe.

MAHOMET, *à Omar.*

Eh bien! que crains-tu?

OMAR.

Tu vois quelques amis,

Qui contre les dangers comme moi raffermis,
Mais vainement armés contre un pareil orage,
Viennent tous à tes pieds mourir avec courage.
####### MAHOMET.
Seul je les défendrai. Rangez-vous près de moi;
Et connaissez enfin qui vous avez pour roi.

SCÈNE IV.

MAHOMET, OMAR, sa suite, *d'un côté;* SÉIDE et le peuple, *de l'autre;* PALMIRE *au milieu.*

####### SÉIDE, *un poignard à la main, mais déjà affaibli par le poison.*
Peuple, vengez mon père, et courez à ce traître.
####### MAHOMET.
Peuple, né pour me suivre, écoutez votre maître.
####### SÉIDE.
N'écoutez point ce monstre, et suivez-moi... Grands Dieux!
Quel nuage épaissi se répand sur mes yeux!
####### (*Il avance, il chancèle.*)
Frappons... Ciel! je me meurs.
####### MAHOMET.
Je triomphe.
####### PALMIRE, *courant à lui.*
Ah! mon frère,
N'auras-tu pu verser que le sang de ton père?
####### SÉIDE.
Avançons. Je ne puis... Quel Dieu vient m'accabler?
(*Il tombe entre les bras des siens.*)

MAHOMET.

Ainsi tout téméraire à mes yeux doit trembler.
Incrédules esprits, qu'un zèle aveugle inspire,
Qui m'osez blasphémer, et qui vengez Zopire,
Ce seul bras que la terre apprit à redouter,
Ce bras peut vous punir d'avoir osé douter.
Dieu qui m'a confié sa parole et sa foudre,
Si je me veux venger, va vous réduire en poudre.
Malheureux! connaissez son prophète et sa loi;
Et que ce dieu soit juge entre Séide et moi.
De nous deux, à l'instant, que le coupable expire!

PALMIRE.

Mon frère! eh quoi! sur eux ce monstre a tant d'empire!
Ils demeurent glacés, ils tremblent à sa voix.
Mahomet, comme un dieu, leur dicte encor ses lois.
Et toi, Séide, aussi!

SÉIDE, *entre les bras des siens.*

    Le Ciel punit ton frère.
Mon crime était horrible, autant qu'involontaire.
En vain la vertu même habitait dans mon cœur.
Toi, tremble, scélérat, si Dieu punit l'erreur.
Vois quel foudre il prépare aux artisans des crimes :
Tremble; son bras s'essaye à frapper ses victimes.
Détournez d'elle, ô Dieu, cette mort qui me suit!

PALMIRE.

Non, peuple, ce n'est point un dieu qui le poursuit :
Non, le poison sans doute...

MAHOMET, *en l'interrompant et s'adressant au peuple.*

                    Apprenez, infidèles,

A former contre moi des trames criminelles :
Aux vengeances des cieux reconnaissez mes droits.
La nature et la mort ont entendu ma voix.
La mort qui m'obéit, qui, prenant ma défense,
Sur ce front pâlissant a tracé ma vengeance,
La mort est à vos yeux, prête à fondre sur vous.
Ainsi mes ennemis sentiront mon courroux;
Ainsi je punirai les erreurs insensées,
Les révoltes du cœur, et les moindres pensées.
Si ce jour luit pour vous, ingrats, si vous vivez,
Rendez grâce au pontife, à qui vous le devez.
Fuyez, courez au temple apaiser ma colère.
(*Le peuple se retire.*)

PALMIRE, *revenant à elle.*

Arrêtez. Le barbare empoisonna mon frère.
Monstre, ainsi son trépas t'aura justifié;
A force de forfaits tu t'es déifié.
Malheureux assassin de ma famille entière,
Ote-moi de tes mains ce reste de lumière.
O frère! ô triste objet d'un amour plein d'horreur!
Que je te suive au moins.

(*Elle se jette sur le poignard de son frère.*)

MAHOMET.

Qu'on l'arrête.

PALMIRE.

Je meurs.
Je cesse de te voir, imposteur exécrable.
Je me flatte, en mourant, qu'un dieu plus équitable
Réserve un avenir pour les cœurs innocents.
Tu dois régner; le monde est fait pour les tyrans.

ACTE V, SCÈNE IV.

MAHOMET.

Elle m'est enlevée... Ah! trop chère victime!
Je me vois arracher le seul prix de mon crime.
De ses jours pleins d'appas détestable ennemi,
Vainqueur et tout-puissant, c'est moi qui suis puni.
Il est donc des remords! ô fureur! ô justice!
Mes forfaits dans mon cœur ont donc mis mon supplice!
Dieu, que j'ai fait servir au malheur des humains,
Adorable instrument de mes affreux desseins,
Toi que j'ai blasphémé, mais que je crains encore,
Je me sens condamné, quand l'univers m'adore.
Je brave en vain les traits dont je me sens frapper.
J'ai trompé les mortels, et ne puis me tromper.
Père, enfants malheureux, immolés à ma rage,
Vengez la terre et vous, et le Ciel que j'outrage.
Arrachez-moi ce jour, et ce perfide cœur,
Ce cœur né pour haïr, qui brûle avec fureur.
Et toi, de tant de honte étouffe la mémoire;
Cache au moins ma faiblesse, et sauve encor ma gloire:
Je dois régir en dieu l'univers prévenu;
Mon empire est détruit, si l'homme est reconnu.

FIN DU FANATISME.

MÉROPE,

TRAGÉDIE

Représentée, pour la première fois, le 20 février 1743.

LETTRE

DU PÈRE DE TOURNEMINE,

AU PÈRE BRUMOY,

SUR LA TRAGÉDIE DE MÉROPE.

Je vous renvoie, mon révérend Père, *Mérope*, ce matin à huit heures. Vous vouliez l'avoir dès hier au soir; j'ai pris le temps de la lire avec attention. Quelque succès que lui donne le goût inconstant de Paris, elle passera, jusqu'à la postérité, comme une de nos tragédies les plus parfaites, comme un modèle de tragédie. Aristote, ce sage législateur du théâtre, a mis ce sujet au premier rang des sujets tragiques. Euripide l'avait traité; et nous apprenons d'Aristote que, toutes les fois qu'on représentait sur le théâtre de l'ingénieuse Athènes le *Cresphonte* d'Euripide, ce peuple, accoutumé aux chefs-d'œuvre tragiques, était frappé, saisi, transporté d'une émotion extraordinaire. Si le goût de Paris ne s'accorde pas avec celui d'Athènes, Paris aura tort sans doute. Le *Cresphonte* d'Euripide est perdu : M. de Voltaire nous le rend. Vous, mon Père, qui nous avez donné en français Euripide, tel qu'il charmait la Grèce, vous avez reconnu dans la *Mérope* de notre illustre ami la simplicité, le naturel, le pathétique d'Euripide. M. de Voltaire a conservé la simplicité du sujet; il l'a débarrassé non-seulement d'épisodes superflus, mais encore de scènes inutiles. Le péril d'Égisthe occupe seul le théâtre. L'intérêt croît de scène en scène jusqu'au dénouement, dont la surprise est ménagée, préparée avec beaucoup d'art. On l'attend du petit-fils d'Alcide. Tout se passe sur le théâtre comme il se passa dans Messène. Les coups de théâtre ne sont point des situations forcées, dont le merveilleux choque la vraisemblance; ils naissent du sujet : c'est l'événement historique vivement représenté. Peut-on n'être pas touché, enlevé, dans la scène où Narbas arrive au moment que Mérope va immoler son fils qu'elle croit venger? dans la scène où elle ne peut sauver son fils d'une mort inévitable qu'en le faisant connaître au tyran? Le cinquième acte égale ou surpasse le peu de cinquièmes actes excellents qu'on a vus sur le théâtre. Tout se passe hors du théâtre; et l'auteur a transporté, ce me semble, toute l'action sur le théâtre avec un art admirable. La narration d'Isménie n'est pas de ces narrations étudiées, hors d'œuvre, où l'esprit brille à contretemps, qui ralentissent l'action, qui dégénèrent en fadeur; elle est toute action. Le trouble d'Isménie peint le tumulte qu'elle raconte. Je ne parle point de la versification : le poète, admirable versificateur, s'est surpassé; jamais sa versification ne fut plus belle et plus claire. Tous ceux qu'un zèle raisonnable anime contre la corruption des mœurs, qui souhaitent la réformation du théâtre, qui voudraient qu'imitateurs exacts des Grecs, que nous avons surpassés dans plusieurs perfections de la poésie dramatique, nous eussions plus de soin d'atteindre à sa véritable fin, de rendre le théâtre, comme il peut l'être, une école des mœurs; tous ceux qui pensent si raisonnablement, doivent être charmés de voir un aussi grand poète, un poète aussi accrédité que le fameux Voltaire, donner une tragédie sans amour (1).

Il n'a point hasardé imprudemment une entreprise si utile: aux sentiments de l'amour il substitue des sentiments vertueux qui n'ont pas moins de force. Quelque prévenu qu'on soit pour les tragédies dont l'amour forme l'intrigue, il est cependant vrai (et nous l'avons souvent remarqué) que les tragédies qui ont le plus réussi, ne doivent pas leurs succès aux scènes amoureuses. Au contraire, tous

(1) La première édition avait pour épigraphe :

Hoc legite, austeri; crimen amoris abest.

les connaisseurs habiles soutiennent que la galanterie romanesque a dégradé notre théâtre, et aussi nos meilleurs poètes. Le grand Corneille l'a senti ; il souffrait avec peine la servitude où le réduisait le mauvais goût dominant : n'osant encore bannir du théâtre l'amour, il en a banni l'amour heureux ; il ne lui a permis ni bassesse ni faiblesse ; il l'a élevé jusqu'à l'héroïsme, aimant mieux passer le naturel que de s'abaisser à un naturel trop tendre et contagieux.

Voilà, mon révérend Père, le jugement que votre illustre ami demande ; je l'ai écrit à la hâte, c'est une preuve de ma déférence : mais l'amitié paternelle qui m'attache à lui depuis son enfance ne m'a point aveuglé. J'ai l'honneur d'être avec les sentiments que vous connaissez, mon cher ami, mon cher fils, la gloire de votre Père, entièrement à vous.

TOURNEMINE.

Ce 23 décembre 1738.

LETTRE

A MONSIEUR LE MARQUIS
SCIPION MAFFEI,

AUTEUR DE LA MÉROPE ITALIENNE ET DE BEAUCOUP D'AUTRES OUVRAGES CÉLÈBRES.

Monsieur, ceux dont les Italiens modernes et les autres peuples ont presque tout appris, les Grecs et les Romains, adressaient leurs ouvrages, sans la vaine formule d'un compliment, à leurs amis et aux maîtres de l'art. C'est à ces titres que je vous dois l'hommage de la *Mérope* française.

Les Italiens, qui ont été les restaurateurs de presque tous les beaux-arts et les inventeurs de quelques-uns, furent les premiers qui, sous les yeux de Léon X, firent renaître la tragédie; et vous êtes le premier, Monsieur, qui, dans ce siècle où l'art des Sophocle commençait à être amolli par des intrigues d'amour, souvent étrangères au sujet, ou avili par d'indignes bouffonneries qui déshonoraient le goût de votre ingénieuse nation; vous êtes le premier, dis-je, qui avez eu le courage et le talent de donner une tragédie sans galanterie, une tragédie digne des beaux jours d'Athènes, dans laquelle l'amour d'une mère fait toute l'intrigue, et où le plus tendre intérêt naît de la vertu la plus pure.

La France se glorifie d'*Athalie* : c'est le chef-d'œuvre de notre théâtre; c'est celui de la poésie. C'est, de toutes les pièces qu'on joue, la seule où l'amour ne soit pas introduit; mais aussi elle est soutenue par la pompe de la religion, et par cette majesté de l'éloquence des prophètes. Vous n'avez point eu cette ressource; et cependant vous avez fourni cette longue carrière de cinq actes, qui est si prodigieusement difficile à remplir sans épisodes.

J'avoue que votre sujet me paraît beaucoup plus intéressant et plus tragique que celui d'*Athalie*; et si notre admirable Racine a mis plus d'art, de poésie et de grandeur dans son chef-d'œuvre, je ne doute pas que le vôtre n'ait fait couler beaucoup plus de larmes.

Le précepteur d'Alexandre (et il faut de tels précepteurs aux rois), Aristote, cet esprit si étendu, si juste et si éclairé dans les choses qui étaient alors à la portée de l'esprit humain, Aristote, dans sa *Poétique* immortelle, ne balance pas à dire que la reconnaissance de Mérope et de son fils était le moment le plus intéressant de toute la scène grecque.

Il donnait à ce coup de théâtre la préférence sur tous les autres. Plutarque dit que les Grecs, ce peuple si sensible, frémissaient de crainte que le vieillard qui devait arrêter le bras de *Mérope* n'arrivât pas assez tôt. Cette pièce, qu'on jouait de son temps, et dont il nous reste très-peu de fragments, lui paraissait la plus touchante de toutes les tragédies d'Euripide : mais ce n'était pas seulement le choix du sujet qui fit le grand succès d'Euripide, quoiqu'en tout genre le choix soit beaucoup.

Il a été traité plusieurs fois en France, mais sans succès : peut-être les auteurs voulurent charger ce sujet si simple d'ornements étrangers. C'était la *Vénus* toute nue de Praxitèle, qu'ils cherchaient à couvrir de clinquant. Il faut toujours beaucoup de temps aux hommes pour leur apprendre qu'en tout ce qui est grand on doit revenir au naturel et au simple.

En 1641, lorsque le théâtre commençait à fleurir en France, et à s'élever même fort au-dessus de celui de la Grèce, par le génie de P. Corneille, le cardinal de Richelieu, qui recherchait toute sorte de gloire, et qui avait fait bâtir la salle des spectacles du Palais-Royal, pour y représenter des pièces dont il avait fourni le dessein, y fit jouer une *Mérope* sous le nom de *Téléphonte*. Le plan est, à ce qu'on croit, entièrement de lui. Il y avait une centaine de vers de sa façon; le reste était de Colletet, de Bois-Robert, de Desmarêts, et de Chapelain; mais toute la puissance du cardinal de Richelieu ne pouvait donner à ces écrivains le génie qui leur manquait. Il n'avait peut-être pas lui-même celui du théâtre, quoiqu'il en eût le goût; et tout ce qu'il pouvait et devait faire, c'était d'encourager le grand Corneille.

M. Gilbert, résident de la célèbre reine Christine, donna en 1643 sa *Mérope* *, aujourd'hui non moins inconnue que l'autre. Jean de la Chapelle, de l'académie française, auteur d'une *Cléopâtre*, jouée avec quelque succès, fit représenter sa *Mérope* en 1683. Il ne manqua pas de remplir sa pièce d'un épisode d'amour. Il se plaint d'ailleurs, dans la préface, de ce qu'on lui reprochait trop de merveilleux. Il se trompait; ce n'était pas ce merveilleux qui avait fait tomber son ouvrage; c'était en effet le défaut de génie, et la froideur de la versification : car voilà le grand point, voilà le vice capital qui fait périr tant de poèmes. L'art d'être éloquent en vers est, de tous les arts, le plus difficile et le plus rare. On trouvera mille génies qui sauront arranger un ouvrage et le versifier d'une manière commune; mais le traiter en vrais poètes, c'est un talent qui est donné à trois ou quatre hommes sur la terre.

* Sous le même nom de *Téléphonte*.

Au mois de décembre 1701, M. de la Grange fit jouer son *Amasis*, qui n'est autre chose que le sujet de *Mérope* sous d'autres noms : la galanterie règne aussi dans cette pièce, et il y a beaucoup plus d'incidents merveilleux que dans celle de la Chapelle; mais aussi elle est conduite avec plus d'art, plus de génie, plus d'intérêt; elle est décrite avec plus de chaleur et de force : cependant elle n'eut pas d'abord un succès éclatant, *et habent sua fata libelli*. Mais depuis elle a été rejouée avec de très-grands applaudissements; et c'est une des pièces dont la représentation a fait le plus de plaisir au public*.

Avant et après *Amasis*, nous avons eu beaucoup de tragédies sur des sujets à-peu-près semblables, dans lesquelles une mère va venger la mort de son fils sur son propre fils même, et le reconnaît dans l'instant qu'elle va le tuer. Nous étions même accoutumés à voir sur notre théâtre cette situation frappante, mais rarement vraisemblable, dans laquelle un personnage vient, un poignard à la main, pour tuer son ennemi, tandis qu'un autre personnage arrive dans l'instant même, et lui arrache le poignard. Ce coup de théâtre avait fait réussir, du moins pour un temps, la *Camma* ** de Thomas Corneille.

* Au reste, cet *Amasis*, observe Laharpe, est si chargé d'incidents, d'épisodes et d'amours romanesques, que le sujet de Mérope y est entièrement défiguré.

** Reine de Galatie.

Mais de toutes les pièces dont je vous parle, il n'y en a aucune qui ne soit chargée d'un petit épisode d'amour, ou plutôt de galanterie; car il faut que tout se plie au goût dominant. Et ne croyez pas, Monsieur, que cette malheureuse coutume d'accabler nos tragédies d'un épisode inutile de galanterie soit due à Racine, comme on le lui reproche en Italie; c'est lui, au contraire, qui a fait ce qu'il a pu pour réformer en cela le goût de la nation. Jamais chez lui la passion de l'amour n'est épisodique; elle est le fondement de toutes ses pièces, elle en forme le principal intérêt. C'est la passion la plus théâtrale de toutes, la plus fertile en sentiments, la plus variée : elle doit être l'ame d'un ouvrage de théâtre, ou en être entièrement bannie. Si l'amour n'est pas tragique, il est insipide; et s'il est tragique, il doit régner seul : il n'est pas fait pour la seconde place. C'est Rotrou, c'est le grand Corneille même, il le faut avouer, qui, en créant notre théâtre, l'ont presque toujours défiguré par ces amours de commande, par ces intrigues galantes qui, n'étant point de vraies passions, ne sont point dignes du théâtre; et si vous demandez pourquoi on joue si peu de pièces de Pierre Corneille, n'en cherchez point ailleurs la raison; c'est que dans la tragédie d'*Othon,*

<blockquote>
Othon à la princesse a fait un compliment,
Plus en homme d'esprit qu'en véritable amant.
</blockquote>

> Il suivait pas à pas un effort de mémoire,
> Qu'il était plus aisé d'admirer que de croire.
> Camille semblait même assez de cet avis ;
> Elle aurait mieux goûté des discours moins suivis...
> Dis-moi donc, lorsqu'Othon s'est offert à Camille,
> A-t-il été content ? a-t-elle été facile ?

C'est que, dans *Pompée,* l'inutile Cléopâtre dit que César

> Lui trace des soupirs, et, d'un style plaintif,
> Dans son champ de victoire il se dit son captif.

C'est que César demande à Antoine

> S'il a vu cette reine adorable ?

Et qu'Antoine répond :

> Oui, Seigneur, je l'ai vue ; elle est incomparable.

C'est que, dans *Sertorius,* le vieux Sertorius même, cet amoureux à-la-fois par politique et par goût, dit :

> J'aime ailleurs ; à mon âge, il sied si mal d'aimer,
> Que je le cache même à qui m'a su charmer....
> Et que d'un front ridé les replis jaunissants
> Ne sont pas un grand charme à captiver les sens.

C'est que, dans *Œdipe,* Thésée débute par dire à Dircé,

> Quelque ravage affreux qu'étale ici la peste,
> L'absence aux vrais amants est encor plus funeste.

Enfin c'est que jamais un tel amour ne fait verser

de larmes; et quand l'amour n'émeut pas, il refroidit.

Je ne vous dis ici, Monsieur, que ce que tous les connaisseurs, les véritables gens de goût, se disent tous les jours en conversation; ce que vous avez entendu plusieurs fois chez moi; enfin ce qu'on pense, et ce que personne n'ose encore imprimer : car vous savez comment les hommes sont faits; ils écrivent presque tous contre leur propre sentiment, de peur de choquer le préjugé reçu. Pour moi, qui n'ai jamais mis dans la littérature aucune politique, je vous dis hardiment la vérité; et j'ajoute que je respecte plus Corneille, et que je connais mieux le grand mérite de ce père du théâtre que ceux qui le louent au hasard de ses défauts.

On a donné une *Mérope* sur le théâtre de Londres en 1731. Qui croirait qu'une intrigue d'amour y entrât encore? Mais, depuis le règne de Charles II, l'amour s'était emparé du théâtre d'Angleterre; et il faut avouer qu'il n'y a point de nation au monde qui ait peint si mal cette passion. L'amour ridiculement amené, et traité de même, est encore le défaut le moins monstrueux de la *Mérope* anglaise. Le jeune Egisthe, tiré de sa prison par une fille d'honneur, amoureuse de lui, est conduit devant la reine, qui lui présente une coupe de poison et un poignard, et qui lui dit : « Si tu n'avales le poison, ce poignard va

« servir à tuer ta maîtresse. » Le jeune homme boit, et on l'emporte mourant. Il revient, au cinquième acte, annoncer froidement à Mérope qu'il est son fils, et qu'il a tué le tyran. Mérope lui demande comment ce miracle s'est opéré : « Une amie de la fille d'hon-
« neur, répond-il, avait mis du jus de pavot, au lieu
« de poison dans la coupe. Je n'étais qu'endormi
« quand on m'a cru mort : j'ai appris en m'éveillant
« que j'étais votre fils, et sur-le-champ j'ai tué le
« tyran. » Ainsi finit la tragédie.

Elle fut sans doute mal reçue : mais n'est-il pas bien étrange qu'on l'ait représentée? N'est-ce pas une preuve que le théâtre anglais n'est pas encore épuré? Il semble que la même cause qui prive les Anglais du génie de la peinture et de la musique, leur ôte aussi celui de la tragédie? Cette île, qui a produit les plus grands philosophes de la terre, n'est pas aussi fertile pour les beaux-arts; et si les Anglais ne s'appliquent sérieusement à suivre les préceptes de leurs excellents citoyens, Addisson et Pope, ils n'approcheront pas des autres peuples en fait de goût et de littérature.

Mais tandis que le sujet de *Mérope* était ainsi défiguré dans une partie de l'Europe, il y avait longtemps qu'il était traité en Italie selon le goût des anciens. Dans ce seizième siècle, qui sera fameux dans tous les siècles, le comte de Torelli avait donné sa *Mérope* avec des chœurs. Il paraît que, si M. de la Chapelle a outré tous les défauts du théâtre français, qui sont l'air romanesque, l'amour inutile et les épisodes; et que, si l'auteur anglais a poussé à l'excès la barbarie, l'indécence et l'absurdité, l'auteur italien avait outré les défauts des Grecs, qui sont le vide d'action, et la déclamation. Enfin, Monsieur, vous avez évité tous ces écueils; vous qui avez donné à vos compatriotes des modèles en plus d'un genre; vous leur avez donné dans votre *Mérope* l'exemple d'une tragédie simple et intéressante.

J'en fus saisi dès que je la lus : mon amour pour ma patrie ne m'a jamais fermé les yeux sur le mérite des étrangers; au contraire, plus je suis bon citoyen, plus je cherche à enrichir mon pays des trésors qui ne sont point nés dans son sein. Mon envie de traduire votre *Mérope* redoubla, lorsque j'eus l'honneur de vous connaître à Paris en 1733. Je m'aperçus qu'en aimant l'auteur je me sentais encore plus d'inclination pour l'ouvrage : mais quand je voulus y travailler, je vis qu'il était absolument impossible de la faire passer sur notre théâtre français. Notre délicatesse est devenue excessive : nous sommes peut-être des Sybarites plongés dans le luxe, qui ne pouvons supporter cet air naïf et rustique, ces détails de la vie champêtre que vous avez imités du théâtre grec.

Je craindrais qu'on ne souffrît pas chez nous le

jeune Egisthe faisant présent de son anneau à celui qui l'arrête, et qui s'empare de cette bague. Je n'oserais hasarder de faire prendre un héros pour un voleur, quoique la circonstance où il se trouve autorise cette méprise.

Nos usages, qui probablement permettent tant de choses que les vôtres n'admettent point, nous empêcheraient de représenter le tyran de Mérope, l'assassin de son époux et de ses fils, feignant d'avoir, après quinze ans, de l'amour pour cette reine; même je n'oserais pas faire dire par Mérope au tyran : *Pourquoi donc n'avez-vous pas parlé d'amour auparavant, dans le temps que la fleur de la jeunesse ornait encore mon visage?* Ces entretiens sont naturels; mais notre parterre, quelquefois si indulgent, et d'autres fois si délicat, pourrait les trouver trop familiers, et voir même de la coquetterie où il n'y a au fond que de la raison.

Notre théâtre français ne souffrirait pas non plus que Mérope fît lier son fils sur la scène à une colonne, ni qu'elle courût sur lui deux fois, le javelot et la hache à la main, ni que le jeune homme s'enfuît deux fois devant elle, en demandant la vie à son tyran.

Nos usages permettraient encore moins que la confidente de Mérope engageât le jeune Egisthe à dormir sur la scène, afin de donner le temps à la reine de venir l'y assassiner. Ce n'est pas, encore une fois, que tout cela ne soit dans la nature ; mais il faut que vous pardonniez à notre nation, qui exige que la nature soit toujours présentée avec certains traits de l'art : et ces traits sont bien différents à Paris et à Vérone.

Pour donner une idée sensible de ces différences que le génie des nations cultivées met entre les mêmes arts, permettez-moi, Monsieur, de vous rappeler ici quelques traits de votre célèbre ouvrage, qui me paraissent dictés par la pure nature. Celui qui arrête le jeune Cresphonte et qui lui prend sa bague, lui dit :

. . . . . *Or dunque in tuo paese i servi*
Han di coteste gemme? Un bel paese
Fia questo tuo; nel nostro una tal gemma
Ad un dito real non sconverrebbe.

Je vais prendre la liberté de traduire cet endroit en vers blancs, comme votre pièce est écrite ; parce que le temps qui me presse, ne me permet pas le long travail qu'exige la rime.

« Les esclaves chez vous portent de tels joyaux ?
« Votre pays doit être un beau pays sans doute ;
« Chez nous de tels anneaux ornent la main des rois. »

Le confident du tyran lui dit, en parlant de la reine,

qui refuse d'épouser, après vingt ans, l'assassin reconnu de sa famille :

> *La donna, come sai, ricusa e brama.*

« La femme, comme on sait, nous refuse et desire. »

La suivante de la reine répond au tyran, qui la presse de disposer sa maîtresse au mariage :

> *. . . . . Dissimulato in vano*
> *Soffre di febre assalto; alquanti giorni*
> *Donare è forza a rinfrancar suoi spirti.*

« On ne peut vous cacher que la reine a la fièvre ;
« Accordez quelque temps pour lui rendre ses forces. »

Dans votre quatrième acte, le vieillard Polydore demande à un homme de la cour de Mérope, qui il est? Je suis Eurisès, le fils de Nicandre, répond-il. Polydore alors, en parlant de Nicandre, s'exprime comme le *Nestor* d'Homère :

> *. . . . . Egli era umano*
> *E liberal; quando appariva, tutti*
> *Faceangli onor; io mi ricordo ancora*
> *Di quanto ei festeggiò con bella pompa*
> *Le sue nozze con Silvia, ch' era figlia*
> *D'Olimpia e di Glicon fratel d'Ipparco.*
> *Tu dunque sei quel fanciullin' che in corte*
> *Silvia condur solea quasi per pompa :*
> *Parmi l'altr' jeri. O quanto siete presti!*
> *Quanto mai v'affrettate, o giovinetti,*
> *A farvi adulti, ed a gridar tacendo,*
> *Che noi diam loco!*

« Oh! qu'il était humain! qu'il était libéral!
« Que, dès qu'il paraissait, on lui faisait d'honneur!
« Je me souviens encor du festin qu'il donna,
« De tout cet appareil, alors qu'il épousa
« La fille de Glicon et de cette Olimpie,
« La belle-sœur d'Hipparque. Eurises, c'est donc vous?
« Vous, cet aimable enfant, que si souvent Silvie
« Se faisait un plaisir de conduire à la cour?
« Je crois que c'est hier. O que vous êtes prompte!
« Que vous croissez, jeunesse! et que dans vos beaux jours
« Vous nous avertissez de vous céder la place! »

Et dans un autre endroit, le même vieillard, invité d'aller voir la cérémonie du mariage de la reine, répond :

.... *Oh curioso*
Punto i' non son : passò stagione : assai
Veduti ho sagrificj, io mi ricordo
Di quello ancora quando il rè Cresfonte
Incominciò a regnar. Quella fù pompa!
Ora più non si fanno a questi tempi
Di cotai sagrificj. Più di cento
Fur le bestie svenate : i sacerdoti
Risplendean tutti, e dove ti volgessi
Altro non si vedea che argento ed oro.

« .... Je suis sans curiosité.
« Le temps en est passé; mes yeux ont assez vu
« De ces apprêts d'hymen et de ces sacrifices.
« Je me souviens encor de cette pompe auguste

« Qui jadis en ces lieux marqua les premiers jours
« Du règne de Cresphonte. Ah ! le grand appareil !
« Il n'est plus aujourd'hui de semblables spectacles.
« Plus de cent animaux y furent immolés :
« Tous les prêtres brillaient, et les yeux éblouis
« Voyaient l'argent et l'or partout étinceler. »

Tous ces traits sont naïfs : tout y est convenable à ceux que vous introduisez sur la scène, et aux mœurs que vous leur donnez. Ces familiarités naturelles eussent été, à ce que je crois, bien reçues dans Athènes ; mais Paris et notre parterre veulent une autre espèce de simplicité. Notre ville pourrait même se vanter d'avoir un goût plus cultivé qu'on ne l'avait dans Athènes : car enfin il me semble qu'on ne représentait d'ordinaire des pièces de théâtre, dans cette première ville de la Grèce, que dans quatre fêtes solennelles ; et Paris a plus d'un spectacle tous les jours de l'année. On ne comptait dans Athènes que dix mille citoyens ; et notre ville est peuplée de près de huit cent mille habitants, parmi lesquels je crois qu'on peut compter trente mille juges des ouvrages dramatiques, et qui jugent presque tous les jours.

Vous avez pu, dans votre tragédie, traduire cette élégante et simple comparaison de *Virgile*.

Qualis populeâ mœrens Philomela sub umbrâ
Amissos queritur fœtus.

Si je prenais une telle liberté, on me renverrait au poëme épique, tant nous avons affaire à un maître dur, qui est le public!

Nescis, heu! nescis nostræ fastidia Romæ :
Et pueri nasum rhinocerotis habent.

Les Anglais ont la coutume de finir presque tous leurs actes par une comparaison : mais nous exigeons, dans une tragédie, que ce soit les héros qui parlent, et non le poëte; et notre public pense que dans une grande crise d'affaires, dans un conseil, dans une passion violente, dans un danger pressant, les princes, les ministres ne font point de comparaisons poétiques.

Comment pourrais-je encore faire parler souvent ensemble des personnages subalternes? Ils servent chez vous à préparer des scènes intéressantes entre les principaux acteurs; ce sont les avenues d'un beau palais : mais notre public impatient veut entrer tout d'un coup dans le palais. Il faut donc se plier au goût d'une nation, d'autant plus difficile, qu'elle est depuis long-temps rassasiée de chefs-d'œuvre.

Cependant, parmi tant de détails que notre extrême sévérité réprouve, combien de beautés je regrettais! combien me plaisait la simple nature, quoique sous une forme étrangère pour nous! Je vous rends compte, Monsieur, d'une partie des raisons qui m'ont empêché de vous suivre en vous admirant.

Je fus obligé, à regret, d'écrire une *Mérope* nouvelle : je l'ai donc faite différemment; mais je suis bien loin de croire l'avoir mieux faite. Je me regarde avec vous comme un voyageur à qui un roi d'Orient aurait fait présent des plus riches étoffes : ce roi devrait permettre que le voyageur s'en fît habiller à la mode de son pays.

Ma *Mérope* fut achevée au commencement de 1736, à-peu-près telle qu'elle est aujourd'hui. D'autres études m'empêchèrent de la donner au théâtre; mais la raison qui m'en éloignait le plus, était la crainte de la faire paraître après d'autres pièces heureuses, dans lesquelles on avait vu depuis peu le même sujet sous des noms différents. Enfin j'ai hasardé ma tragédie; et notre nation a fait connaître qu'elle ne dédaignait pas de voir la même matière différemment traitée. Il est arrivé à notre théâtre ce qu'on voit tous les jours dans une galerie de peinture, où plusieurs tableaux représentent le même sujet. Les connaisseurs se plaisent à remarquer les diverses manières; chacun saisit, selon son goût, le caractère de chaque peintre : c'est une espèce de concours qui sert à-la-fois à perfectionner l'art et à augmenter les lumières du public.

Si la *Mérope* française a eu le même succès que la *Mérope* italienne, c'est à vous, Monsieur, que je le dois : c'est cette simplicité dont j'ai toujours été idolâtre, qui dans votre ouvrage m'a servi de modèle. Si j'ai marché dans une route différente, vous m'y avez toujours servi de guide.

J'aurais souhaité pouvoir, à l'exemple des Italiens et des Anglais, employer l'heureuse facilité des vers blancs; et je me suis souvenu plus d'une fois de ce passage du *Rucellai* :

> *Tu sai pur che l'imagin' della voce*
> *Che risponde da i sassi, dov' Eco alberga,*
> *Sempre nemica fu del nostro regno,*
> *E fu inventrice delle prime rime.*

Mais je me suis aperçu, et j'ai dit, il y a long-temps, qu'une telle tentative n'aurait jamais de succès en France, et qu'il y aurait beaucoup plus de faiblesse que de force à éluder un joug qu'ont porté les auteurs de tant d'ouvrages qui dureront autant que la nation française. Notre poésie n'a aucune des libertés de la vôtre; et c'est peut-être une des raisons pour lesquelles les Italiens nous ont précédés de plus de trois siècles dans cet art si aimable et si difficile.

Je voudrais, Monsieur, pouvoir vous suivre dans vos autres connaissances, comme j'ai eu le bonheur de vous imiter dans la tragédie. Que n'ai-je pu me former sur votre goût dans la science de l'histoire! non pas dans cette science vague et stérile des faits et des dates, qui se borne à savoir en quel temps mourut un homme inutile ou funeste au monde, science uniquement de dictionnaire, qui chargerait la mémoire sans éclairer l'esprit. Je veux parler de cette histoire de l'esprit humain, qui apprend à connaître les mœurs; qui nous trace, de faute en faute et de préjugé en préjugé, les effets des passions des hommes; qui nous fait voir ce que l'ignorance, ou un savoir mal entendu, ont causé de maux, et qui suit surtout le fil du progrès des arts, à travers ce choc effroyable de tant de puissances et ce bouleversement de tant d'empires.

C'est par-là que l'histoire m'est précieuse; et elle me le devient davantage par la place que vous tiendrez parmi ceux qui ont donné de nouveaux plaisirs et de nouvelles lumières aux hommes. La postérité apprendra avec émulation que votre patrie vous a rendu les honneurs les plus rares, et que Vérone vous a élevé une statue, avec cette inscription : AU MARQUIS SCIPION MAFFEI VIVANT; inscription aussi belle en son genre que celle qu'on lit à Montpellier : À LOUIS XIV APRÈS SA MORT.

Daignez ajouter, Monsieur, aux hommages de vos concitoyens celui d'un étranger que sa respectueuse estime vous attache autant que s'il était né à Vérone.

LETTRE

DE M. DE LA LINDELLE

A M. DE VOLTAIRE.

MONSIEUR, vous avez eu la politesse de dédier votre tragédie de *Mérope* à M. Maffei; et vous avez rendu service aux gens de lettres d'Italie et de France, en remarquant, avec la grande connaissance que vous avez du théâtre, la différence qui se trouve établie entre les bienséances de la scène française, et celles de la scène italienne.

Le goût que vous avez pour l'Italie, et les ménagements que vous avez eus pour M. Maffei, ne vous ont pas permis de remarquer les défauts véritables de cet auteur : mais moi, qui n'ai en vue que la vérité et le progrès des arts, je ne craindrai point de dire ce que pense le public éclairé, et ce que vous ne pouvez vous empêcher de penser vous-même.

L'abbé Desfontaines avait déjà relevé quelques fautes palpables de la *Mérope* de M. Maffei : mais, à son ordinaire, avec plus de grossièreté que de justesse, il avait mêlé les bonnes critiques avec les mauvaises. Ce satirique décrié n'avait ni assez de connaissance de la langue italienne, ni assez de goût pour porter un jugement sain et exempt d'erreur.

Voici ce que pensent les littérateurs les plus judicieux que j'ai consultés en France et delà les monts. La *Mérope* leur paraît sans contredit le sujet le plus touchant et le plus vraiment tragique qui ait jamais été au théâtre : il est fort au-dessus de celui d'*Athalie*, en ce que la reine Athalie ne veut pas assassiner le petit Joas, et qu'elle est trompée par le grand-prêtre, qui veut venger sur elle des crimes passés ; au lieu que, dans la *Mérope*, c'est une mère qui, en vengeant son fils, est sur le point d'assassiner ce fils même, son amour et son espérance. L'intérêt de *Mérope* est tout autrement touchant que celui de la tragédie d'*Athalie*; mais il paraît que M. Maffei s'est contenté de ce que présente naturellement son sujet, et qu'il n'y a mis aucun art théâtral.

1. Les scènes souvent ne sont point liées, et le théâtre se trouve vide; défaut qui ne se pardonne pas aujourd'hui aux moindres poètes.

2. Les acteurs arrivent, et partent souvent sans raison; défaut non moins essentiel.

3. Nulle vraisemblance, nulle dignité, nulle bienséance, nul art dans le dialogue, et cela dès la première scène, où l'on voit un tyran raisonner paisiblement avec Mérope, dont il a égorgé le mari et les

enfants, et lui parler d'amour : cela serait sifflé à Paris par les moins connaisseurs.

4. Tandis que le tyran parle d'amour si ridiculement à cette vieille reine, on annonce qu'on a trouvé un jeune homme coupable d'un meurtre : mais on ne sait point, dans le cours de la pièce, qui ce jeune homme a tué. Il prétend que c'est un voleur qui voulait lui prendre ses habits. Quelle petitesse! quelle bassesse! quelle stérilité! Cela ne serait pas supportable dans une farce de la foire.

5. Le barigel, ou le capitaine des gardes, ou le grand-prévôt, il n'importe, interroge le meurtrier, qui porte au doigt un bel anneau; ce qui fait une scène du plus bas comique, laquelle est écrite d'une manière digne de la scène.

6. La mère s'imagine d'abord que le voleur qui a été tué, est son fils. Il est pardonnable à une mère de tout craindre : mais il fallait à une reine-mère d'autres indices un peu plus nobles.

7. Au milieu de ces craintes, le tyran Polyphonte raisonne de son prétendu amour avec la suivante de Mérope. Ces scènes froides et indécentes, qui ne sont imaginées que pour remplir un acte, ne seraient pas souffertes sur un théâtre tragique régulier. Vous vous êtes contenté, Monsieur, de remarquer modestement une de ces scènes, dans laquelle la suivante de Mérope prie le tyran de ne pas presser les noces, parce

que, dit-elle, sa maîtresse a *un assaut de fièvre* : et moi, Monsieur, je vous dis hardiment, au nom de tous les connaisseurs, qu'un tel dialogue, et une telle réponse, ne sont dignes que du théâtre d'*Arlequin*.

8. J'ajouterai encore que, quand la reine, croyant son fils mort, dit qu'elle veut arracher le cœur au meurtrier, et le déchirer avec les dents, elle parle en Cannibale plus encore qu'en mère affligée, et qu'il faut de la décence partout.

9. Egisthe, qui a été annoncé comme un voleur, et qui a dit qu'on l'avait voulu voler lui-même, est encore pris pour un voleur une seconde fois; il est mené devant la reine malgré le roi, qui pourtant prend sa défense. La reine le lie à une colonne, le veut tuer avec un dard, et, avant de le tuer, elle l'interroge. Egisthe lui dit que son père est un vieillard; et, à ce mot de vieillard, la reine s'attendrit. Ne voilà-t-il pas une bonne raison de changer d'avis, et de soupçonner qu'Egisthe pourrait bien être son fils? ne voilà-t-il pas un indice bien marqué? Est-il donc si étrange qu'un jeune homme ait un père âgé? Maffei a substitué cette faute et ce manque d'art et de génie à une autre faute plus grossière qu'il avait faite dans la première édition. Egisthe disait à la reine : *Ah! Polydore, mon père*. Et ce Polydore était en effet l'homme à qui Mérope avait confié Egisthe. Au nom de Poly-

dore, la reine ne devait plus douter qu'Egisthe ne fût son fils ; la pièce était finie. Ce défaut a été ôté ; mais on y a substitué un défaut encore plus grand.

10. Quand la reine est ridiculement et sans raison en suspens sur ce mot de *vieillard*, arrive le tyran, qui prend Egisthe sous sa protection. Le jeune homme, qu'on devait représenter comme un héros, remercie le roi de lui avoir donné la vie, et le remercie avec un avilissement et une bassesse qui fait mal au cœur, et qui dégrade entièrement Egisthe.

11. Ensuite Mérope et le tyran passent leur temps ensemble. Mérope évapore sa colère en injures qui ne finissent point. Rien n'est plus froid que ces scènes de déclamation qui manquent de nœud, d'embarras, de passion contrastée. Ce sont des scènes d'écolier. Toute scène qui n'est pas une espèce d'action, est inutile.

12. Il y a si peu d'art dans cette pièce, que l'auteur est toujours forcé d'employer des confidentes et des confidents pour remplir son théâtre. Le quatrième acte commence encore par une scène froide et inutile entre le tyran et la suivante : ensuite cette suivante rencontre le jeune Egisthe, je ne sais comment, et lui persuade de se reposer dans le vestibule, afin que, quand il sera endormi, la reine puisse le tuer tout à son aise. En effet, il s'endort, comme il l'a promis. Belle intrigue ! et la reine vient pour la seconde fois, une hache à la main, pour tuer le jeune homme, qui

dormait exprès. Cette situation, répétée deux fois, est le comble de la stérilité, comme le sommeil du jeune homme est le comble du ridicule. M. Maffei prétend qu'il y a beaucoup de génie et de variété dans cette situation répétée, parce que la première fois la reine arrive avec un dard, et la seconde fois avec une hache : quel effort de génie!

13. Enfin le vieillard Polydore arrive tout à propos, et empêche la reine de faire le coup : on croirait que ce beau moment devrait faire naître mille incidents intéressants entre la mère et le fils, entre eux deux et le tyran. Rien de tout cela : Egisthe s'enfuit, et ne voit point sa mère; il n'a aucune scène avec elle; ce qui est encore un défaut de génie insupportable. Mérope demande au vieillard quelle récompense il veut; et ce vieux fou la prie de le rajeunir. Voilà à quoi passe son temps une reine qui devrait courir après son fils. Tout cela est bas, déplacé et ridicule au dernier point.

14. Dans le cours de la pièce, le tyran veut toujours épouser; et, pour y parvenir, il fait dire à Mérope qu'il va faire égorger tous les domestiques et les courtisans de cette princesse, si elle ne lui donne la main. Quelle ridicule idée! quel extravagant que ce tyran! M. Maffei ne pouvait-il trouver un meilleur prétexte pour sauver l'honneur de la reine, qui a la lâcheté d'épouser le meurtrier de sa famille?

15. Autre puérilité de collége. Le tyran dit à son confident : *Je sais l'art de régner, je ferai mourir les audacieux, je lâcherai la bride à tous les vices, j'inviterai mes sujets à commettre les plus grands crimes, en pardonnant aux plus coupables; j'exposerai les gens de bien à la fureur des scélérats,* etc. Quel homme a jamais pensé et prononcé de telles sottises ? Cette déclamation de régent de sixième ne donne-t-elle pas une jolie idée d'un homme qui sait gouverner ?

On a reproché au grand Racine d'avoir, dans *Athalie,* fait dire à Mathan trop de mal de lui-même. Encore Mathan parle-t-il raisonnablement; mais ici, c'est le comble de la folie de prétendre que de tout mettre en combustion soit l'art de régner : c'est l'art d'être détrôné; et on ne peut lire de pareilles absurdités sans rire. M. Maffei est un étrange politique.

En un mot, Monsieur, l'ouvrage de Maffei est un très-beau sujet, et une très-mauvaise pièce. Tout le monde convient à Paris que la représentation n'en serait pas achevée; et tous les gens sensés d'Italie en font très-peu de cas. C'est très-vainement que l'auteur, dans ses voyages, n'a rien négligé pour engager les plus mauvais écrivains à traduire sa tragédie : il lui était bien plus aisé de payer un traducteur, que de rendre sa pièce bonne.

RÉPONSE

DE M. DE VOLTAIRE

A M. DE LA LINDELLE.

La lettre que vous m'avez fait l'honneur de m'écrire, Monsieur, doit vous valoir le nom d'hypercritique, qu'on donnait à Scaliger. Vous me paraissez bien redoutable; et si vous traitez ainsi M. Maffei, que n'ai-je point à craindre de vous? J'avoue que vous avez trop raison sur bien des points. Vous vous êtes donné la peine de ramasser beaucoup de ronces et d'épines; mais pourquoi ne vous êtes-vous pas donné le plaisir de cueillir les fleurs? Il y en a sans doute dans la pièce de M. Maffei, et que j'ose croire immortelles: telles sont les scènes de la mère et du fils, et le récit de la fin. Il me semble que ces morceaux sont bien touchants et bien pathétiques. Vous prétendez que c'est le sujet seul qui en fait la beauté; mais, Monsieur, n'était-ce pas le même sujet dans les autres auteurs qui ont traité la *Mérope?* Pourquoi, avec les mêmes secours, n'ont-ils pas eu le même succès? Cette seule raison ne prouve-t-elle pas que M. Maffei doit autant à son génie qu'à son sujet?

Je ne vous le dissimulerai pas. Je trouve que M. Maffei a mis plus d'art que moi dans la manière dont il s'y prend pour faire penser à Mérope que son fils est l'assassin de son fils même. Je n'ai pu me servir comme lui d'un anneau, parce que, depuis l'*anneau royal* dont Boileau se moque dans ses *Satires,* cela semblerait trop petit sur notre théâtre. Il faut se plier aux usages de son siècle et de sa nation; mais, par cette raison-là même, il ne faut pas condamner légèrement les nations étrangères.

Ni M. Maffei ni moi n'exposons des motifs bien nécessaires pour que le tyran Polyphonte veuille absolument épouser Mérope. C'est peut-être là un défaut du sujet; mais je vous avoue que je crois qu'un tel défaut est fort léger, quand l'intérêt qu'il produit est considérable. Le grand point est d'émouvoir et de faire verser des larmes. On a pleuré à Vérone et à Paris : voilà une grande réponse aux critiques. On ne peut être parfait; mais qu'il est beau de toucher avec ses imperfections! Il est vrai qu'on pardonne beaucoup de choses en Italie qu'on ne passerait pas en France : premièrement, parce que les goûts, les bienséances, les théâtres, n'y sont pas les mêmes; secondement, parce que les Italiens, n'ayant point de ville où l'on représente tous les jours des pièces dramatiques, ne peuvent être aussi exercés que nous en ce genre. Le beau monstre de l'opéra étouffe chez eux Melpomène ; et il y a tant de *castrati,* qu'il n'y a plus de place pour les Esopus et les Roscius. Mais si jamais les Italiens avaient un théâtre régulier, je crois qu'ils iraient plus loin que nous. Leurs théâtres sont mieux entendus, leur langue plus maniable, leurs vers blancs plus aisés à faire, leur nation plus sensible. Il leur manque l'encouragement, l'abondance et la paix, etc.

PERSONNAGES.

MÉROPE, veuve de Cresphonte, roi de Messène.
ÉGISTHE, fils de Mérope.
POLYPHONTE, tyran de Messène.
NARBAS, vieillard.
EURYCLÈS, favori de Mérope.
EROX, favori de Polyphonte.
ISMÉNIE, confidente de Mérope.

La scène est à Messène, dans le palais de Mérope.

MÉROPE,
TRAGÉDIE.

ACTE PREMIER.

SCÈNE I.
MÉROPE, ISMÉNIE.

ISMÉNIE.

Grande Reine, écartez ces horribles images;
Goûtez des jours sereins, nés du sein des orages.
Les Dieux nous ont donné la victoire et la paix :
Ainsi que leur corroux, ressentez leurs bienfaits.
Messène, après quinze ans de guerres intestines,
Lève un front moins timide, et sort de ses ruines.
Vos yeux ne verront plus tous ces chefs ennemis,
Divisés d'intérêts, et pour le crime unis,
Par les saccagements, le sang et le ravage,
Du meilleur de nos rois disputer l'héritage.
Nos chefs, nos citoyens, rassemblés sous vos yeux,
Les organes des lois, les ministres des Dieux,
Vont, libres dans leur choix, décerner la couronne.
Sans doute elle est à vous, si la vertu la donne.
Vous seule avez sur nous d'irrévocables droits :
Vous, veuve de Cresphonte, et fille de nos rois;

Vous que tant de constance, et quinze ans de misère,
Font encor plus auguste, et nous rendent plus chère;
Vous pour qui tous les cœurs en secret réunis...

MÉROPE.

Quoi! Narbas ne vient point! Reverrai-je mon fils?

ISMÉNIE.

Vous pouvez l'espérer : déjà, d'un pas rapide,
Vos esclaves en foule ont couru dans l'Elide;
La paix a de l'Elide ouvert tous les chemins.
Vous avez mis, sans doute, en de fidèles mains
Ce dépôt si sacré, l'objet de tant d'alarmes.

MÉROPE.

Me rendrez-vous mon fils, Dieux témoins de mes larmes?
Egisthe est-il vivant? Avez-vous conservé
Cet enfant malheureux, le seul que jai sauvé?
Ecartez loin de lui la main de l'homicide.
C'est votre fils, hélas! c'est le pur sang d'Alcide.
Abandonnerez-vous ce reste précieux
Du plus juste des rois et du plus grand des Dieux,
L'image de l'époux dont j'adore la cendre?

ISMÉNIE.

Mais quoi! cet intérêt, et si juste, et si tendre,
De tout autre intérêt peut-il vous détourner?

MÉROPE.

Je suis mère; et tu peux encor t'en étonner?

ISMÉNIE.

Du sang dont vous sortez l'auguste caractère
Sera-t-il effacé par cet amour de mère?
Son enfance était chère à vos yeux éplorés;
Mais vous avez peu vu ce fils que vous pleurez.

ACTE I, SCÈNE I.

MÉROPE.

Mon cœur a vu toujours ce fils que je regrette ;
Ses périls nourrissaient ma tendresse inquiète :
Un si juste intérêt s'accrut avec le temps.
Un mot seul de Narbas, depuis plus de quatre ans,
Vint dans la solitude où j'étais retenue
Porter un nouveau trouble à mon ame éperdue.
Egisthe, écrivait-il, mérite un meilleur sort :
Il est digne de vous et des Dieux dont il sort ;
En butte à tous les maux, sa vertu les surmonte :
Espérez tout de lui ; mais craignez Polyphonte.

ISMÉNIE.

De Polyphonte au moins prévenez les desseins ;
Laissez passer l'empire en vos augustes mains.

MÉROPE.

L'empire est à mon fils. Périsse la marâtre,
Périsse le cœur dur, de soi-même idolâtre,
Qui peut goûter en paix, dans le suprême rang,
Le barbare plaisir d'hériter de son sang !
Si je n'ai plus de fils, que m'importe un empire ?
Que m'importe ce ciel, ce jour que je respire ?
Je dus y renoncer, alors que dans ces lieux
Mon époux fut trahi des mortels et des Dieux.
O perfidie ! ô crime ! ô jour fatal au monde !
O mort toujours présente à ma douleur profonde !
J'entends encor ces voix, ces lamentables cris,
Ces cris : « Sauvez le roi, son épouse et ses fils. »
Je vois ces murs sanglants, ces portes embrasées,
Sous ces lambris fumants ces femmes écrasées,
Ces esclaves fuyants, le tumulte, l'effroi,

Les armes, les flambeaux, la mort autour de moi.
Là, nageant dans son sang, et souillé de poussière,
Tournant encor vers moi sa mourante paupière,
Cresphonte en expirant me serra dans ses bras;
Là, deux fils malheureux, condamnés au trépas,
Tendres et premiers fruits d'une union si chère,
Sanglants et renversés sur le sein de leur père,
A peine soulevaient leurs innocentes mains.
Hélas! ils m'imploraient contre leurs assassins!
Egisthe échappa seul : un dieu prit sa défense.
Veille sur lui, grand Dieu qui sauvas son enfance!
Qu'il vienne; que Narbas le ramène à mes yeux
Du fond de ses déserts au rang de ses aïeux!
J'ai supporté quinze ans mes fers et son absence;
Qu'il règne au lieu de moi : voilà ma récompense.

SCÈNE II.

MÉROPE, ISMÉNIE, EURYCLÈS.

MÉROPE.

Eh bien! Narbas? mon fils?

EURYCLÈS.

Vous me voyez confus;
Tant de pas, tant de soins ont été superflus.
On a couru, Madame, aux rives du Pénée,
Dans les champs d'Olympie, aux murs de Salmonée;
Narbas est inconnu : le sort dans ces climats
Dérobe à tous les yeux la trace de ses pas.

MÉROPE.

Hélas! Narbas n'est plus! j'ai tout perdu sans doute.

ACTE I, SCÈNE II.

ISMÉNIE.

Vous croyez tous les maux que votre ame redoute;
Peut-être, sur les bruits de cette heureuse paix,
Narbas ramène un fils si cher à nos souhaits.

EURYCLÈS.

Peut-être sa tendresse, éclairée et discrète,
A caché son voyage ainsi que sa retraite :
Il veille sur Egisthe; il craint ces assassins
Qui du roi votre époux ont tranché les destins.
De leurs affreux complots il faut tromper la rage.
Autant que je l'ai pu, j'assure son passage;
Et j'ai sur ces chemins de carnage abreuvés
Des yeux toujours ouverts, et des bras éprouvés.

MÉROPE.

Dans ta fidélité j'ai mis ma confiance.

EURYCLÈS.

Hélas! que peut pour vous ma triste vigilance?
On va donner son trône; en vain ma faible voix
Du sang qui le fit naître a fait parler les droits :
L'injustice triomphe; et ce peuple, à sa honte,
Au mépris de nos lois, penche vers Polyphonte.

MÉROPE.

Et le sort jusque-là pourrait nous avilir!
Mon fils dans ses Etats reviendrait pour servir!
Il verrait son sujet au rang de ses ancêtres!
Le sang de Jupiter aurait ici des maîtres!
Je n'ai donc plus d'amis? Le nom de mon époux,
Insensibles sujets, a donc péri pour vous?
Vous avez oublié ses bienfaits et sa gloire!

EURYCLÈS.

Le nom de votre époux est cher à leur mémoire.
On regrette Cresphonte, on le pleure, on le plaint;
Mais la force l'emporte, et Polyphonte est craint.

MÉROPE.

Ainsi donc, par mon peuple en tout temps accablée,
Je verrai la justice à la brigue immolée;
Et le vil intérêt, cet arbitre du sort,
Vend toujours le plus faible aux crimes du plus fort.
Allons, et rallumons dans ces ames timides
Ces regrets mal éteints du sang de Héraclides;
Flattons leur espérance, excitons leur amour.
Parlez, et de leur maître annoncez le retour.

EURYCLÈS.

Je n'ai que trop parlé; Polyphonte en alarmes
Craint déjà votre fils, et redoute vos larmes.
La fière ambition dont il est dévoré
Est inquiète, ardente, et n'a rien de sacré.
S'il chassa les brigands de Pylos et d'Amphryse,
S'il a sauvé Messène, il croit l'avoir conquise.
Il agit pour lui seul, il veut tout asservir:
Il touche à la couronne; et, pour mieux la ravir,
Il n'est point de rempart que sa main ne renverse,
De lois qu'il ne corrompe, et de sang qu'il ne verse.
Ceux dont la main cruelle égorgea votre époux
Peut-être ne sont pas plus à craindre pour vous.

MÉROPE.

Quoi! partout sous mes pas le sort creuse un abîme!
Je vois autour de moi le danger et le crime!

Polyphonte, un sujet de qui les attentats...
EURYCLÈS.
Dissimulez, Madame, il porte ici ses pas.

SCÈNE III.
MÉROPE, POLYPHONTE, ÉROX.
POLYPHONTE.
Madame, il faut enfin que mon cœur se déploie.
Ce bras qui vous servit, m'ouvre au trône une voie ;
Et les chefs de l'Etat, tout prêts de prononcer,
Me font entre nous deux l'honneur de balancer.
Des partis opposés qui désolaient Messènes,
Qui versaient tant de sang, qui formaient tant de haines,
Il ne reste aujourd'hui que le vôtre et le mien.
Nous devons l'un à l'autre un mutuel soutien ;
Nos ennemis communs, l'amour de la patrie,
Le devoir, l'intérêt, la raison, tout nous lie :
Tout vous dit qu'un guerrier, vengeur de votre époux,
S'il aspire à régner, peut aspirer à vous.
Je me connais, je sais que, blanchi sous les armes,
Ce front triste et sévère a pour vous peu de charmes ;
Je sais que vos appas, encor dans leur printemps,
Pourraient s'effaroucher de l'hiver de mes ans :
Mais la raison d'Etat connaît peu ces caprices,
Et de ce front guerrier les nobles cicatrices
Ne peuvent se couvrir que du bandeau des rois.
Je veux le sceptre et vous pour prix de mes exploits.
N'en croyez pas, Madame, un orgueil téméraire ;
Vous êtes de nos rois et la fille et la mère :

Mais l'Etat veut un maître, et vous devez songer
Que, pour garder vos droits, il les faut partager.
MÉROPE.
Le Ciel, qui m'accabla du poids de sa disgrace,
Ne m'a point préparée à ce comble d'audace.
Sujet de mon époux, vous m'osez proposer
De trahir sa mémoire et de vous épouser?
Moi, j'irais de mon fils, du seul bien qui me reste,
Déchirer avec vous l'héritage funeste?
Je mettrais en vos mains sa mère et son Etat,
Et le bandeau des rois sur le front d'un soldat?
POLYPHONTE.
Un soldat tel que moi peut justement prétendre
A gouverner l'Etat, quand il l'a su défendre.
Le premier qui fut roi, fut un soldat heureux.
Qui sert bien son pays n'a pas besoin d'aïeux.
Je n'ai plus rien du sang qui m'a donné la vie;
Ce sang s'est épuisé, versé pour la patrie :
Ce sang coula pour vous; et, malgré vos refus,
Je crois valoir au moins les rois que j'ai vaincus;
Et je n'offre, en un mot, à votre ame rebelle,
Que la moitié d'un trône où mon parti m'appelle.
MÉROPE.
Un parti! vous, barbare, au mépris de nos lois!
Est-il d'autre parti que celui de vos rois?
Est-ce là cette foi, si pure et si sacrée,
Qu'à mon époux, à moi, votre bouche a jurée?
La foi que vous devez à ses mânes trahis,
A sa veuve éperdue, à son malheureux fils,
A ces Dieux dont il sort, et dont il tient l'empire?

ACTE I, SCÈNE III.

POLYPHONTE.

Il est encor douteux si votre fils respire.
Mais quand du sein des morts il viendrait en ces lieux
Redemander son trône à la face des Dieux,
Ne vous y trompez pas, Messène veut un maître
Eprouvé par le temps, digne en effet de l'être;
Un roi qui la défende, et j'ose me flatter
Que le vengeur du trône a seul droit d'y monter.
Egisthe, jeune encore, et sans expérience,
Etalerait en vain l'orgueil de sa naissance;
N'ayant rien fait pour nous, il n'a rien mérité :
D'un prix bien différent ce trône est acheté.
Le droit de commander n'est plus un avantage
Transmis par la nature ainsi qu'un héritage;
C'est le fruit des travaux et du sang répandu;
C'est le prix du courage : et je crois qu'il m'est dû.
Souvenez-vous du jour où vous fûtes surprise
Par ces lâches brigands de Pylos et d'Amphryse;
Revoyez votre époux, et vos fils malheureux,
Presque en votre présence assassinés par eux;
Revoyez-moi, Madame, arrêtant leur furie,
Chassant vos ennemis, défendant la patrie;
Voyez ces murs enfin par mon bras délivrés :
Songez que j'ai vengé l'époux que vous pleurez.
Voilà mes droits, Madame, et mon rang, et mon titre :
La valeur fit ces droits, le Ciel en est l'arbitre.
Que votre fils revienne; il apprendra sous moi
Les leçons de la gloire et l'art de vivre en roi;
Il verra si mon front soutiendra la couronne.
Le sang d'Alcide est beau, mais n'a rien qui m'étonne.

Je recherche un honneur et plus noble et plus grand ;
Je songe à ressembler au Dieu dont il descend :
En un mot, c'est à moi de défendre la mère,
Et de servir au fils et d'exemple et de père.

MÉROPE.

N'affectez point ici des soins si généreux ;
Et cessez d'insulter à mon fils malheureux.
Si vous osez marcher sur les traces d'Alcide,
Rendez donc l'héritage au fils d'un Héraclide.
Ce dieu dont vous seriez l'injuste successeur,
Vengeur de tant d'Etats, n'en fut point ravisseur.
Imitez sa justice ainsi que sa vaillance ;
Défendez votre roi, secourez l'innocence ;
Découvrez, rendez-moi ce fils que j'ai perdu,
Et méritez sa mère à force de vertu.
Dans vos murs relevés rappelez votre maître :
Alors jusques à vous je descendrai peut-être.
Je pourrais m'abaisser ; mais je ne puis jamais
Devenir la complice et le prix des forfaits.

SCÈNE IV.

POLYPHONTE, ÉROX.

ÉROX.

Seigneur, attendez-vous que son ame fléchisse ?
Ne pouvez-vous régner qu'au gré de son caprice ?
Vous avez su du trône aplanir le chemin :
Et pour vous y placer, vous attendez sa main !

POLYPHONTE.

Entre ce trône et moi je vois un précipice ;
Il faut que ma fortune y tombe ou le franchisse.

Mérope attend Egisthe; et le peuple aujourd'hui,
Si son fils reparaît, peut se tourner vers lui.
En vain, quand j'immolai son père et ses deux frères,
De ce trône sanglant je m'ouvris les barrières;
En vain, dans ce palais, où la sédition
Remplissait tout d'horreur et de confusion,
Ma fortune a permis qu'un voile heureux et sombre
Couvrît mes attentats du secret de son ombre;
En vain du sang des rois, dont je suis l'oppresseur,
Les peuples abusés m'ont cru le défenseur :
Nous touchons au moment où mon sort se décide;
S'il reste un rejeton de la race d'Alcide,
Si ce fils, tant pleuré, dans Messène est produit,
De quinze ans de travaux j'ai perdu tout le fruit.
Crois-moi, ces préjugés de sang et de naissance
Revivront dans les cœurs, y prendront sa défense.
Le souvenir du père, et cent rois pour aïeux,
Cet honneur prétendu d'être issu de nos dieux,
Les cris, le désespoir d'une mère éplorée,
Détruiront ma puissance encor mal assurée.
Egisthe est l'ennemi dont il faut triompher;
Jadis dans son berceau je voulus l'étouffer.
De Narbas, à mes yeux, l'adroite diligence
Aux mains qui me servaient arracha son enfance :
Narbas, depuis ce temps, errant loin de ces bords,
A bravé ma recherche, a trompé mes efforts.
J'arrêtai ses courriers; ma juste prévoyance
De Mérope et de lui rompit l'intelligence.
Mais je connais le sort, il peut se démentir;
De la nuit du silence un secret peut sortir;

Et des Dieux quelquefois la longue patience,
Fait sur nous à pas lents descendre la vengeance *.

ÉROX.

Ah! livrez-vous sans crainte à vos heureux destins,
La prudence est le dieu qui veille à vos desseins.
Vos ordres sont suivis : déjà vos satellites
D'Elide et de Messène occupent les limites.
Si Narbas reparaît, si jamais à leurs yeux
Narbas ramène Egisthe, ils périssent tous deux.

POLYPHONTE.

Mais me réponds-tu bien de leur aveugle zèle?

ÉROX.

Vous les avez guidés par une main fidèle;
Aucun d'eux ne connaît ce sang qui doit couler,
Ni le nom de ce roi qu'ils doivent immoler.
Narbas leur est dépeint comme un traître, un transfuge,
Un criminel errant qui demande un refuge;
L'autre, comme un esclave et comme un meurtrier,
Qu'à la rigueur des lois il faut sacrifier.

POLYPHONTE.

Eh bien! encor ce crime! il m'est trop nécessaire.
Mais en perdant le fils, j'ai besoin de la mère;
J'ai besoin d'un hymen utile à ma grandeur,
Qui détourne de moi le nom d'usurpateur,
Qui fixe enfin les vœux de ce peuple infidèle,
Qui m'apporte pour dot l'amour qu'on a pour elle.
Je lis au fond des cœurs; à peine ils sont à moi :

---

* Imitation de cette pensée d'Horace (Lib. III, ode 11) :

    Raro antecedentem scelestum
    Deseruit pede pœna claudo.

ACTE I, SCÈNE IV.

Echauffés par l'espoir, ou glacés par l'effroi,
L'intérêt me les donne, il les ravit de même.
Toi, dont le sort dépend de ma grandeur suprême,
Appui de mes projets par tes soins dirigés,
Erox, va réunir les esprits partagés :
Que l'avare en secret te vende son suffrage;
Assure au courtisan ma faveur en partage;
Du lâche qui balance échauffe les esprits :
Promets, donne, conjure, intimide, éblouis.
Ce fer au pied du trône en vain m'a su conduire;
C'est encor peu de vaincre, il faut savoir séduire,
Flatter l'hydre du peuple, au frein l'accoutumer,
Et pousser l'art enfin jusqu'à m'en faire aimer.

FIN DU PREMIER ACTE.

ACTE SECOND.

SCÈNE I.

MÉROPE, EURYCLÈS, ISMÉNIE.

MÉROPE.

Quoi ! l'univers se tait sur le destin d'Egisthe !
Je n'entends que trop bien ce silence si triste.
Aux frontières d'Elide enfin n'a-t-on rien su ?

EURYCLÈS.

On n'a rien découvert ; et tout ce qu'on a vu,
C'est un jeune étranger, de qui la main sanglante
D'un meurtre encor récent paraissait dégouttante ;
Enchaîné par mon ordre, on l'amène au palais.

MÉROPE.

Un meurtre ! un inconnu ! Qu'a-t-il fait, Euryclès ?
Quel sang a-t-il versé ? Vous me glacez de crainte.

EURYCLÈS.

Triste effet de l'amour dont votre ame est atteinte !
Le moindre événement vous porte un coup mortel ;
Tout sert à déchirer ce cœur trop maternel ;
Tout fait parler en vous la voix de la nature.
Mais de ce meurtrier la commune aventure
N'a rien dont vos esprits doivent être agités.
De crimes, de brigands, ces bords sont infectés ;

C'est le fruit malheureux de nos guerres civiles.
La justice est sans force; et nos champs et nos villes
Redemandent aux Dieux, trop long-temps négligés,
Le sang des citoyens l'un par l'autre égorgés.
Ecartez des terreurs dont le poids vous afflige.

MÉROPE.

Quel est cet inconnu? Répondez-moi, vous dis-je.

EURYCLÈS.

C'est un de ces mortels du sort abandonnés,
Nourris dans la bassesse, aux travaux condamnés;
Un malheureux sans nom, si l'on croit l'apparence.

MÉROPE.

N'importe, quel qu'il soit, qu'il vienne en ma présence.
Le témoin le plus vil et les moindres clartés
Nous montrent quelquefois de grandes vérités.
Peut-être j'en crois trop le trouble qui me presse;
Mais ayez-en pitié, respectez ma faiblesse :
Mon cœur a tout à craindre; et rien à négliger.
Qu'il vienne, je le veux; je veux l'interroger.

EURYCLÈS.
(À Isménie.)

Vous serez obéie. Allez, et qu'on l'amène;
Qu'il paraisse à l'instant aux regards de la reine.

MÉROPE.

Je sens que je vais prendre un inutile soin.
Mon désespoir m'aveugle, il m'emporte trop loin :
Vous savez s'il est juste. On comble ma misère;
On détrône le fils; on outrage la mère.
Polyphonte, abusant de mon triste destin,
Ose enfin s'oublier jusqu'à m'offrir sa main.

EURYCLÈS.

Vos malheurs sont plus grands que vous ne pouvez croire.
Je sais que cet hymen offense votre gloire :
Mais je vois qu'on l'exige; et le sort irrité
Vous fait de cet opprobre une nécessité.
C'est un cruel parti : mais c'est le seul peut-être
Qui pourrait conserver le trône à son vrai maître.
Tel est le sentiment des chefs et des soldats;
Et l'on croit...

MÉROPE.

Non, mon fils ne le souffrirait pas.
L'exil, où son enfance a langui condamnée,
Lui serait moins affreux que ce lâche hyménée.

EURYCLÈS.

Il le condamnerait, si, paisible en son rang,
Il n'en croyait ici que les droits de son sang;
Mais si par les malheurs son ame était instruite,
Sur ses vrais intérêts s'il réglait sa conduite,
De ses tristes amis s'il consultait la voix,
Et la nécessité, souveraine des lois,
Il verrait que jamais sa malheureuse mère
Ne lui donna d'amour une marque plus chère.

MÉROPE.

Ah! que me dites-vous?

EURYCLÈS.

De dures vérités,
Que m'arrachent mon zèle et vos calamités.

MÉROPE.

Quoi! vous me demandez que l'intérêt surmonte
Cette invincible horreur que j'ai pour Polyphonte,

ACTE II, SCÈNE I.

Vous qui me l'avez peint de si noires couleurs!
EURYCLÈS.
Je l'ai peint dangereux, je connais ses fureurs;
Mais il est tout-puissant; mais rien ne lui résiste :
Il est sans héritier, et vous aimez Egisthe.
MÉROPE.
Ah! c'est ce même amour, à mon cœur précieux,
Qui me rend Polyphonte encor plus odieux.
Que parlez-vous toujours et d'hymen et d'empire?
Parlez-moi de mon fils; dites-moi s'il respire.
Cruel! apprenez-moi...
EURYCLÈS.
Voici cet étranger
Que vos tristes soupçons brûlaient d'interroger.

SCÈNE II.

MÉROPE, EURYCLÈS, ÉGISTHE *enchaîné,*
ISMÉNIE, GARDES.

ÉGISTHE, *dans le fond du théâtre, à Isménie.*
Est-ce là cette reine auguste et malheureuse,
Celle de qui la gloire et l'infortune affreuse
Retentit jusqu'à moi dans le fond des déserts?
ISMÉNIE.
Rassurez-vous, c'est elle.
(Elle sort.)
ÉGISTHE.
O Dieu de l'univers!
Dieu, qui formas ses traits, veille sur ton image!
La vertu sur le trône est ton plus digne ouvrage.

MÉROPE.

C'est-là ce meurtrier? Se peut-il qu'un mortel
Sous des dehors si doux ait un cœur si cruel?
Approche, malheureux, et dissipe tes craintes.
Réponds-moi : de quel sang tes mains sont-elles teintes?

ÉGISTHE.

O Reine! pardonnez. Le trouble, le respect,
Glacent ma triste voix tremblante à votre aspect.
  (*A Euryclès.*)
Mon ame en sa présence, étonnée, attendrie...

MÉROPE.

Parle. De qui ton bras a-t-il tranché la vie?

ÉGISTHE.

D'un jeune audacieux que les arrêts du sort
Et ses propres fureurs ont conduit à la mort.

MÉROPE.

D'un jeune homme! Mon sang s'est glacé dans mes veines.
Ah!... T'était-il connu?

ÉGISTHE.

    Non, les champs de Messènes,
Ses murs, leurs citoyens, tout est nouveau pour moi.

MÉROPE.

Quoi! ce jeune inconnu s'est armé contre toi?
Tu n'aurais employé qu'une juste défense?

ÉGISTHE.

J'en atteste le Ciel; il sait mon innocence.
Aux bords de la Pamise, en un temple sacré,
Où l'un de vos aïeux, Hercule, est adoré,
J'osais prier pour vous ce dieu vengeur des crimes :
Je ne pouvais offrir ni présents ni victimes;

ACTE II, SCÈNE II.

Né dans la pauvreté, j'offrais de simples vœux,
Un cœur pur et soumis, présent des malheureux.
Il semblait que le Dieu, touché de mon hommage,
Au-dessus de moi-même élevât mon courage.
Deux inconnus armés m'ont abordé soudain,
L'un dans la fleur des ans, l'autre vers son déclin.
Quel est donc, m'ont-ils dit, le dessein qui te guide?
Et quels vœux formes-tu pour la race d'Alcide?
L'un et l'autre à ces mots ont levé le poignard.
Le Ciel m'a secouru dans ce triste hasard.
Cette main, du plus jeune a puni la furie;
Percé de coups, Madame, il est tombé sans vie :
L'autre a fui lâchement, tel qu'un vil assassin.
Et moi, je l'avoûrai, de mon sort incertain,
Ignorant de quel sang j'avais rougi la terre,
Craignant d'être puni d'un meurtre involontaire,
J'ai traîné dans les flots ce corps ensanglanté.
Je fuyais; vos soldats m'ont bientôt arrêté :
Ils ont nommé Mérope, et j'ai rendu les armes.

EURYCLÈS.

Eh! Madame, d'où vient que vous versez des larmes?

MÉROPE.

Te le dirai-je? hélas! tandis qu'il m'a parlé,
Sa voix m'attendrissait, tout mon cœur s'est troublé.
Cresphonte, ô Ciel!.. j'ai cru... Que j'en rougis de honte!
Oui, j'ai cru démêler quelques traits de Cresphonte.
Jeux cruels du hasard, en qui me montrez-vous
Une si fausse image et des rapports si doux?
Affreux ressouvenir, quel vain songe m'abuse!

EURYCLÈS.

Rejetez donc, Madame, un soupçon qui l'accuse ;
Il n'a rien d'un barbare, et rien d'un imposteur.

MÉROPE.

Les Dieux ont sur son front imprimé la candeur.
Demeurez. En quel lieu le ciel vous fit-il naître ?

ÉGISTHE.

En Elide.

MÉROPE.

Qu'entends-je ! en Elide ! Ah ! peut-être...
L'Elide... répondez... Narbas vous est connu ?
Le nom d'Egisthe au moins jusqu'à vous est venu ?
Quel était votre état, votre rang, votre père ?

ÉGISTHE.

Mon père est un vieillard accablé de misère ;
Polyclète est son nom : mais Egisthe, Narbas,
Ceux dont vous me parlez, je ne les connais pas.

MÉROPE.

O Dieux ! vous vous jouez d'une triste mortelle !
J'avais de quelque espoir une faible étincelle ;
J'entrevoyais le jour, et mes yeux affligés
Dans la profonde nuit sont déjà replongés.
Et quel rang vos parents tiennent-ils dans la Grèce ?

ÉGISTHE.

Si la vertu suffit pour faire la noblesse,
Ceux dont je tiens le jour, Polyclète, Sirris,
Ne sont point des mortels dignes de vos mépris :
Leur sort les avilit ; mais leur sage constance
Fait respecter en eux l'honorable indigence.

ACTE II, SCÈNE II.

Sous ses rustiques toits, mon père vertueux
Fait le bien, suit les lois, et ne craint que les Dieux.

MÉROPE.

Chaque mot qu'il me dit est plein de nouveaux charmes.
Pourquoi donc le quitter? pourquoi causer ses larmes?
Sans doute il est affreux d'être privé d'un fils.

ÉGISTHE.

Un vain desir de gloire a séduit mes esprits.
On me parlait souvent des troubles de Messène,
Des malheurs dont le Ciel avait frappé la reine,
Surtout de ses vertus, dignes d'un autre prix :
Je me sentais ému par ces tristes récits.
De l'Elide en secret dédaignant la mollesse,
J'ai voulu dans la guerre exercer ma jeunesse,
Servir sous vos drapeaux, et vous offrir mon bras :
Voilà le seul dessein qui conduisit mes pas.
Ce faux instinct de gloire égara mon courage :
A mes parents, flétris sous les rides de l'âge,
J'ai de mes jeunes ans dérobé les secours :
C'est ma première faute ; elle a troublé mes jours.
Le Ciel m'en a puni ; le Ciel inexorable
M'a conduit dans le piége et m'a rendu coupable.

MÉROPE.

Il ne l'est point; j'en crois son ingénuité :
Le mensonge n'a point cette simplicité.
Tendons à sa jeunesse une main bienfaisante;
C'est un infortuné que le Ciel me présente.
Il suffit qu'il soit homme, et qu'il soit malheureux.
Mon fils peut éprouver un sort plus rigoureux.
Il me rappelle Egisthe ; Egisthe est de son âge :

Peut-être comme lui, de rivage en rivage,
Inconnu, fugitif, et partout rebuté,
Il souffre le mépris qui suit la pauvreté.
L'opprobre avilit l'ame, et flétrit le courage;
Pour le sang de nos Dieux quel horrible partage!
Si du moins...

SCÈNE III.

MÉROPE, ÉGISTHE, EURYCLÈS, ISMÉNIE.

ISMÉNIE.

Ah! Madame, entendez-vous ces cris?
Savez-vous bien...

MÉROPE.

Quel trouble alarme tes esprits?

ISMÉNIE.

Polyphonte l'emporte; et nos peuples volages
A son ambition prodiguent leurs suffrages.
Il est roi, c'en est fait.

ÉGISTHE.

J'avais cru que les Dieux
Auraient placé Mérope au rang de ses aïeux.
Dieux! que plus on est grand, plus vos coups sont à craindre!
Errant, abandonné, je suis le moins à plaindre.
Tout homme a ses malheurs.

(*On emmène Égisthe.*)

EURYCLÈS, *à Mérope.*

Je vous l'avais prédit :
Vous avez trop bravé son offre et son crédit.

MÉROPE.
Je vois toute l'horreur de l'abîme où nous sommes.
J'ai mal connu les Dieux, j'ai mal connu les hommes.
J'en attendais justice; ils la refusent tous.
EURYCLÈS.
Permettez que du moins j'assemble autour de vous
Ce peu de nos amis qui, dans un tel orage,
Pourraient encor sauver les débris du naufrage,
Et vous mettre à l'abri des nouveaux attentats
D'un maître dangereux et d'un peuple d'ingrats.

SCÈNE IV.

MÉROPE, ISMÉNIE.

ISMÉNIE.
L'Etat n'est point ingrat : non, Madame, on vous aime;
On vous conserve encor l'honneur du diadème :
On veut que Polyphonte, en vous donnant la main,
Semble tenir de vous le pouvoir souverain.
MÉROPE.
On ose me donner au tyran qui me brave;
On a trahi le fils, on fait la mère esclave!
ISMÉNIE.
Le peuple vous rappelle au rang de vos aïeux;
Suivez sa voix, Madame; elle est la voix des Dieux.
MÉROPE.
Inhumaine, tu veux que Mérope avilie
Rachète un vain honneur à force d'infamie!

SCÈNE V.

MÉROPE, EURYCLÈS, ISMÉNIE.

EURYCLÈS.

Madame, je reviens en tremblant devant vous :
Préparez ce grand cœur aux plus terribles coups ;
Rappelez votre force à ce dernier outrage.

MÉROPE.

Je n'en ai plus ; les maux ont lassé mon courage :
Mais n'importe, parlez.

EURYCLÈS.

C'en est fait ; et le sort...
Je ne puis achever.

MÉROPE.

Quoi ! mon fils !

EURYCLÈS.

Il est mort.
Il est trop vrai : déjà cette horrible nouvelle
Consterne vos amis, et glace tout leur zèle.

MÉROPE.

Mon fils est mort !

ISMÉNIE.

O Dieux !

EURYCLÈS.

D'indignes assassins
Des piéges de la mort ont semé les chemins.
Le crime est consommé.

MÉROPE.

Quoi ! ce jour que j'abhorre,

Ce soleil luit pour moi! Mérope vit encore!
Il n'est plus! Quelles mains ont déchiré son flanc?
Quel monstre a répandu les restes de mon sang?

EURYCLÈS.

Hélas! cet étranger, ce séducteur impie,
Dont vous-même admiriez la vertu poursuivie,
Pour qui tant de pitié naissait dans votre sein,
Lui que vous protégiez!...

MÉROPE.

Ce monstre est l'assassin?

EURYCLÈS.

Oui, Madame : on en a des preuves trop certaines :
On vient de découvrir, de mettre dans les chaînes
Deux de ses compagnons, qui, cachés parmi nous,
Cherchaient encor Narbas échappé de leurs coups.
Celui qui sur Egisthe a mis ses mains hardies
A pris de votre fils les dépouilles chéries,
L'armure que Narbas emporta de ces lieux;

(*On apporte cette armure dans le fond du théâtre.*)

Le traître avait jeté ces gages précieux,
Pour n'être point connu par ces marques sanglantes.

MÉROPE.

Ah! que me dites-vous? Mes mains, ces mains tremblantes
En armèrent Cresphonte, alors que de mes bras
Pour la première fois il courut aux combats.
O dépouille trop chère, en quelles mains livrée!
Quoi, ce monstre avait pris cette armure sacrée?

EURYCLÈS.

Celle qu'Egisthe même apportait en ces lieux.

MÉROPE.

Et teinte de son sang on la montre à mes yeux!
Ce vieillard qu'on a vu dans le temple d'Alcide...

EURYCLÈS.

C'était Narbas, c'était son déplorable guide;
Polyphonte l'avoue.

MÉROPE.

Affreuse vérité!
Hélas! de l'assassin le bras ensanglanté,
Pour dérober aux yeux son crime et son parjure,
Donne à mon fils sanglant les flots pour sépulture!
Je vois tout. O mon fils, quel horrible destin!

EURYCLÈS.

Voulez-vous tout savoir de ce lâche assassin?

SCÈNE VI.

MÉROPE, EURYCLÈS, ISMÉNIE, ÉROX, GARDES DE POLYPHONTE.

ÉROX.

Madame, par ma voix, permettez que mon maître
Trop dédaigné de vous, trop méconnu peut-être,
Dans ces cruels moments vous offre son secours.
Il a su que d'Egisthe on a tranché les jours;
Et cette part qu'il prend aux malheurs de la reine...

MÉROPE.

Il y prend part, Erox, et je le crois sans peine;
Il en jouit du moins, et les destins l'ont mis
Au trône de Cresphonte, au trône de mon fils.

ACTE II, SCÈNE VI.

ÉROX.

Il vous offre ce trône; agréez qu'il partage
De ce fils, qui n'est plus, le sanglant héritage,
Et que dans vos malheurs il mette à vos genoux
Un front que la couronne a fait digne de vous.
Mais il faut dans mes mains remettre le coupable;
Le droit de le punir est un droit respectable :
C'est le devoir des rois; le glaive de Thémis,
Ce grand soutien du trône, à lui seul est commis :
A vous, comme à son peuple, il veut rendre justice.
Le sang des assassins est le vrai sacrifice
Qui doit de votre hymen ensanglanter l'autel.

MÉROPE.

Non, je veux que ma main porte le coup mortel.
Si Polyphonte est roi, je veux que sa puissance
Laisse à mon désespoir le soin de ma vengeance.
Qu'il règne, qu'il possède et mes biens et mon rang;
Tout l'honneur que je veux, c'est de venger mon sang.
Ma main est à ce prix; allez, qu'il s'y prépare :
Je la retirerai du sein de ce barbare,
Pour la porter fumante aux autels de nos dieux.

ÉROX.

Le roi, n'en doutez point, va remplir tous vos vœux.
Croyez qu'à vos regrets son cœur sera sensible.

SCÈNE VII.

MÉROPE, EURYCLÈS, ISMÉNIE.

MÉROPE.

Non, ne m'en croyez point; non, cet hymen horrible,
Cet hymen que je crains, ne s'accomplira pas.
Au sein du meurtrier j'enfoncerai mon bras;
Mais ce bras à l'instant m'arrachera la vie.

EURYCLÈS.

Madame, au nom des Dieux...

MÉROPE.

Ils m'ont trop poursuivie.
Irai-je à leurs autels, objet de leur courroux,
Quand ils m'ôtent un fils, demander un époux,
Joindre un sceptre étranger au sceptre de mes pères,
Et les flambeaux d'hymen aux flambeaux funéraires?
Moi, vivre! moi, lever mes regards éperdus
Vers ce ciel outragé que mon fils ne voit plus!
Sous un maître odieux dévorant ma tristesse,
Attendre dans les pleurs une affreuse vieillesse!
Quand on a tout perdu, quand on n'a plus d'espoir,
La vie est un opprobre, et la mort un devoir.

FIN DU SECOND ACTE.

ACTE TROISIÈME.

SCÈNE I.

NARBAS.

O douleur! ô regrets! ô vieillesse pesante!
Je n'ai pu retenir cette fougue imprudente,
Cette ardeur d'un héros, ce courage emporté,
S'indignant dans mes bras de son obscurité.
Je l'ai perdu! la mort me l'a ravi peut-être.
De quel front aborder la mère de mon maître?
Quels maux sont, en ces lieux, accumulés sur moi!
Je reviens sans Egisthe; et Polyphonte est roi!
Cet heureux artisan de fraudes et de crimes,
Cet assassin farouche, entouré de victimes,
Qui, nous persécutant de climats en climats,
Sema partout la mort attachée à nos pas :
Il règne, il affermit le trône qu'il profane;
Il y jouit en paix du ciel qui le condamne! *
Dieux! cachez mon retour à ses yeux pénétrants.
Dieux! dérobez Egisthe au fer de ses tyrans.
Guidez-moi vers sa mère, et qu'à ses pieds je meure.
Je vois, je reconnais cette triste demeure,

---

* Imitation de Juvénal (Satir. 1, 49) :

...... Et fruitur Dis
Iratis.

Où le meilleur des rois a reçu le trépas,
Où son fils tout sanglant fut sauvé dans mes bras.
Hélas! après quinze ans d'exil et de misère,
Je viens coûter encor des larmes à sa mère.
A qui me déclarer? Je cherche dans ces lieux
Quelque ami dont la main me conduise à ses yeux;
Aucun ne se présente à ma débile vue.
Je vois près d'une tombe une foule éperdue;
J'entends des cris plaintifs. Hélas! dans ce palais
Un dieu persécuteur habite pour jamais.

SCÈNE II.

NARBAS, ISMÉNIE, *dans le fond du théâtre, où l'on découvre le tombeau de Cresphonte.*

ISMÉNIE.

Quel est cet inconnu dont la vue indiscrète
Ose troubler la reine, et percer sa retraite?
Est-ce de nos tyrans quelque ministre affreux,
Dont l'œil vient épier les pleurs des malheureux?

NARBAS.

O! qui que vous soyez, excusez mon audace;
C'est un infortuné qui demande une grâce.
Il peut servir Mérope; il voudrait lui parler.

ISMÉNIE.

Ah! quel temps prenez-vous pour oser la troubler?
Respectez la douleur d'une mère éperdue;
Malheureux étranger, n'offensez point sa vue:
Eloignez-vous.

NARBAS.

Hélas! au nom des Dieux vengeurs,
Accordez cette grâce à mon âge, à mes pleurs.
Je ne suis point, Madame, étranger dans Messène.
Croyez, si vous servez, si vous aimez la reine,
Que mon cœur, à son sort attaché comme vous,
De sa longue infortune a senti tous les coups.
Quelle est donc cette tombe en ces lieux élevée
Que j'ai vu de vos pleurs en ce moment lavée?

ISMÉNIE.

C'est la tombe d'un roi, des Dieux abandonné,
D'un héros, d'un époux, d'un père infortuné,
De Cresphonte.

NARBAS, *allant vers le tombeau.*

O mon maître! ô cendres que j'adore!

ISMÉNIE.

L'épouse de Cresphonte est plus à plaindre encore.

NARBAS.

Quels coups auraient comblé ses malheurs inouïs?

ISMÉNIE.

Le coup le plus terrible; on a tué son fils.

NARBAS.

Son fils Égisthe, ô Dieux! le malheureux Égisthe!

ISMÉNIE.

Nul mortel en ces lieux n'ignore un sort si triste.

NARBAS.

Son fils ne serait plus?

ISMÉNIE.

Un barbare assassin
Aux portes de Messène a déchiré son sein.

NARBAS.

O désespoir! ô mort que ma crainte a prédite!
Il est assassiné! Mérope en est instruite?
Ne vous trompez-vous pas?

ISMÉNIE.

Des signes trop certains
Ont éclairé nos yeux sur ses affreux destins.
C'est vous en dire assez; sa perte est assurée.

NARBAS.

Quel fruit de tant de soins!

ISMÉNIE.

Au désespoir livrée
Mérope va mourir; son courage est vaincu :
Pour son fils seulement Mérope avait vécu :
Des nœuds qui l'arrêtaient, sa vie est dégagée;
Mais avant de mourir elle sera vengée.
Le sang de l'assassin par sa main doit couler;
Au tombeau de Cresphonte elle va l'immoler.
Le roi qui l'a permis, cherche à flatter sa peine;
Un des siens en ces lieux doit aux pieds de la reine
Amener à l'instant ce lâche meurtrier,
Qu'au sang d'un fils si cher on va sacrifier.
Mérope cependant, dans sa douleur profonde,
Veut de ce lieu funeste écarter tout le monde.

NARBAS, *s'en allant.*

Hélas! s'il est ainsi, pourquoi me découvrir?
Au pied de ce tombeau je n'ai plus qu'à mourir.

SCÈNE III.

ISMÉNIE, *seule.*

Ce vieillard est sans doute un citoyen fidèle ;
Il pleure, il ne craint point de marquer un vrai zèle :
Il pleure, et tout le reste, esclave des tyrans,
Détourne loin de nous des yeux indifférents.
Quel si grand intérêt prend-il à nos alarmes ?
La tranquille pitié fait verser moins de larmes.
Il montrait pour Égisthe un cœur trop paternel !
Hélas ! courons à lui... Mais quel objet cruel !

SCÈNE IV.

MÉROPE, ISMÉNIE, EURYCLÈS, ÉGISTHE,
enchaîné, GARDES, SACRIFICATEURS.

MÉROPE.

Qu'on amène à mes yeux cette horrible victime.
Inventons des tourments qui soient égaux au crime ;
Ils ne pourront jamais égaler ma douleur.

ÉGISTHE.

On m'a vendu bien cher un instant de faveur.
Secourez-moi, grands Dieux, à l'innocent propices !

EURYCLÈS.

Avant que d'expirer, qu'il nomme ses complices.

MÉROPE, *avançant.*

Oui, sans doute, il le faut. Monstre ! qui t'a porté
A ce comble du crime, à tant de cruauté ?
Que t'ai-je fait ?

ÉGISTHE.

Les Dieux, qui vengent le parjure,

Sont témoins si ma bouche a connu l'imposture.
J'avais dit à vos pieds la simple vérité;
J'avais déjà fléchi votre cœur irrité;
Vous étendiez sur moi votre main protectrice :
Qui peut avoir sitôt lassé votre justice?
Et quel est donc ce sang qu'a versé mon erreur?
Quel nouvel intérêt vous parle en sa faveur?

MÉROPE.

Quel intérêt? barbare!

ÉGISTHE.

Hélas! sur son visage
J'entrevois de la mort la douloureuse image :
Que j'en suis attendri! j'aurais voulu cent fois
Racheter de mon sang l'état où je la vois.

MÉROPE.

Le cruel! à quel point on l'instruisit à feindre!
Il m'arrache la vie, et semble encor me plaindre.

(*Elle se jette dans les bras d'Isménie.*)

EURYCLÈS.

Madame, vengez-vous, et vengez à-la-fois
Les lois et la nature, et le sang de nos rois.

ÉGISTHE.

A la cour de ces rois telle est donc la justice!
On m'accueille, on me flatte, on résout mon supplice.
Quel destin m'arrachait à mes tristes forêts?
Vieillard infortuné, quels seront vos regrets!
Mère trop malheureuse, et dont la voix si chère
M'avait prédit...

MÉROPE.

Barbare! il te reste une mère.

ACTE III, SCÈNE IV.

Je serais mère encor sans toi, sans ta fureur.
Tu m'as ravi mon fils.

ÉGISTHE.

Si tel est mon malheur,
S'il était votre fils, je suis trop condamnable.
Mon cœur est innocent, mais ma main est coupable.
Que je suis malheureux! Le Ciel sait qu'aujourd'hui
J'aurais donné ma vie et pour vous et pour lui.

MÉROPE.

Quoi, traître! quand ta main lui ravit cette armure...

ÉGISTHE.

Elle est à moi.

MÉROPE.

Comment? que dis-tu?

ÉGISTHE.

Je vous jure,
Par vous, par ce cher fils, par vos divins aïeux,
Que mon père en mes mains mit ce don précieux.

MÉROPE.

Qui? ton père? En Élide? En quel trouble il me jette!
Son nom? parle : réponds.

ÉGISTHE.

Son nom est Polyclète :
Je vous l'ai déjà dit.

MÉROPE.

Tu m'arraches le cœur.
Quelle indigne pitié suspendait ma fureur!
C'en est trop; secondez la rage qui me guide.
Qu'on traîne à ce tombeau ce monstre, ce perfide.
(Levant le poignard.)
Mânes de mon cher fils, mes bras ensanglantés...

NARBAS, *paraissant avec précipitation.*

Qu'allez-vous faire? ô Dieux!

MÉROPE.

Qui m'appelle?

NARBAS.

Arrêtez!
Hélas! il est perdu si je nomme sa mère,
S'il est connu.

MÉROPE.

Meurs, traître!

NARBAS.

Arrêtez!

ÉGISTHE, *tournant les yeux vers Narbas.*

O mon père!

MÉROPE.

Son père!

ÉGISTHE, *à Narbas.*

Hélas! que vois-je? où portez-vous vos pas?
Venez-vous être ici témoin de mon trépas?

NARBAS.

Ah! Madame, empêchez qu'on achève le crime.
Euryclès, écoutez, écartez la victime :
Que je vous parle.

EURYCLÈS *emmène Egisthe, et ferme le fond du théâtre.*

O Ciel!

MÉROPE, *s'avançant.*

Vous me faites trembler :
J'allais venger mon fils.

ACTE III, SCÈNE IV.

NARBAS, *se jetant à genoux.*

Vous alliez l'immoler.

Egisthe...

MÉROPE, *laissant tomber le poignard.*

Eh bien, Egisthe?

NARBAS.

O reine infortunée!
Celui dont votre main tranchait la destinée,
C'est Egisthe...

MÉROPE.

Il vivrait!

NARBAS.

C'est lui, c'est votre fils.

MÉROPE, *tombant dans les bras d'Isménie.*

Je me meurs!

ISMÉNIE.

Dieux puissants!

NARBAS, *à Isménie.*

Rappelez ses esprits.
Hélas! ce juste excès de joie et de tendresse,
Ce trouble si soudain, ce remords qui la presse,
Vont consumer ses jours usés par la douleur.

MÉROPE, *revenant à elle.*

Ah, Narbas, est-ce vous? est-ce un songe trompeur?
Quoi! c'est vous! c'est mon fils! qu'il vienne, qu'il paraisse.

NARBAS.

Redoutez, renfermez cette juste tendresse.

(*A Isménie.*)

Vous, cachez à jamais ce secret important,
Le salut de la reine et d'Egisthe en dépend.

MÉROPE.
Ah! quel nouveau danger empoisonne ma joie!
Cher Egisthe! quel Dieu défend que je te voie?
Ne m'est-il donc rendu que pour mieux m'affliger?

NARBAS.
Ne le connaissant pas, vous alliez l'égorger;
Et si son arrivée est ici découverte,
En le reconnaissant vous assurez sa perte.
Malgré la voix du sang, feignez, dissimulez;
Le crime est sur le trône, on vous poursuit, tremblez.

SCÈNE V.

MÉROPE, EURYCLÈS, NARBAS, ISMÉNIE.

EURYCLÈS.
Ah! Madame, le roi commande qu'on saisisse...

MÉROPE.
Qui?

EURYCLÈS.
Ce jeune étranger qu'on destine au supplice.

MÉROPE, *avec transport.*
Eh bien! cet étranger, c'est mon fils, c'est mon sang.
Narbas, on va plonger le couteau dans son flanc!
Courons tous.

NARBAS.
Demeurez.

MÉROPE.
C'est mon fils qu'on entraîne.
Pourquoi? quelle entreprise exécrable et soudaine!
Pourquoi m'ôter Egisthe?

EURYCLÈS.

                    Avant de vous venger,
Polyphonte, dit-il, prétend l'interroger.

MÉROPE.

L'interroger? qui? lui! sait-il quelle est sa mère?

EURYCLÈS.

Nul ne soupçonne encor ce terrible mystère.

MÉROPE.

Courons à Polyphonte; implorons son appui.

NARBAS.

N'implorez que les Dieux, et ne craignez que lui.

EURYCLÈS.

Si les droits de ce fils font au roi quelque ombrage,
De son salut au moins votre hymen est le gage.
Prêt à s'unir à vous d'un éternel lien,
Votre fils aux autels va devenir le sien.
Et dût sa politique en être encor jalouse,
Il faut qu'il serve Egisthe, alors qu'il vous épouse.

NARBAS.

Il vous épouse! lui? quel coup de foudre! ô ciel!

MÉROPE.

C'est mourir trop long-temps dans ce trouble cruel.
Je vais...

NARBAS.

            Vous n'irez point, ô mère déplorable!
Vous n'accomplirez point cet hymen exécrable.

EURYCLÈS.

Narbas, elle est forcée à lui donner la main.
Il peut venger Cresphonte.

NARBAS.
Il en est l'assassin.
MÉROPE.
Lui, ce traître !
NARBAS.
Oui, lui-même; oui, ses mains sanguinaires
Ont égorgé d'Egisthe et le père et les frères :
Je l'ai vu sur mon roi, j'ai vu porter les coups,
Je l'ai vu tout couvert du sang de votre époux.
MÉROPE.
Ah Dieux !
NARBAS.
J'ai vu ce monstre entouré de victimes :
Je l'ai vu contre vous accumuler les crimes.
Il déguisa sa rage à force de forfaits;
Lui-même aux ennemis il ouvrit ce palais :
Il y porta la flamme; et parmi le carnage,
Parmi les traits, les feux, le trouble, le pillage,
Teint du sang de vos fils, mais des brigands vainqueur,
Assassin de son prince, il parut son vengeur.
D'ennemis, de mourants, vous étiez entourée;
Et moi, perçant à peine une foule égarée,
J'emportai votre fils dans mes bras languissants.
Les Dieux ont pris pitié de ses jours innocents;
Je l'ai conduit seize ans de retraite en retraite,
J'ai pris pour me cacher le nom de Polyclète;
Et lorsqu'en arrivant je l'arrache à vos coups,
Polyphonte est son maître, et devient votre époux !
MÉROPE.
Ah ! tout mon sang se glace à ce récit horrible.

EURYCLÈS.
On vient : c'est Polyphonte.
MÉROPE.
O Dieux ! est-il possible ?
(*A Narbas.*)
Va, dérobe surtout ta vue à sa fureur.
NARBAS.
Hélas ! si votre fils est cher à votre cœur,
Avec son assassin dissimulez, Madame.
EURYCLÈS.
Renfermons ce secret dans le fond de notre ame.
Un seul mot peut le perdre.
MÉROPE, *à Euryclès.*
Ah ! cours; et que tes yeux
Veillent sur ce dépôt si cher, si précieux.
EURYCLÈS.
N'en doutez point.
MÉROPE.
Hélas ! j'espère en ta prudence :
C'est mon fils, c'est ton roi. Dieux ! ce monstre s'avance.

SCÈNE VI.

MÉROPE, POLYPHONTE, ÉROX, ISMÉNIE, suite.

POLYPHONTE.
Le trône vous attend, et les autels sont prêts ;
L'hymen qui va nous joindre, unit nos intérêts.
Comme roi, comme époux, le devoir me commande
Que je venge le meurtre, et que je vous défende.
Deux complices déjà, par mon ordre saisis,

Vont payer de leur sang le sang de votre fils.
Mais, malgré tous mes soins, votre lente vengeance
A bien mal secondé ma prompte vigilance.
J'avais à votre bras remis cet assassin;
Vous-même, disiez-vous, deviez percer son sein.

MÉROPE.

Plût aux Dieux que mon bras fût le vengeur du crime!

POLYPHONTE.

C'est le devoir des rois, c'est le soin qui m'anime.

MÉROPE.

Vous?

POLYPHONTE.

Pourquoi donc, Madame, avez-vous différé?
Votre amour pour un fils serait-il altéré?

MÉROPE.

Puissent ses ennemis périr dans les supplices!
Mais si ce meurtrier, Seigneur, a des complices;
Si je pouvais par lui reconnaître le bras,
Le bras dont mon époux a reçu le trépas...
Ceux dont la race impie a massacré le père
Poursuivront à jamais et le fils et la mère.
Si l'on pouvait...

POLYPHONTE.

C'est-là ce que je veux savoir;
Et déjà le coupable est mis en mon pouvoir.

MÉROPE.

Il est entre vos mains?

POLYPHONTE.

Oui, Madame, et j'espère
Percer en lui parlant ce ténébreux mystère.

MÉROPE.

Ah! barbare!... A moi seule il faut qu'il soit remis.
Rendez-moi... Vous savez que vous l'avez promis.
  (*A part.*)
O mon sang! ô mon fils! quel sort on vous prépare!
  (*A Polyphonte.*)
Seigneur, ayez pitié...

POLYPHONTE.

Quel transport vous égare!
Il mourra.

MÉROPE.

Lui?

POLYPHONTE.

Sa mort pourra vous consoler.

MÉROPE.

Ah! je veux à l'instant le voir et lui parler.

POLYPHONTE.

Ce mélange inouï d'horreur et de tendresse,
Ces transports dont votre ame à peine est la maîtresse,
Ces discours commencés, ce visage interdit,
Pourraient de quelque ombrage alarmer mon esprit.
Mais puis-je m'expliquer avec moins de contrainte?
D'un déplaisir nouveau votre ame semble atteinte.
Qu'a donc dit ce vieillard que l'on vient d'amener?
Pourquoi fuit-il mes yeux? que dois-je en soupçonner?
Quel est-il?

MÉROPE.

Eh! Seigneur, à peine sur le trône,
La crainte, le soupçon déjà vous environne!

POLYPHONTE.

Partagez donc ce trône : et, sûr de mon bonheur,
Je verrai les soupçons exilés de mon cœur.
L'autel attend déjà Mérope et Polyphonte.

MÉROPE, *en pleurant.*

Les Dieux vous ont donné le trône de Cresphonte :
Il y manquait sa femme ; et ce comble d'horreur,
Ce crime épouvantable...

ISMÉNIE.

Eh, Madame!

MÉROPE.

Ah, Seigneur,
Pardonnez... Vous voyez une mère éperdue.
Les Dieux m'ont tout ravi, les Dieux m'ont confondue.
Pardonnez... De mon fils rendez-moi l'assassin.

POLYPHONTE.

Tout son sang, s'il le faut, va couler sous ma main.
Venez, Madame.

MÉROPE.

O Dieux! dans l'horreur qui me presse,
Secourez une mère, et cachez sa faiblesse.

FIN DU TROISIÈME ACTE.

ACTE QUATRIÈME.

SCÈNE I.

POLYPHONTE, ÉROX.

POLYPHONTE.

A ses emportements, je croirais qu'à la fin
Elle a de son époux reconnu l'assassin ;
Je croirais que ses yeux ont éclairé l'abîme
Où dans l'impunité s'était caché mon crime.
Son cœur avec effroi se refuse à mes vœux ;
Mais ce n'est pas son cœur, c'est sa main que je veux :
Telle est la loi du peuple ; il le faut satisfaire.
Cet hymen m'asservit et le fils et la mère ;
Et, par ce nœud sacré qui la met dans mes mains,
Je n'en fais qu'une esclave utile à mes desseins.
Qu'elle écoute à son gré son impuissante haine ;
Au char de ma fortune il est temps qu'on l'enchaîne.
Mais vous, au meurtrier vous venez de parler ;
Que pensez-vous de lui ?

ÉROX.

Rien ne peut le troubler.
Simple dans ses discours, mais ferme, invariable,
La mort ne fléchit point cette ame impénétrable.
J'en suis frappé, Seigneur, et je n'attendais pas
Un courage aussi grand dans un rang aussi bas.

J'avoûrai qu'en secret moi-même je l'admire.
POLYPHONTE.
Quel est-il, en un mot ?
ÉROX.
Ce que j'ose vous dire,
C'est qu'il n'est point sans doute un de ces assassins
Disposés en secret pour servir vos desseins.
POLYPHONTE.
Pouvez-vous en parler avec tant d'assurance ?
Leur conducteur n'est plus. Ma juste défiance
A pris soin d'effacer, dans son sang dangereux,
De ce secret d'Etat les vestiges honteux ;
Mais ce jeune inconnu me tourmente et m'attriste.
Me répondez-vous bien qu'il m'ait défait d'Egisthe ?
Croirai-je que, toujours soigneux de m'obéir,
Le sort jusqu'à ce point m'ait voulu prévenir ?
ÉROX.
Mérope, dans les pleurs mourant désespérée,
Est de votre bonheur une preuve assurée ;
Et tout ce que je vois le confirme en effet.
Plus fort que tous nos soins, le hasard a tout fait.
POLYPHONTE.
Le hasard va souvent plus loin que la prudence ;
Mais j'ai trop d'ennemis, et trop d'expérience,
Pour laisser le hasard arbitre de mon sort.
Quel que soit l'étranger, il faut hâter sa mort.
Sa mort sera le prix de cet hymen auguste ;
Elle affermit mon trône : il suffit, elle est juste.
Le peuple, sous mes lois pour jamais engagé,
Croira son prince mort, et le croira vengé.

Mais répondez : quel est ce vieillard téméraire
Qu'on dérobe à ma vue avec tant de mystère ?
Mérope allait verser le sang de l'assassin :
Ce vieillard, dites-vous, a retenu sa main.
Que voulait-il ?

ÉROX.

Seigneur, chargé de sa misère,
De ce jeune étranger ce vieillard est le père :
Il venait implorer la grâce de son fils.

POLYPHONTE.

Sa grâce ? Devant moi je veux qu'il soit admis.
Ce vieillard me trahit, crois-moi, puisqu'il se cache.
Ce secret m'importune, il faut que je l'arrache.
Le meurtrier surtout excite mes soupçons.
Pourquoi, par quel caprice, et par quelles raisons
La reine, qui tantôt pressait tant son supplice,
N'ose-t-elle achever ce juste sacrifice ?
La pitié paraissait adoucir ses fureurs ;
Sa joie éclatait même à travers ses douleurs.

ÉROX.

Qu'importe sa pitié, sa joie et sa vengeance ?

POLYPHONTE.

Tout m'importe, et de tout je suis en défiance.
Elle vient : qu'on m'amène ici cet étranger.

SCÈNE II.

POLYPHONTE, ÉROX, ÉGISTHE, EURYCLÈS, MÉROPE, ISMÉNIE, GARDES.

MÉROPE.

Remplissez vos serments, songez à me venger :
Qu'à mes mains, à moi seule, on laisse la victime.
POLYPHONTE.
La voici devant vous. Votre intérêt m'anime.
Vengez-vous, baignez-vous au sang du criminel ;
Et sur son corps sanglant je vous mène à l'autel.
MÉROPE.
Ah Dieux !
ÉGISTHE, à *Polyphonte.*
Tu vends mon sang à l'hymen de la reine ;
Ma vie est peu de chose, et je mourrai sans peine :
Mais je suis malheureux, innocent, étranger ;
Si le ciel t'a fait roi, c'est pour me protéger.
J'ai tué justement un injuste adversaire.
Mérope veut ma mort ; je l'excuse, elle est mère :
Je bénirai ses coups prêts à tomber sur moi ;
Et je n'accuse ici qu'un tyran tel que toi.
POLYPHONTE.
Malheureux ! oses-tu, dans ta rage insolente...
MÉROPE.
Eh ! Seigneur, excusez sa jeunesse imprudente.
Elevé loin des cours, et nourri dans les bois,
Il ne sait pas encor ce qu'on doit à des rois.

ACTE IV, SCÈNE II.

POLYPHONTE.

Qu'entends-je! quel discours! quelle surprise extrême!
Vous, le justifier!

MÉROPE.

Qui, moi, Seigneur?

POLYPHONTE.

Vous-même.
De cet égarement sortirez-vous enfin?
De votre fils, Madame, est-ce ici l'assassin?

MÉROPE.

Mon fils, de tant de rois le déplorable reste,
Mon fils, enveloppé dans un piége funeste,
Sous les coups d'un barbare...

ISMÉNIE.

O Ciel! que faites-vous?

POLYPHONTE.

Quoi! vos regards sur lui se tournent sans courroux?
Vous tremblez à sa vue, et vos yeux s'attendrissent?
Vous voulez me cacher les pleurs qui les remplissent?

MÉROPE.

Je ne les cache point; ils paraissent assez :
La cause en est trop juste, et vous la connaissez.

POLYPHONTE.

Pour en tarir la source, il est temps qu'il expire.
Qu'on l'immole, soldats.

MÉROPE, *s'avançant.*

Cruel! qu'osez-vous dire?

ÉGISTHE.

Quoi! de pitié pour moi tous vos sens sont saisis!

POLYPHONTE.

Qu'il meure!..

MÉROPE.

Il est...

POLYPHONTE.

Frappez.

MÉROPE, *se jetant entre Egisthe et les soldats.*

Barbare! il est mon fils.

ÉGISTHE.

Moi! votre fils?

MÉROPE, *en l'embrassant.*

Tu l'es : et ce Ciel que j'atteste,
Ce Ciel qui t'a formé dans un sein si funeste,
Et qui trop tard, hélas! a dessillé mes yeux,
Te remet dans mes bras pour nous perdre tous deux.

ÉGISTHE.

Quel miracle, grands Dieux, que je ne puis comprendre!

POLYPHONTE.

Une telle imposture a de quoi me surprendre.
Vous, sa mère? Qui? vous, qui demandiez sa mort!

ÉGISTHE.

Ah! si je meurs son fils, je rends grâce à mon sort.

MÉROPE.

Je suis sa mère. Hélas! mon amour m'a trahie.
Oui, tu tiens dans tes mains le secret de ma vie.
Tu tiens le fils des Dieux enchaîné devant toi,
L'héritier de Cresphonte, et ton maître et ton roi.
Tu peux, si tu le veux, m'accuser d'imposture :
Ce n'est pas aux tyrans à sentir la nature.

ACTE IV, SCÈNE II.

Ton cœur nourri de sang n'en peut être frappé.
Oui, c'est mon fils, te dis-je, au carnage échappé.

POLYPHONTE.

Que prétendez-vous dire? et sur quelles alarmes...?

ÉGISTHE.

Va, je me crois son fils; mes preuves sont ses larmes,
Mes sentiments, mon cœur, par la gloire animé,
Mon bras, qui t'eût puni s'il n'était désarmé.

POLYPHONTE.

Ta rage auparavant sera seule punie.
C'est trop.

MÉROPE, *se jetant à ses genoux.*

Commencez donc par m'arracher la vie :
Ayez pitié des pleurs dont mes yeux sont noyés.
Que vous faut-il de plus? Mérope est à vos pieds :
Mérope les embrasse, et craint votre colère.
A cet effort affreux jugez si je suis mère,
Jugez de mes tourments : ma détestable erreur,
Ce matin, de mon fils allait percer le cœur.
Je pleure à vos genoux mon crime involontaire.
Cruel! vous qui vouliez lui tenir lieu de père,
Qui deviez protéger ses jours infortunés,
Le voilà devant vous, et vous l'assassinez.
Son père est mort, hélas! par un crime funeste;
Sauvez le fils : je puis oublier tout le reste :
Sauvez le sang des Dieux et de vos souverains;
Il est seul, sans défense, il est entre vos mains.
Qu'il vive, et c'est assez. Heureuse en mes misères,
Lui seul il me rendra mon époux et ses frères.

Vous voyez avec moi ses aïeux à genoux,
Votre roi dans les fers.

ÉGISTHE.

O reine, levez-vous,
Et daignez me prouver que Cresphonte est mon père,
En cessant d'avilir et sa veuve et ma mère.
Je sais peu de mes droits quelle est la dignité;
Mais le Ciel m'a fait naître avec trop de fierté,
Avec un cœur trop haut, pour qu'un tyran l'abaisse.
De mon premier état j'ai bravé la bassesse,
Et mes yeux du présent ne sont point éblouis.
Je me sens né des rois, je me sens votre fils.
Hercule ainsi que moi commença sa carrière;
Il sentit l'infortune en ouvrant la paupière;
Et les Dieux l'ont conduit à l'immortalité,
Pour avoir, comme moi, vaincu l'adversité.
S'il m'a transmis son sang, j'en aurai le courage.
Mourir digne de vous, voilà mon héritage.
Cessez de le prier, cessez de démentir
Le sang des demi-dieux dont on me fait sortir.

POLYPHONTE, *à Mérope.*

Eh bien! il faut ici nous expliquer sans feinte.
Je prends part aux douleurs dont vous êtes atteinte :
Son courage me plaît; je l'estime, et je crois
Qu'il mérite en effet d'être du sang des rois.
Mais une vérité d'une telle importance
N'est pas de ces secrets qu'on croit sans évidence.
Je le prends sous ma garde, il m'est déjà remis;
Et, s'il est né de vous, je l'adopte pour fils.

ACTE IV, SCÈNE II.

ÉGISTHE.

Vous? m'adopter?

MÉROPE.

Hélas!

POLYPHONTE.

Réglez sa destinée.
Vous achetiez sa mort avec mon hyménée.
La vengeance à ce point a pu vous captiver.
L'amour fera-t-il moins quand il faut le sauver?

MÉROPE.

Quoi, barbare!

POLYPHONTE.

Madame, il y va de sa vie.
Votre ame en sa faveur paraît trop attendrie
Pour vouloir exposer à mes justes rigueurs,
Par d'imprudents refus, l'objet de tant de pleurs.

MÉROPE.

Seigneur, que de son sort il soit du moins le maître.
Daignez...

POLYPHONTE.

C'est votre fils, Madame, ou c'est un traître.
Je dois m'unir à vous pour lui servir d'appui,
Ou je dois me venger et de vous et de lui.
C'est à vous d'ordonner sa grâce ou son supplice.
Vous êtes en un mot sa mère ou sa complice.
Choisissez : mais sachez qu'au sortir de ces lieux
Je ne vous en croirai qu'en présence des Dieux.
Vous, soldats, qu'on le garde; et vous, que l'on me suive.

(*A Mérope.*)

Je vous attends : voyez si vous voulez qu'il vive.

Déterminez d'un mot mon esprit incertain ;
Confirmez sa naissance en me donnant la main.
Votre seule réponse, ou le sauve, ou l'opprime.
Voilà mon fils, Madame, ou voilà ma victime.
Adieu.

MÉROPE.

Ne m'ôtez pas la douceur de le voir ;
Rendez-le à mon amour, à mon vain désespoir.

POLYPHONTE.

Vous le verrez au temple.

ÉGISTHE, *que les soldats emmènent.*

O reine auguste et chère !
O vous que j'ose à peine encor nommer ma mère !
Ne faites rien d'indigne et de vous et de moi :
Si je suis votre fils, je sais mourir en roi.

SCÈNE III.

MÉROPE, *seule.*

Cruels, vous l'enlevez ; en vain je vous implore :
Je ne l'ai donc revu que pour le perdre encore ?
Pourquoi m'exauciez-vous, ô Dieu trop imploré ?
Pourquoi rendre à mes vœux ce fils tant desiré ?
Vous l'avez arraché d'une terre étrangère,
Victime réservée au bourreau de son père.
Ah ! privez-moi de lui, cachez ses pas errants
Dans le fond des déserts, à l'abri des tyrans.

SCÈNE IV.

MÉROPE, NARBAS, EURYCLÈS.

MÉROPE.

Sais-tu l'excès d'horreur où je me vois livrée?

NARBAS.

Je sais que de mon roi la perte est assurée,
Que déjà dans les fers Egisthe est retenu,
Qu'on observe mes pas.

MÉROPE.

C'est moi qui l'ai perdu.

NARBAS.

Vous!

MÉROPE.

J'ai tout révélé. Mais, Narbas, quelle mère,
Prête à perdre son fils, peut le voir et se taire?
J'ai parlé, c'en est fait, et je dois désormais
Réparer ma faiblesse à force de forfaits.

NARBAS.

Quels forfaits dites-vous?

SCÈNE V.

MÉROPE, NARBAS, EURYCLÈS, ISMÉNIE.

ISMÉNIE.

Voici l'heure, Madame,
Qu'il vous faut rassembler les forces de votre ame.
Un vain peuple, qui vole après la nouveauté,
Attend votre hyménée avec avidité.

Le tyran règle tout; il semble qu'il apprête
L'appareil du carnage, et non pas d'une fête.
Par l'or de ce tyran le grand-prêtre inspiré
A fait parler le Dieu dans son temple adoré.
Au nom de vos aïeux et du dieu qu'il atteste,
Il vient de déclarer cette union funeste.
Polyphonte, dit-il, a reçu vos serments;
Messène en est témoin, les Dieux en sont garants.
Le peuple a répondu par des cris d'allégresse;
Et, ne soupçonnant pas le chagrin qui vous presse,
Il célèbre à genoux cet hymen plein d'horreur :
Il bénit le tyran qui vous perce le cœur.

MÉROPE.

Et mes malheurs encor font la publique joie !

NARBAS.

Pour sauver votre fils quelle funeste voie !

MÉROPE.

C'est un crime effroyable, et déjà tu frémis.

NARBAS.

Mais c'en est un plus grand de perdre votre fils.

MÉROPE.

Eh bien ! le désespoir m'a rendu mon courage.
Courons tous vers le temple où m'attend mon outrage.
Montrons mon fils au peuple, et plaçons-le à leurs yeux,
Entre l'autel et moi, sous la garde des Dieux.
Il est né de leur sang, ils prendront sa défense;
Ils ont assez long-temps trahi son innocence.
De son lâche assassin je peindrai les fureurs :
L'horreur et la vengeance empliront tous les cœurs.

ACTE IV, SCÈNE V.

Tyrans, craignez les cris et les pleurs d'une mère.
On vient. Ah! je frissonne. Ah! tout me désespère.
On m'appelle, et mon fils est au bord du cercueil;
Le tyran peut encor l'y plonger d'un coup-d'œil.
   (*Aux sacrificateurs.*)
Ministres rigoureux du monstre qui m'opprime,
Vous venez à l'autel entraîner la victime.
O vengeance! ô tendresse! ô nature! ô devoir!
Qu'allez-vous ordonner d'un cœur au désespoir?

FIN DU QUATRIÈME ACTE.

ACTE CINQUIÈME.

SCÈNE I.

ÉGISTHE, NARBAS, EURYCLÈS.

NARBAS.

Le tyran nous retient au palais de la reine ;
Et notre destinée est encore incertaine.
Je tremble pour vous seul. Ah, mon Prince ! ah, mon fils !
Souffrez qu'un nom si doux me soit encor permis.
Ah ! vivez. D'un tyran désarmez la colère,
Conservez une tête, hélas ! si nécessaire,
Si long-temps menacée, et qui m'a tant coûté.

EURYCLÈS.

Songez que, pour vous seul abaissant sa fierté,
Mérope de ses pleurs daigne arroser encore
Les parricides mains d'un tyran qu'elle abhorre.

ÉGISTHE.

D'un long étonnement à peine revenu,
Je crois renaître ici dans un monde inconnu.
Un nouveau sang m'anime, un nouveau jour m'éclaire.
Qui, moi, né de Mérope ! et Cresphonte est mon père !
Son assassin triomphe ; il commande, et je sers !
Je suis le sang d'Hercule, et je suis dans les fers !

NARBAS.

Plût aux Dieux qu'avec moi le petit-fils d'Alcide
Fût encore inconnu dans les champs de l'Elide !

ÉGISTHE.

Eh quoi! tous les malheurs aux humains réservés,
Faut-il, si jeune encor, les avoir éprouvés?
Les ravages, l'exil, la mort, l'ignominie,
Dès ma première aurore ont assiégé ma vie.
De déserts en déserts errant, persécuté,
J'ai langui dans l'opprobre et dans l'obscurité.
Le Ciel sait cependant si, parmi tant d'injures,
J'ai permis à ma voix d'éclater en murmures.
Malgré l'ambition qui dévorait mon cœur,
J'embrassai les vertus qu'exigeait mon malheur;
Je respectai, j'aimai jusqu'à votre misère;
Je n'aurais point aux Dieux demandé d'autre père :
Ils m'en donnent un autre, et c'est pour m'outrager.
Je suis fils de Cresphonte, et ne puis le venger.
Je retrouve une mère; un tyran me l'arrache :
Un détestable hymen à ce monstre l'attache.
Je maudis dans vos bras le jour où je suis né;
Je maudis le secours que vous m'avez donné.
Ah! mon père! ah! pourquoi d'une mère égarée
Reteniez-vous tantôt la main désespérée?
Mes malheurs finissaient, mon sort était rempli.

NARBAS.

Ah! vous êtes perdu : le tyran vient ici.

SCÈNE II.

POLYPHONTE, ÉGISTHE, NARBAS, EURYCLÈS,
GARDES.

POLYPHONTE.

Retirez-vous; (*Narbas et Euryclès s'éloignent un peu.*)
(*A Egisthe.*)
et toi dont l'aveugle jeunesse
Inspire une pitié qu'on doit à la faiblesse,
Ton roi veut bien encor, pour la dernière fois,
Permettre à tes destins de changer à ton choix.
Le présent, l'avenir, et jusqu'à ta naissance,
Tout ton être en un mot, est dans ma dépendance.
Je puis au plus haut rang d'un seul mot t'élever,
Te laisser dans les fers, te perdre ou te sauver.
Elevé loin des cours, et sans expérience,
Laisse-moi gouverner ta farouche imprudence.
Crois-moi, n'affecte point, dans ton sort abattu,
Cet orgueil dangereux que tu prends pour vertu :
Si dans un rang obscur le destin t'a fait naître,
Conforme à ton état, sois humble avec ton maître.
Si le hasard heureux t'a fait naître d'un roi,
Rends-toi digne de l'être en servant près de moi.
Une reine en ces lieux te donne un grand exemple;
Elle a suivi mes lois, et marche vers le temple.
Suis ses pas et les miens, viens au pied de l'autel
Me jurer à genoux un hommage éternel.
Puisque tu crains les Dieux, atteste leur puissance,
Prends-les tous à témoin de ton obéissance.

ACTE V, SCÈNE II.

La porte des grandeurs est ouverte pour toi.
Un refus te perdra; choisis, et réponds-moi.

ÉGISTHE.

Tu me vois désarmé : comment puis-je répondre ?
Tes discours, je l'avoue, ont de quoi me confondre;
Mais rends-moi seulement ce glaive que tu crains,
Ce fer que ta prudence écarte de mes mains :
Je répondrai pour lors, et tu pourras connaître
Qui de nous deux, perfide, est l'esclave ou le maître ;
Si c'est à Polyphonte à régler mes destins,
Et si le fils des rois punit les assassins.

POLYPHONTE.

Faible et fier ennemi, ma bonté t'encourage :
Tu me crois assez grand pour oublier l'outrage,
Pour ne m'avilir pas jusqu'à punir en toi
Un esclave inconnu qui s'attaque à son roi.
Eh bien! cette bonté, qui s'indigne et se lasse,
Te donne un seul moment pour obtenir ta grâce.
Je t'attends aux autels, et tu peux y venir :
Viens recevoir la mort, ou jurer d'obéir.
Gardes, auprès de moi vous pourrez l'introduire ;
Qu'aucun autre ne sorte, et n'ose le conduire.
Vous, Narbas, Euryclès, je le laisse en vos mains.
Tremblez; vous répondrez de ses caprices vains.
Je connais votre haine, et j'en sais l'impuissance;
Mais je me fie au moins à votre expérience.
Qu'il soit né de Mérope, ou qu'il soit votre fils,
D'un conseil imprudent sa mort sera le prix.

SCÈNE III.

ÉGISTHE, NARBAS, EURYCLÈS.

ÉGISTHE.

Ah! je n'en recevrai que du sang qui m'anime.
Hercule! instruis mon bras à me venger du crime :
Eclaire mon esprit du sein des immortels!
Polyphonte m'appelle au pied de tes autels;
Et j'y cours.

NARBAS.

Ah! mon Prince, êtes-vous las de vivre?

EURYCLÈS.

Dans ce péril du moins si nous pouvions vous suivre!
Mais laissez-nous le temps d'éveiller un parti,
Qui, tout faible qu'il est, n'est point anéanti.
Souffrez...

ÉGISTHE.

En d'autres temps mon courage tranquille
Au frein de vos leçons serait souple et docile;
Je vous croirais tous deux : mais, dans un tel malheur,
Il ne faut consulter que le Ciel et son cœur.
Qui ne peut se résoudre, aux conseils s'abandonne;
Mais le sang des héros ne croit ici personne.
Le sort en est jeté... Ciel! qu'est-ce que je voi?
Mérope!

SCÈNE IV.

MÉROPE, ÉGISTHE, NARBAS, EURYCLÈS, SUITE.

MÉROPE.

Le tyran m'ose envoyer vers toi :
Ne crois pas que je vive après cet hyménée ;
Mais cette honte horrible où je suis entraînée,
Je la subis pour toi, je me fais cet effort :
Fais-toi celui de vivre, et commande à ton sort.
Cher objet des terreurs dont mon ame est atteinte,
Toi pour qui je connais et la honte et la crainte,
Fils des rois et des Dieux, mon fils, il faut servir.
Pour savoir se venger, il faut savoir souffrir.
Je sens que ma faiblesse et t'indigne et t'outrage ;
Je t'en aime encor plus, et je crains davantage.
Mon fils...

ÉGISTHE.

Osez me suivre.

MÉROPE.

Arrête. Que fais-tu ?
Dieux ! je me plains à vous de son trop de vertu.

ÉGISTHE.

Voyez-vous en ces lieux le tombeau de mon père ?
Entendez-vous sa voix ? Etes-vous reine et mère ?
Si vous l'êtes, venez.

MÉROPE.

Il semble que le Ciel
T'élève en ce moment au-dessus d'un mortel.

Je respecte mon sang, je vois le sang d'Alcide ;
Ah ! parle : remplis-moi de ce dieu qui te guide.
Il te presse, il t'inspire. O mon fils ! mon cher fils !
Achève, et rends la force à mes faibles esprits.

ÉGISTHE.

Auriez-vous des amis dans ce temple funeste ?

MÉROPE.

J'en eus quand j'étais reine ; et le peu qui m'en reste
Sous un joug étranger baisse un front abattu :
Le poids de mes malheurs accable leur vertu.
Polyphonte est haï ; mais c'est lui qu'on couronne :
On m'aime, et l'on me fuit.

ÉGISTHE.

Quoi ! tout vous abandonne !
Ce monstre est à l'autel ?

MÉROPE.

Il m'attend.

ÉGISTHE.

Ses soldats
A cet autel horrible accompagnent ses pas ?

MÉROPE.

Non : la porte est livrée à leur troupe cruelle ;
Il est environné de la foule infidèle
Des mêmes courtisans que j'ai vus autrefois
S'empresser à ma suite, et ramper sous mes lois.
Et moi, de tous les siens à l'autel entourée,
De ces lieux à toi seul je puis ouvrir l'entrée.

ÉGISTHE.

Seul je vous y suivrai ; j'y trouverai des Dieux
Qui punissent le meurtre et qui sont mes aïeux.

MÉROPE.
Ils t'ont trahi quinze ans.
ÉGISTHE.
Ils m'éprouvaient sans doute.
MÉROPE.
Eh! quel est ton dessein?
ÉGISTHE.
Marchons, quoi qu'il en coûte.
Adieu, tristes amis, vous connaîtrez du moins
Que le fils de Mérope a mérité vos soins.
(*A Narbas, en l'embrassant.*)
Tu ne rougiras point, crois-moi, de ton ouvrage;
Au sang qui m'a formé tu rendras témoignage.

SCÈNE V.

NARBAS, EURYCLÈS.

NARBAS.
Que va-t-il faire? hélas! tous mes soins sont trahis;
Les habiles tyrans ne sont jamais punis.
J'espérais que du temps la main tardive et sûre
Justifîrait les Dieux en vengeant leur injure;
Qu'Egisthe reprendrait son empire usurpé :
Mais le crime l'emporte, et je meurs détrompé.
Egisthe va se perdre à force de courage;
Il désobéira : la mort est son partage.
EURYCLÈS.
Entendez-vous ces cris dans les airs élancés?
NARBAS.
C'est le signal du crime.

EURYCLÈS.
Ecoutons.
NARBAS.
Frémissez.
EURYCLÈS.
Sans doute qu'au moment d'épouser Polyphonte
La reine en expirant a prévenu sa honte.
Tel était son dessein dans son mortel ennui.
NARBAS.
Ah! son fils n'est donc plus! Elle eût vécu pour lui.
EURYCLÈS.
Le bruit croît, il redouble; il vient comme un tonnerre
Qui s'approche en grondant, et qui fond sur la terre.
NARBAS.
J'entends de tous côtés les cris des combattants,
Les sons de la trompette et les voix des mourants :
Du palais de Mérope on enfonce la porte.
EURYCLÈS.
Ah! ne voyez-vous pas cette cruelle escorte,
Qui court, qui se dissipe, et qui va loin de nous?
NARBAS.
Va-t-elle du tyran servir l'affreux courroux?
EURYCLÈS.
Autant que mes regards au loin peuvent s'étendre,
On se mêle, on combat.
NARBAS.
Quel sang va-t-on répandre?
De Mérope et du roi le nom remplit les airs.
EURYCLÈS.
Grâces aux immortels! les chemins sont ouverts.

Allons voir à l'instant s'il faut mourir ou vivre.
(*Il sort.*)

NARBAS.

Allons. D'un pas égal que ne puis-je vous suivre !
O Dieux ! rendez la force à ces bras énervés,
Pour le sang de mes rois autrefois éprouvés :
Que je donne du moins les restes de ma vie.
Hâtons-nous.

SCÈNE VI.

NARBAS, ISMÉNIE, PEUPLE.

NARBAS.

Quel spectacle ! Est-ce vous, Isménie ?
Sanglante, inanimée, est-ce vous que je vois ?

ISMÉNIE.

Ah ! laissez-moi reprendre et la vie et la voix.

NARBAS.

Mon fils est-il vivant ? Que devient notre reine ?

ISMÉNIE.

De mon saisissement je reviens avec peine ;
Par les flots de ce peuple entraînée en ces lieux...

NARBAS.

Que fait Egisthe ?

ISMÉNIE.

Il est... le digne fils des Dieux ;
Egisthe ! Il a frappé le coup le plus terrible.
Non, d'Alcide jamais la valeur invincible
N'a d'un exploit si rare étonné les humains.

NARBAS.
O mon fils! ô mon roi, qu'ont élevé mes mains!
ISMÉNIE.
La victime était prête, et de fleurs couronnée, *
L'autel étincelait des flambeaux d'hyménée;
Polyphonte, l'œil fixe, et d'un front inhumain,
Présentait à Mérope une odieuse main;
Le prêtre prononçait les paroles sacrées,
Et la reine, au milieu des femmes éplorées,
S'avançant tristement, tremblante entre mes bras,
Au lieu de l'hyménée invoquait le trépas :
Le peuple observait tout dans un profond silence.
Dans l'enceinte sacrée en ce moment s'avance
Un jeune homme, un héros, semblable aux immortels :
Il court, c'était Egisthe; il s'élance aux autels;
Il monte, il y saisit d'une main assurée
Pour les fêtes des dieux la hache préparée.
Les éclairs sont moins prompts; je l'ai vu de mes yeux,
Je l'ai vu qui frappait ce monstre audacieux.
Meurs, tyran, disait-il; Dieux, prenez vos victimes.
Erox, qui de son maître a servi tous les crimes,
Erox, qui dans son sang voit ce monstre nager,
Lève une main hardie, et pense le venger.
Egisthe se retourne, enflammé de furie;
A côté de son maître il le jette sans vie.
Le tyran se relève, il blesse le héros;
De leur sang confondu j'ai vu couler les flots.

* Ce récit et le discours de Mérope sont une imitation embellie de Maffei.

ACTE V, SCÈNE VI.

Déjà la garde accourt avec des cris de rage.
Sa mère... Ah! que l'amour inspire de courage!
Quel transport animait ses efforts et ses pas!
Sa mère... Elle s'élance au milieu des soldats.
C'est mon fils, arrêtez, cessez, troupe inhumaine;
C'est mon fils; déchirez sa mère et votre reine,
Ce sein qui l'a nourri, ces flancs qui l'ont porté.
A ces cris douloureux le peuple est agité;
Une foule d'amis, que son danger excite,
Entre elle et ces soldats vole et se précipite.
Vous eussiez vu soudain les autels renversés,
Dans des ruisseaux de sang leurs débris dispersés;
Les enfants écrasés dans les bras de leurs mères;
Les frères méconnus immolés par leurs frères;
Soldats, prêtres, amis, l'un sur l'autre expirants;
On marche, on est porté sur les corps des mourants;
On veut fuir, on revient, et la foule pressée
D'un bout du temple à l'autre est vingt fois repoussée.
De ces flots confondus le flux impétueux
Roule et dérobe Egisthe et la reine à mes yeux.
Parmi les combattants je vole ensanglantée;
J'interroge à grands cris la foule épouvantée.
Tout ce qu'on me répond redouble mon horreur.
On s'écrie : Il est mort, il tombe, il est vainqueur.
Je cours, je me consume, et le peuple m'entraîne,
Me jette en ce palais, éplorée, incertaine,
Au milieu des mourants, des morts et des débris.
Venez, suivez mes pas, joignez-vous à mes cris :
Venez. J'ignore encor si la reine est sauvée,
Si de son digne fils la vie est conservée;

Si le tyran n'est plus. Le trouble, la terreur,
Tout ce désordre horrible est encor dans mon cœur.
NARBAS.
Arbitre des humains, divine Providence,
Achève ton ouvrage, et soutiens l'innocence :
A nos malheurs passés mesure tes bienfaits.
O ciel! conserve Egisthe, et que je meure en paix!
Ah! parmi ces soldats ne vois-je point la reine?

SCÈNE VII.

MÉROPE, ISMÉNIE, NARBAS, PEUPLE, SOLDATS.

(*On voit dans le fond du théâtre le corps de Polyphonte couvert d'une robe sanglante.*)

MÉROPE.
Guerriers, prêtres, amis, citoyens de Messène,
Au nom des Dieux vengeurs, peuples, écoutez-moi.
Je vous le jure encore, Egisthe est votre roi :
Il a puni le crime, il a vengé son père.
Celui que vous voyez traîné sur la poussière,
C'est un monstre ennemi des Dieux et des humains;
Dans le sein de Cresphonte il enfonça ses mains.
Cresphonte mon époux, mon appui, votre maître,
Mes deux fils sont tombés sous les coups de ce traître.
Il opprimait Messène, il usurpait mon rang;
Il m'offrait une main fumante de mon sang.
(*En courant vers Égisthe, qui arrive la hache à la main.*)
Celui que vous voyez, vainqueur de Polyphonte,
C'est le fils de vos rois, c'est le sang de Cresphonte;

ACTE V, SCÈNE VII.

C'est le mien, c'est le seul qui reste à ma douleur.
Quels témoins voulez-vous plus certains que mon cœur?
Regardez ce vieillard; c'est lui dont la prudence
Aux mains de Polyphonte arracha son enfance.
Les Dieux ont fait le reste.

NARBAS.

Oui, j'atteste ces Dieux
Que c'est-là votre roi qui combattait pour eux.

ÉGISTHE.

Amis, pouvez-vous bien méconnaître une mère?
Un fils qu'elle defend? un fils qui venge un père?
Un roi vengeur du crime?

MÉROPE.

Et si vous en doutez,
Reconnaissez mon fils aux coups qu'il a portés,
A votre délivrance, à son ame intrépide.
Eh! quel autre jamais qu'un descendant d'Alcide,
Nourri dans la misère, à peine en son printemps,
Eût pu venger Messène et punir les tyrans?
Il soutiendra son peuple, il vengera la terre.
Ecoutez : le Ciel parle; entendez son tonnerre.
Sa voix qui se déclare et se joint à mes cris,
Sa voix rend témoignage, et dit qu'il est mon fils.

SCÈNE VIII.

MÉROPE, ÉGISTHE, ISMÉNIE, NARBAS,
EURYCLÈS, peuple.

EURYCLÈS.

Ah! montrez-vous, Madame, à la ville calmée :
Du retour de son roi la nouvelle semée,
Volant de bouche en bouche, a changé les esprits.
Nos amis ont parlé, les cœurs sont attendris :
Le peuple impatient verse des pleurs de joie;
Il adore le roi que le Ciel lui renvoie,
Il bénit votre fils, il bénit votre amour;
Il consacre à jamais ce redoutable jour.
Chacun veut contempler son auguste visage;
On veut revoir Narbas; on veut vous rendre hommage.
Le nom de Polyphonte est partout abhorré;
Celui de votre fils, le vôtre est adoré.
O roi! venez jouir du prix de la victoire;
Ce prix est notre amour, il vaut mieux que la gloire.

ÉGISTHE.

Elle n'est point à moi; cette gloire est aux Dieux :
Ainsi que le bonheur, la vertu nous vient d'eux.
Allons monter au trône, en y plaçant ma mère;
Et vous, mon cher Narbas, soyez toujours mon père.

FIN DE MÉROPE.

SÉMIRAMIS,

TRAGÉDIE

Représentée, pour la première fois, le 29 auguste 1748.

DISSERTATION

SUR

LA TRAGÉDIE ANCIENNE ET MODERNE.

A SON ÉMINENCE MONSEIGNEUR LE CARDINAL QUIRINI, NOBLE VÉNITIEN, ÉVÊQUE DE BRESCIA, BIBLIOTHÉCAIRE DU VATICAN.

Monseigneur, il était digne d'un génie tel que le vôtre, et d'un homme qui est à la tête de la plus ancienne bibliothèque du monde, de vous donner tout entier aux lettres. On doit voir de tels princes de l'Eglise sous un pontife qui a éclairé le monde chrétien avant de le gouverner. Mais si tous les lettrés vous doivent de la reconnaissance, je vous en dois plus que personne, après l'honneur que vous m'avez fait de traduire en si beaux vers la *Henriade* et le poème de *Fontenoi*. Les deux héros vertueux que j'ai célébrés, sont devenus les vôtres. Vous avez daigné m'embellir, pour rendre encore plus respectables aux nations les noms de Henri IV et de Louis XV, et pour étendre de plus en plus dans l'Europe le goût des arts.

Parmi les obligations que toutes les nations modernes ont aux Italiens, et surtout aux premiers pontifes et à leurs ministres, il faut compter la culture des belles-lettres, par qui furent adoucies peu-à-peu les mœurs féroces et grossières de nos peuples septentrionaux, et auxquelles nous devons aujourd'hui notre politesse, nos délices et notre gloire.

C'est sous le grand Léon X que le théâtre grec renaquit, ainsi que l'éloquence. La *Sophonisbe* du célèbre prélat Trissino, nonce du pape, est la première tragédie régulière que l'Europe ait vue après tant de siècles de barbarie, comme la *Calandra* du cardinal Bibiena avait été auparavant la première comédie dans l'Italie moderne.

Vous fûtes les premiers qui élevâtes de grands théâtres, et qui donnâtes au monde quelque idée de cette splendeur de l'ancienne Grèce, qui attirait les nations étrangères à ses solennités, et qui fut le modèle des peuples en tous les genres.

Si votre nation n'a pas toujours égalé les anciens dans le tragique, ce n'est pas que votre langue, harmonieuse, féconde et flexible, ne soit propre à tous les sujets; mais il y a grande apparence que les progrès que vous avez faits dans la musique, ont nui enfin à ceux de la véritable tragédie. C'est un talent qui a fait tort à un autre.

Permettez que j'entre avec votre Eminence dans une discussion littéraire. Quelques personnes, accoutumées au style des épîtres dédicatoires, s'étonneront que je me borne ici à comparer les usages des Grecs avec les modernes, au lieu de comparer les grands hommes de l'antiquité avec ceux de votre maison ; mais je parle à un savant, à un sage, à celui dont les lumières doivent m'éclairer, et dont j'ai l'honneur d'être le confrère dans la plus ancienne académie de l'Europe, dont les membres s'occupent souvent de semblables recherches : je parle enfin à celui qui aime mieux me donner des instructions que de recevoir des éloges.

PREMIÈRE PARTIE.

Des tragédies grecques imitées par quelques opéras italiens et français.

Un célèbre auteur de votre nation dit que, depuis les beaux jours d'Athènes, la tragédie, errante et abandonnée, cherche de contrée en contrée quelqu'un qui lui donne la main, et qui lui rende ses premiers honneurs, mais qu'elle n'a pu le trouver.

S'il entend qu'aucune nation n'a de théâtres où des chœurs occupent presque toujours la scène, et chantent des strophes, des épodes et des antistrophes accompagnées d'une danse grave ; qu'aucune nation ne fait paraître ses acteurs sur des espèces d'échasses, le visage couvert d'un masque qui exprime la douleur d'un côté et la joie de l'autre ; que la déclamation de nos tragédies n'est point notée et soutenue par des flûtes; il a sans doute raison : je ne sais si c'est à notre désavantage. J'ignore si la forme de nos tragédies, plus rapprochée de la nature, ne vaut pas celle des Grecs, qui avait un appareil plus imposant.

Si cet auteur veut dire qu'en général ce grand art n'est pas aussi considéré depuis la renaissance des lettres qu'il l'était autrefois, qu'il y a en Europe des nations qui ont quelquefois usé d'ingratitude envers les successeurs des Sophocle et des Euripide; que nos théâtres ne sont point de ces édifices superbes dans lesquels les Athéniens mettaient leur gloire; que nous ne prenons pas les mêmes soins qu'eux de ces spectacles, devenus si nécessaires dans nos villes immenses, on doit être entièrement de son opinion. *Et sapit, et mecum facit, et Jove judicat æquo.*

Où trouver un spectacle qui nous donne une image de la scène grecque? C'est peut-être dans vos tragédies, nommées opéras, que cette image subsiste. Quoi! me dira-t-on, un opéra italien aurait quelque ressemblance avec le théâtre d'Athènes? Oui. Le récitatif italien est précisément la mélopée des anciens; c'est cette déclamation notée et soutenue par des instruments de musique. Cette mélopée, qui n'est ennuyeuse que dans vos mauvaises tragédies-opéras, est admirable dans vos bonnes pièces. Les chœurs que vous y avez ajoutés depuis quelques années, et qui sont liés essentiellement au sujet, approchent d'autant plus des chœurs des anciens, qu'ils sont exprimés avec une musique différente du récitatif, comme la strophe, l'épode et l'antistrophe étaient chantées chez les Grecs tout autrement que la mélopée des scènes. Ajoutez à ces ressemblances, que, dans plusieurs tragédies-opéras, du célèbre abbé Métastasio, l'unité de lieu, d'action et de temps est observée : ajoutez que ces pièces sont pleines de cette poésie d'expression, et de cette élégance continue, qui embellissent le naturel sans jamais le charger, talent que, depuis les Grecs, le seul Racine a possédé parmi nous, et le seul Addisson chez les Anglais.

Je sais que les tragédies si imposantes par les charmes de la musique et par la magnificence du spectacle, ont un défaut que les Grecs ont toujours évité ; je sais que ce défaut a fait des monstres des pièces les plus belles, et d'ailleurs les plus régulières : il consiste à mettre, dans toutes les scènes, de ces petits airs coupés, de ces ariettes détachées, qui interrompent l'action, et qui font valoir les fredons d'une voix efféminée, mais brillante, aux dépens de l'intérêt et du bon sens. Le grand auteur que j'ai déjà cité, et qui a tiré beaucoup de ses pièces de notre théâtre tragique, a remédié, à force de génie, à ce défaut, qui est devenu une nécessité. Les paroles de ses airs détachés sont souvent des embellissements du sujet même; elles sont passionnées; elles sont quelquefois comparables aux plus beaux morceaux des odes d'Horace : j'en apporterai pour preuve cette strophe touchante que chante Arsace, accusé et innocent :

> *Vo solcando un mar crudele*
> *Senza vele*
> *E senza sarte.*
> *Freme l'onda, il ciel s'imbruna,*
> *Cresce il vento, e manca l'arte ;*
> *E il voler della fortuna*
> *Son costretto a seguitar.*
> *Infelice! in questo stato*
> *Son da tutti abbandonato ;*
> *Meco sola è l'innocenza*
> *Che mi porta a naufragar.*

J'y ajouterai encore cette autre ariette sublime que débite le roi des Parthes, vaincu par Adrien, quand il veut faire servir sa défaite même à sa vengeance :

> *Sprezza il furor del vento*
> *Robusta quercia avvezza*
> *Di cento verni e cento*
> *L'injurie a tollerar.*
> *E se pur cade al suolo,*
> *Spiega per l'onde il volo ;*
> *E con quel vento istesso*
> *Va contrastando il mar.*

Il y en a beaucoup de cette espèce : mais que sont

des beautés hors de place? et qu'aurait-on dit dans Athènes, si Œdipe et Oreste avaient, au moment de la reconnaissance, chanté de petits airs fredonnés, et débité des comparaisons à Jocaste et à Electre? Il faut donc avouer que l'opéra, en séduisant les Italiens par les agréments de la musique, a détruit d'un côté la véritable tragédie grecque qu'il faisait renaître de l'autre.

Notre opéra français nous devait faire encore plus de tort; notre mélopée rentre bien moins que la vôtre dans la déclamation naturelle : elle est plus languissante; elle ne permet jamais que les scènes aient leur juste étendue ; elle exige des dialogues courts en petites maximes coupées, dont chacune produit une espèce de chanson.

Que ceux qui sont au fait de la vraie littérature des autres nations, et qui ne bornent pas leur science aux airs de nos ballets, songent à cette admirable scène dans la *Clemenza di Tito,* entre Titus et son favori qui a conspiré contre lui ; je veux parler de cette scène où Titus dit à Sextus ces paroles :

> *Siam soli, il tuo sovrano*
> *Non è presente; apri il tuo core a Tito.*
> *Confida ti all' amico; io ti prometto*
> *Ch' Augusto no' l sapra.*

Qu'ils relisent le monologue suivant, où Titus dit ces

autres paroles, qui doivent être l'éternelle leçon de
tous les rois, et le charme de tous les hommes :

> .... *Il torre' altrui la vita*
> *E facoltà commune*
> *Al più vil della terra; il darla è solo*
> *De' numi, e de' regnanti.*

Ces deux scènes, comparables à tout ce que la
Grèce a eu de plus beau, si elles ne sont pas supérieures ; ces deux scènes dignes de Corneille quand il
n'est pas déclamateur, et de Racine quand il n'est pas
faible ; ces deux scènes, qui ne sont pas fondées sur
un amour d'opéra, mais sur les nobles sentiments du
cœur humain, ont une durée trois fois plus longue
au moins que les scènes les plus étendues de nos tragédies en musique. De pareils morceaux ne seraient
pas supportés sur notre théâtre lyrique, qui ne se soutient guère que par des maximes de galanterie, et par
des passions manquées, à l'exception d'*Armide* et des
belles scènes d'*Iphigénie*, ouvrages plus admirables
qu'imités.

Parmi nos défauts, nous avons, comme vous, dans
nos opéras les plus tragiques, une infinité d'airs détachés, mais qui sont plus défectueux que les vôtres,
parce qu'ils sont moins liés au sujet. Les paroles y
sont presque toujours asservies aux musiciens, qui,
ne pouvant exprimer dans leurs petites chansons les

termes mâles et énergiques de notre langue, exigent des paroles efféminées, oisives, vagues, étrangères à l'action, et ajustées comme on peut à de petits airs mesurés, semblables à ceux qu'on appelle à Venise *barcarole*. Quel rapport, par exemple, entre Thésée, reconnu par son père sur le point d'être empoisonné par lui, et ces ridicules paroles :

> Le plus sage
> S'enflamme et s'engage,
> Sans savoir comment.

Malgré ces défauts, j'ose encore penser que nos bonnes tragédies-opéras, telles qu'*Atis, Armide, Thésée,* étaient ce qui pouvait donner parmi nous quelque idée du théâtre d'Athènes, parce que ces tragédies sont chantées comme celles des Grecs, parce que le chœur, tout vicieux qu'on l'a rendu, tout fade panégyriste qu'on l'a fait de la morale amoureuse, ressemble pourtant à celui des Grecs, en ce qu'il occupe souvent la scène. Il ne dit pas ce qu'il doit dire, il n'enseigne pas la vertu : *Et regat iratos, et amet peccare timentes;* mais enfin il faut avouer que la forme des tragédies-opéras nous retrace la forme de la tragédie grecque à quelques égards. Il m'a donc paru, en général, en consultant les gens de lettres qui connaissent l'antiquité, que ces tragédies-opéras sont la copie et la ruine de la tragédie d'Athènes. Elles en sont la copie, en ce qu'elles admettent la mélopée, les chœurs, les machines, les divinités : elles en sont la destruction, parce qu'elles ont accoutumé les jeunes gens à se connaître en sons plus qu'en esprit, à préférer leurs oreilles à leur ame, les roulades à des pensées sublimes, à faire valoir quelquefois les ouvrages les plus insipides et les plus mal écrits, quand ils sont soutenus par quelques airs qui nous plaisent. Mais, malgré tous ces défauts, l'enchantement qui résulte de ce mélange heureux de scènes, de chœurs, de danses, de symphonies, et de cette variété de décorations, subjugue jusqu'au critique même ; et la meilleure comédie, la meilleure tragédie, n'est jamais fréquentée par les mêmes personnes aussi assidument qu'un opéra médiocre. Les beautés régulières, nobles, sévères, ne sont pas les plus recherchées par le vulgaire : si on représente une ou deux fois *Cinna,* on joue trois mois les *Fêtes vénitiennes :* un poème épique est moins lu que des épigrammes licencieuses : un petit roman sera mieux débité que l'histoire du président de Thou. Peu de particuliers font travailler de grands peintres ; mais on se dispute des figures estropiées, qui viennent de la Chine, et des ornements fragiles. On dore, on vernit des cabinets, on néglige la noble architecture ; enfin, dans tous les genres, les petits agréments l'emportent sur le vrai mérite.

SECONDE PARTIE.

De la tragédie française comparée à la tragédie grecque.

Heureusement la bonne et vraie tragédie parut en France, avant que nous eussions ces opéras qui auraient pu l'étouffer. Un auteur, nommé Mairet, fut le premier qui, en imitant la *Sophonisbe* du Trissino, introduisit la règle des trois unités que vous aviez prise des Grecs. Peu-à-peu notre scène s'épura, et se défit de l'indécence et de la barbarie qui déshonoraient alors tant de théâtres, et qui servaient d'excuse à ceux dont la sévérité peu éclairée condamnait tous les spectacles.

Les acteurs ne parurent pas élevés, comme dans Athènes, sur des cothurnes, qui étaient de véritables échasses ; leur visage ne fut pas caché sous de grands masques, dans lesquels des tuyaux d'airain rendaient les sons de la voix plus frappants et plus terribles. Nous ne pûmes avoir la mélopée des Grecs. Nous nous réduisîmes à la simple déclamation harmonieuse, ainsi que vous en aviez d'abord usé. Enfin nos tragédies devinrent une imitation plus vraie de la nature. Nous substituâmes l'histoire à la fable grecque. La politique, l'ambition, la jalousie, les fureurs de l'amour régnèrent sur nos théâtres. Auguste, Cinna, César, Cornélie, plus respectables que des héros fabuleux, parlèrent souvent sur notre scène, comme ils auraient parlé dans l'ancienne Rome.

Je ne prétends pas que la scène française l'ait emporté en tout sur celle des Grecs, et doive la faire oublier. Les inventeurs ont toujours la première place dans la mémoire des hommes; mais, quelque respect qu'on ait pour ces premiers génies, cela n'empêche pas que ceux qui les ont suivis, ne fassent souvent beaucoup plus de plaisir. On respecte Homère, mais on lit le Tasse; on trouve dans lui beaucoup de beautés qu'Homère n'a point connues. On admire Sophocle; mais combien de nos bons auteurs tragiques ont-ils de traits de maître que Sophocle eût fait gloire d'imiter, s'il fût venu après eux! Les Grecs auraient appris de nos grands modernes à faire des expositions plus adroites, à lier les scènes les unes aux autres par cet art imperceptible qui ne laisse jamais le théâtre vide, et qui fait venir et sortir avec raison les personnages. C'est à quoi les anciens ont souvent manqué; et c'est en quoi le Trissino les a malheureusement imités. Je maintiens, par exemple, que Sophocle et Euripide eussent regardé la première scène de *Bajazet* comme une école où ils auraient profité, en voyant un vieux général d'armée annoncer, par les questions qu'il fait, qu'il médite une grande entreprise.

> Que faisaient cependant nos braves janissaires ?
> Rendent-ils au sultan des hommages sincères ?
> Dans le secret des cœurs, Osmin, n'as-tu rien lu ?

Et le moment d'après :

> Crois-tu qu'ils me suivraient encor avec plaisir,
> Et qu'ils reconnaîtraient la voix de leur visir ?

Ils auraient admiré comme ce conjuré développe ensuite ses desseins, et rend compte de ses actions. Ce grand mérite de l'art n'était point connu aux inventeurs de l'art. Le choc des passions, ces combats de sentiments opposés, ces discours animés de rivaux et de rivales, ces contestations intéressantes où l'on dit ce que l'on doit dire, ces situations si bien ménagées, les auraient étonnés. Ils eussent trouvé mauvais peut-être qu'Hippolyte soit amoureux assez froidement d'Aricie, et que son gouverneur lui fasse des leçons de galanterie; qu'il dise :

> Vous-même, où seriez-vous,
> Si toujours votre mère, à l'amour opposée,
> D'une pudique ardeur n'eût brûlé pour Thésée ?

paroles tirées du *Pastor fido*, et bien plus convenables à un berger qu'au gouverneur d'un prince : mais ils eussent été ravis en admiration, en entendant Phèdre s'écrier :

> OEnone, qui l'eût cru ? j'avais une rivale.

> ..... Hippolyte aime, et je n'en peux douter.
> Ce farouche ennemi, qu'on ne pouvait dompter,
> Qu'offensait le respect, qu'importunait la plainte;
> Ce tigre, que jamais je n'abordai sans crainte,
> Soumis, apprivoisé, reconnaît un vainqueur.

Ce désespoir de Phèdre, en découvrant sa rivale, vaut certainement un peu mieux que la satire des femmes que fait si longuement et si mal à propos l'Hippolyte d'Euripide, qui devient là un mauvais personnage de comédie. Les Grecs auraient surtout été surpris de cette foule de traits sublimes qui étincellent de toutes parts dans nos modernes. Quel effet ne ferait point sur eux ce vers!

> Que vouliez-vous qu'il fît contre trois? — Qu'il mourût.

Et cette réponse, peut-être encore plus belle et plus passionnée, que fait Hermione à Oreste, lorsque après avoir exigé de lui la mort de Pyrrhus, qu'elle aime, elle apprend malheureusement qu'elle est obéie; elle s'écrie alors :

> Pourquoi l'assassiner? qu'a-t-il fait? à quel titre?
> Qui te l'a dit?
>
> ORESTE.
> O Dieux! quoi! ne m'avez-vous pas
> Vous même, ici, tantôt, ordonné son trépas?
>
> HERMIONE.
> Ah! fallait-il en croire une amante insensée?

Je citerai encore ici ce que dit César quand on lui présente l'urne qui renferme les cendres de Pompée :

> Restes d'un demi-dieu, dont à peine je puis
> Égaler le grand nom, tout vainqueur que j'en suis.

Les Grecs ont d'autres beautés; mais, je m'en rapporte à vous, Monseigneur, ils n'en ont aucune de ce caractère.

Je vais plus loin, et je dis que ces hommes qui étaient si passionnés pour la liberté, et qui ont dit si souvent qu'on ne peut penser avec hauteur que dans les républiques, apprendraient à parler dignement de la liberté même dans quelques-unes de nos pièces, tout écrites qu'elles sont dans le sein d'une monarchie.

Les modernes ont encore, plus fréquemment que les Grecs, imaginé des sujets de pure invention. Nous eûmes beaucoup de ces ouvrages du temps du cardinal de Richelieu; c'était son goût, ainsi que celui des Espagnols : il aimait qu'on cherchât d'abord à peindre des mœurs et à arranger une intrigue, et qu'ensuite on donnât des noms aux personnages, comme on en use dans la comédie; c'est ainsi qu'il travaillait lui-même quand il voulait se délasser du poids du ministère. Le *Venceslas* de Rotrou est entièrement dans ce goût; et toute cette histoire est fabuleuse.

Mais l'auteur voulut peindre un jeune homme fougueux dans ses passions, avec un mélange de bonnes et de mauvaises qualités; un père tendre et faible; et il a réussi dans quelques parties de son ouvrage. Le *Cid* et *Héraclius*, tirés des Espagnols, sont encore des sujets feints : il est bien vrai qu'il y a eu un empereur nommé Héraclius, un capitaine espagnol qui eut le nom de Cid; mais presque aucune des aventures qu'on leur attribue n'est véritable. Dans *Zaïre* et dans *Alzire*, si j'ose en parler, et je n'en parle que pour donner des exemples connus, tout est feint jusqu'aux noms. Je ne conçois pas, après cela, comment le père Brumoy a pu dire, dans son Théâtre des Grecs, que la tragédie ne peut souffrir de sujets feints, et que jamais on ne prit cette liberté dans Athènes. Il s'épuise à chercher la raison d'une chose qui n'est pas : « Je crois en trouver une
« raison, dit-il, dans la nature de l'esprit humain :
« il n'y a que la vraisemblance dont il puisse être
« touché. Or il n'est pas vraisemblable que des faits
« aussi grands que ceux de la tragédie soient abso-
« lument inconnus : si donc le poète invente tout le
« sujet, jusqu'aux noms, le spectateur se révolte;
« tout lui paraît incroyable, et la pièce manque son
« effet, faute de vraisemblance. »

Premièrement, il est faux que les Grecs se soient interdit cette espèce de tragédie. Aristote dit expressément qu'Agathon s'était rendu très-célèbre dans ce genre. Secondement, il est faux que ces sujets ne réussissent point; l'expérience du contraire dépose contre le père Brumoy. En troisième lieu, la raison qu'il donne du peu d'effet que ce genre de tragédie peut faire, est encore très-fausse; c'est assurément ne pas connaître le cœur humain, que de penser qu'on ne peut le remuer par des fictions. En quatrième lieu, un sujet de pure invention, et un sujet vrai, mais ignoré, sont absolument la même chose pour les spectateurs; et comme notre scène embrasse des sujets de tous les temps et de tous les pays, il faudrait qu'un spectateur allât consulter tous les livres avant qu'il sût si ce qu'on lui représente est fabuleux ou historique. Il ne prend pas assurément cette peine; il se laisse attendrir quand la pièce est touchante; et il ne s'avise pas de dire en voyant *Polyeucte :* Je n'ai jamais entendu parler de Sévère et de Pauline; ces gens-là ne doivent pas me toucher. Le père Brumoy devait seulement remarquer que les pièces de ce genre sont beaucoup plus difficiles à faire que les autres. Tout le caractère de *Phèdre* était déjà dans Euripide, sa déclaration d'amour dans Sénèque le tragique, toute la scène d'Auguste et de Cinna dans Sénèque le philosophe; mais il fallait tirer Sévère et Pauline de son propre fonds. Au reste, si le père Brumoy s'est trompé dans cet endroit et dans quelques autres, son livre est d'ailleurs un des meilleurs et des plus utiles que nous ayons; et je ne combats son erreur qu'en estimant son travail et son goût.

Je reviens, et je dis que ce serait manquer d'ame et de jugement, que de ne pas avouer combien la scène française est au-dessus de la scène grecque, par l'art de la conduite, par l'invention, par les beautés de détail, qui sont sans nombre. Mais aussi on serait bien partial et bien injuste de ne pas tomber d'accord que la galanterie a presque partout affaibli tous les avantages que nous avons d'ailleurs. Il faut convenir que d'environ quatre cents tragédies qu'on a données au théâtre depuis qu'il est en possession de quelque gloire en France, il n'y en a pas dix ou douze qui ne soient fondées sur une intrigue d'amour, plus propre à la comédie qu'au genre tragique. C'est presque toujours la même pièce, le même nœud, formé par une jalousie et une rupture, et dénoué par un mariage : c'est une coquetterie continuelle, une simple comédie, où des princes sont acteurs, et dans laquelle il y a quelquefois du sang répandu pour la forme.

La plupart de ces pièces ressemblent si fort à des comédies, que les acteurs étaient parvenus depuis quelque temps à les réciter du ton dont ils jouent les pièces qu'on appelle du haut comique; ils ont par-là contribué à dégrader encore la tragédie : la pompe et la magnificence de la déclamation ont été mises en oubli. On s'est piqué de réciter des vers comme de la prose; on n'a pas considéré qu'un langage au-dessus du langage ordinaire doit être débité d'un ton au-dessus du ton familier. Et si quelques acteurs ne s'étaient heureusement corrigés de ces défauts, la tragédie ne serait bientôt parmi nous qu'une suite de conversations galantes froidement récitées : aussi n'y a-t-il pas encore long-temps que, parmi les acteurs de toutes les troupes, les principaux rôles dans la tragédie n'étaient connus que sous le nom de *l'amoureux* et de *l'amoureuse*. Si un étranger avait demandé dans Athènes : Quel est votre meilleur acteur pour les amoureux dans *Iphigénie*, dans *Hécube*, dans *les Héraclides*, dans *Œdipe* et dans *Electre?* on n'aurait pas même compris le sens d'une telle demande. La scène française s'est lavée de ce reproche par quelques tragédies où l'amour est une passion furieuse et terrible, et vraiment digne du théâtre; et par d'autres où le nom d'amour n'est pas même prononcé. Jamais l'amour n'a fait verser tant de larmes que la nature. Le cœur n'est qu'effleuré, pour l'ordinaire, des plaintes d'une amante, mais il est profondément attendri de la douloureuse situation d'une mère près de perdre son fils; c'est donc assurément par condescendance pour son ami que Despréaux disait :

.... De l'amour, la sensible peinture
Est, pour aller au cœur, la route la plus sûre.

La route de la nature est cent fois plus sûre, comme plus noble; les morceaux les plus frappants d'*Iphigénie* sont ceux où Clytemnestre défend sa fille, et non pas ceux où Achille défend son amante.

On a voulu donner dans *Sémiramis* un spectacle encore plus pathétique que dans *Mérope*; on y a déployé tout l'appareil de l'ancien théâtre grec. Il serait triste, après que nos grands maîtres ont surpassé les Grecs en tant de choses dans la tragédie, que notre nation ne pût les égaler dans la dignité de leurs représentations. Un des plus grands obstacles qui s'opposent sur notre théâtre à toute action grande et pathétique, est la foule des spectateurs, confondue sur la scène avec les acteurs : cette indécence se fit sentir particulièrement à la première représentation de *Sémiramis*. La principale actrice de Londres, qui était présente à ce spectacle, ne revenait point de son étonnement : elle ne pouvait concevoir comment il y avait des hommes assez ennemis de leurs plaisirs pour gâter ainsi le spectacle sans en jouir. Cet abus a été corrigé dans la suite aux représentations de *Sémiramis*; et il pourrait aisément être supprimé pour jamais. Il ne faut pas s'y méprendre : un inconvénient tel que celui-là seul a suffi pour priver la France de beaucoup de chefs-d'œuvre, qu'on aurait sans doute hasardés, si on avait eu un théâtre libre, propre pour l'action, et tel qu'il est chez toutes les autres nations de l'Europe.

Mais ce grand défaut n'est pas assurément le seul qui doive être corrigé. Je ne puis assez m'étonner ni me plaindre du peu de soin qu'on a en France de rendre les théâtres dignes des excellents ouvrages qu'on y représente, et de la nation qui en fait ses délices. *Cinna*, *Athalie*, méritaient d'être représentés ailleurs que dans un jeu de paume, au bout duquel on a élevé quelques décorations du plus mauvais goût, et dans lequel les spectateurs sont placés, contre tout ordre et contre toute raison, les uns debout sur le théâtre même, les autres debout dans ce qu'on appelle *parterre*, où ils sont gênés et pressés indécemment, et où ils se précipitent quelquefois en tumulte les uns sur les autres, comme dans une sédition populaire. On représente, au fond du Nord, nos ouvrages dramatiques dans des salles mille fois plus magnifiques, mieux entendues, et avec beaucoup plus de décence.

Que nous sommes loin surtout de l'intelligence et du bon goût qui règnent en ce genre dans presque toutes vos villes d'Italie! Il est honteux de laisser subsister encore ces restes de barbarie dans une ville si grande, si peuplée, si opulente et si polie. La dixième partie de ce que nous dépensons tous les jours en bagatelles, aussi magnifiques qu'inutiles et peu durables, suffirait pour élever des monuments publics en tous les genres, pour rendre Paris aussi magnifique qu'il est riche et peuplé, et pour l'égaler un jour à Rome, qui est notre modèle en tant de choses. C'était un des projets de l'immortel Colbert. J'ose me flatter qu'on pardonnera cette petite digression à mon amour pour les arts et pour ma patrie, et que, peut-être même un jour, elle inspirera aux magistrats qui sont à la tête de cette ville la noble envie d'imiter les magistrats d'Athènes et de Rome, et ceux de l'Italie moderne.

Un théâtre construit selon les règles doit être très-vaste; il doit représenter une partie d'une place publique, le péristyle d'un palais, l'entrée d'un temple. Il doit être fait de sorte qu'un personnage, vu par les spectateurs, puisse ne l'être point par les autres personnages, selon le besoin. Il doit en imposer aux yeux, qu'il faut toujours séduire les premiers. Il doit être susceptible de la pompe la plus majestueuse. Tous les spectateurs doivent voir et entendre également, en quelque endroit qu'ils soient placés. Comment cela peut-il s'exécuter sur une scène étroite, au milieu d'une foule de jeunes gens qui laissent à peine dix pieds de place aux acteurs! De là vient que la plupart des pièces ne sont que de longues conversations : toute action théâtrale est souvent manquée et ridicule. Cet abus subsiste, comme tant d'autres, par la raison qu'il est établi, et parce qu'on jette rarement sa maison par terre, quoiqu'on sache qu'elle est mal tournée. Un abus public n'est jamais corrigé qu'à la dernière extrémité. Au reste, quand je parle d'une action théâtrale, je parle d'un appareil, d'une cérémonie, d'une assemblée, d'un événement nécessaire à la pièce, et non pas de ces vains spectacles plus puérils que pompeux, de ces ressources du décorateur qui suppléent à la stérilité du poète, et qui amusent les yeux, quand on ne sait pas parler aux oreilles et à l'ame. J'ai vu à Londres une pièce où l'on représentait le couronnement du roi d'Angleterre, dans toute l'exactitude possible. Un chevalier armé de toutes pièces entrait à cheval sur le théâtre. J'ai quelquefois entendu dire à des étrangers : *Ah! le bel opéra que nous avons eu! on y voyait passer au galop plus de deux cents gardes.* Ces gens-là ne savaient pas que quatre beaux vers valent mieux dans une pièce qu'un régiment de cavalerie. Nous avons à Paris une troupe comique étrangère, qui, ayant rarement de bons ouvrages à représenter, donne sur le théâtre des feux d'artifice. Il y a long-temps qu'Horace, l'homme de l'antiquité qui avait le plus de goût, a condamné ces sottises qui leurrent le peuple.

Esseda festinant, pilenta, petorrita, naves;
Captivum portatur ebur, captiva Corinthus.
Si foret in terris, rideret Democritus.....
Spectaret populum ludis attentiùs ipsis

Lib. II, Ep. 1.

DISSERTATION

TROISIÈME PARTIE.

De Sémiramis.

Par tout ce que je viens d'avoir l'honneur de vous dire, Monseigneur, vous voyez que c'était une entreprise assez hardie de représenter Sémiramis assemblant les ordres de l'Etat pour leur annoncer son mariage; l'ombre de Ninus sortant de son tombeau pour prévenir un inceste et pour venger sa mort; Sémiramis entrant dans ce mausolée, et en sortant expirante et percée de la main de son fils. Il était à craindre que ce spectacle ne révoltât : et d'abord, en effet, la plupart de ceux qui fréquentent les spectacles, accoutumés à des élégies amoureuses, se liguèrent contre ce nouveau genre de tragédie. On dit qu'autrefois, dans une ville de la grande Grèce, on proposait des prix pour ceux qui inventeraient des plaisirs nouveaux. Ce fut ici tout le contraire. Mais quelques efforts qu'on ait faits pour faire tomber cette espèce de drame, vraiment terrible et tragique, on n'a pu y réussir; on disait et on écrivait de tous côtés que l'on ne croit plus aux revenants, et que les apparitions des morts ne peuvent être que puériles aux yeux d'une nation éclairée. Quoi! toute l'antiquité aura cru ces prodiges, et il ne sera pas permis de se conformer à l'antiquité? Quoi! notre religion aura consacré ces coups extraordinaires de la Providence, et il serait ridicule de les renouveler?

Les Romains philosophes ne croyaient pas aux revenants du temps des empereurs; et cependant le jeune Pompée évoque une ombre dans la *Pharsale*. Les Anglais ne croient pas assurément plus que les Romains aux revenants : cependant ils voient tous les jours avez plaisir, dans la tragédie d'*Hamlet*, l'ombre d'un roi qui paraît sur le théâtre dans une occasion à-peu-près semblable à celle où l'on a vu à Paris le spectre de Ninus. Je suis bien loin assurément de justifier en tout la tragédie d'*Hamlet*; c'est une pièce grossière et barbare, qui ne serait pas supportée par la plus vile populace de la France et de l'Italie. Hamlet y devient fou au second acte, et sa maîtresse devient folle au troisième; le prince tue le père de sa maîtresse, feignant de tuer un rat; et l'héroïne se jette dans la rivière. On fait sa fosse sur le théâtre; des fossoyeurs disent des quolibets dignes d'eux, en tenant dans leurs mains des têtes de morts : le prince Hamlet répond à leurs grossièretés abominables par des folies non moins dégoûtantes. Pendant ce temps-là, un des acteurs fait la conquête de la Pologne. Hamlet, sa mère et son beau-père, boivent ensemble sur le théâtre : on chante à table, on s'y querelle, on se bat, on se tue; on croirait que cet ouvrage est le fruit de l'imagination d'un sauvage ivre. Mais parmi ces irrégularités grossières, qui rendent encore aujourd'hui le théâtre anglais si absurde et si barbare, on trouve dans *Hamlet*, par une bizarrerie encore plus grande, des traits sublimes, dignes des plus grands génies. Il semble que la nature se soit plu à rassembler, dans la tête de Shakspeare, ce qu'on peut imaginer de plus fort et de plus grand avec ce que la grossièreté sans esprit peut avoir de plus bas et de plus détestable.

Il faut avouer que, parmi les beautés qui étincellent au milieu de ces terribles extravagances, l'ombre du père d'Hamlet est un des coups de théâtre les plus frappants. Il fait toujours un grand effet sur les Anglais, je dis sur ceux qui sont le plus instruits, et qui sentent le mieux toute l'irrégularité de leur ancien théâtre. Cette ombre inspire plus de terreur à la seule lecture que n'en fait naître l'apparition de Darius dans la tragédie d'Eschyle, intitulée les *Perses*. Pourquoi ? parce que Darius, dans *Eschyle*, ne paraît que pour annoncer les malheurs de sa famille, au lieu que, dans Shakspeare, l'ombre du père d'Hamlet vient demander vengeance, vient révéler des crimes secrets : elle n'est ni inutile, ni amenée par force ; elle sert à convaincre qu'il y a un pouvoir invisible qui est le maître de la nature. Les hommes, qui ont tous un fonds de justice dans le cœur, souhaitent naturellement que le Ciel s'intéresse à venger l'innocence : on verra avec plaisir, en tout temps et en tout pays, qu'un Etre suprême s'occupe à punir les crimes de ceux que les hommes ne peuvent appeler en jugement : c'est une consolation pour le faible; c'est un frein pour le pervers qui est puissant.

> Du Ciel, quand il le faut, la justice suprême
> Suspend l'ordre éternel, établi par lui-même;
> Il permet à la mort d'interrompre ses lois,
> Pour l'effroi de la terre, et l'exemple des rois.

Voilà ce que dit à Sémiramis le pontife de Babylone, et ce que le successeur de Samuel aurait pu dire à Saül, quand l'ombre de Samuel vint lui annoncer sa condamnation.

Je vais plus avant, et j'ose affirmer que, lorsqu'un tel prodige est annoncé dans le commencement d'une tragédie, quand il est préparé, quand on est parvenu enfin jusqu'au point de le rendre nécessaire, de le faire desirer même par les spectateurs, il se place alors au rang des choses naturelles.

On sait bien que ces grands artifices ne doivent pas être prodigués.

> *Nec Deus intersit, nisi dignus vindice nodus.*

Je ne voudrais pas assurément, à l'imitation d'Euripide, faire descendre Diane à la fin de la tragédie de Phèdre, ni Minerve dans l'*Iphigénie en Tauride*. Je ne voudrais pas, comme Shakspeare, faire apparaître à Brutus son mauvais génie. Je voudrais que de telles hardiesses ne fussent employées que quand elles servent à-la-fois à mettre dans la pièce de l'intrigue et de la terreur : et je voudrais surtout que l'intervention de ces êtres surnaturels ne parût pas absolument nécessaire. Je m'explique : si le nœud d'un poème tragique est tellement embrouillé, qu'on ne puisse se tirer d'embarras que par le secours d'un prodige, le spectateur sent la gêne où l'auteur s'est mis, et la faiblesse de sa ressource; il ne voit qu'un écrivain qui se tire maladroitement d'un mauvais pas. Plus d'illusion, plus d'intérêt.

Quodcumque ostendis mihi sic, incredulus odi.

Mais je suppose que l'auteur d'une tragédie se fût proposé pour but d'avertir les hommes que DIEU punit quelquefois de grands crimes par des voies extraordinaires; je suppose que sa pièce fût conduite avec un tel art, que le spectateur attendît à tout moment l'ombre d'un prince assassiné, qui demande vengeance, sans que cette apparition fût une ressource absolument nécessaire à une intrigue embarrassée : je dis qu'alors ce prodige, bien ménagé, ferait un très-grand effet en toute langue, en tout temps et en tout pays.

Tel est à-peu-près l'artifice de la tragédie de *Sémiramis* (aux beautés près, dont je n'ai pu l'orner). On voit, dès la première scène, que tout doit se faire par le ministère céleste; tout roule d'acte en acte sur cette idée. C'est un dieu vengeur, qui inspire à Sémiramis des remords qu'elle n'eût point eus dans ses prospérités, si les cris de Ninus même ne fussent venus l'épouvanter au milieu de sa gloire. C'est ce dieu qui se sert de ces remords mêmes qu'il lui donne, pour préparer son châtiment; et c'est de là même que résulte l'instruction qu'on peut tirer de la pièce. Les anciens avaient souvent dans les ouvrages le but d'établir quelque grande maxime, ainsi Sophocle finit son *OEdipe* en disant qu'il ne faut jamais appeler un homme heureux avant sa mort : ici toute la morale de la pièce est renfermée dans ces vers :

...... Il est donc des forfaits
Que le courroux des Dieux ne pardonne jamais!

maxime bien autrement importante que celle de Sophocle. Mais quelle instruction, dira-t-on, le commun des hommes peut-il tirer d'un crime si rare, et d'une punition plus rare encore? J'avoue que la catastrophe de Sémiramis n'arrivera pas souvent; mais ce qui arrive tous les jours se trouve dans les derniers vers de la pièce :

...... Apprenez tous du moins
Que les crimes secrets ont les Dieux pour témoins.

Il y a peu de familles sur la terre où l'on ne puisse quelquefois s'appliquer ces vers; c'est par-là que les sujets tragiques les plus au-dessus des fortunes communes, ont les rapports les plus vrais avec les mœurs de tous les hommes.

Je pourrais surtout appliquer à la tragédie de *Sémiramis* la morale par laquelle Euripide finit son *Alceste*, pièce dans laquelle le merveilleux règne bien davantage : *Que les Dieux emploient des moyens étonnants pour exécuter leurs éternels décrets ! Que les grands événements qu'ils ménagent, surpassent les idées des mortels !*

Enfin, Monseigneur, c'est uniquement parce que cet ouvrage respire la morale la plus pure, et même la plus sévère, que je le présente à votre Eminence. La véritable tragédie est l'école de la vertu ; et la seule différence qui soit entre le théâtre épuré et les livres de morale, c'est que l'instruction se trouve dans la tragédie toute en action, c'est qu'elle y est intéressante, et qu'elle se montre relevée des charmes d'un art qui ne fut inventé autrefois que pour instruire la terre et pour bénir le Ciel, et qui, par cette raison, fut appelé le langage des Dieux. Vous qui joignez ce grand art à tant d'autres, vous me pardonnez sans doute le long détail où je suis entré sur des choses qui n'avaient pas peut-être été encore tout-à-fait éclaircies, et qui le seraient, si votre Eminence daignait me communiquer ses lumières sur l'antiquité, dont elle a une si profonde connaissance.

AVERTISSEMENT.

Cette tragédie d'une espèce particulière, et qui demandait un appareil peu commun sur le théâtre de Paris, avait été demandée pour l'infante d'Espagne, dauphine de France, qui, remplie de la lecture des anciens, aimait les ouvrages de ce caractère. Si elle eût vécu, elle eût protégé les arts, et donné dès-lors au théâtre plus de pompe et de dignité.

PERSONNAGES.

SÉMIRAMIS, reine de Babylone.
ARZACE ou NINIAS, fils de Sémiramis.
AZÉMA, princesse du sang de Bélus.
ASSUR, prince du sang de Bélus.
OROÈS, grand-prêtre.
OTANE, ministre attaché à Sémiramis.
MITRANE, ami d'Arzace.
CÉDAR, attaché à Assur.
Gardes, mages, esclaves, suite.

La scène est à Babylone.

SÉMIRAMIS,
TRAGÉDIE.

ACTE PREMIER.

Le théâtre représente un vaste péristyle, au fond duquel est le palais de Sémiramis. Les jardins en terrasses sont élevés au-dessus du palais. Le temple des mages est à droite, et un mausolée à gauche, orné d'obélisques.

SCÈNE I.

ARZACE, MITRANE.

(Deux esclaves portent une cassette dans le lointain.)

ARZACE.

Oui, Mitrane, en secret l'ordre émané du trône
Remet entre tes bras Arzace à Babylone.
Que la reine en ces lieux, brillants de sa splendeur,
De son puissant génie imprime la grandeur!
Quel art a pu former ces enceintes profondes,
Où l'Euphrate égaré porte en tribut ses ondes;
Ce temple, ces jardins dans les airs soutenus,
Ce vaste mausolée où repose Ninus?
Eternels monuments, moins admirables qu'elle!
C'est ici qu'à ses pieds Sémiramis m'appelle.

Les rois de l'Orient, loin d'être prosternés,
N'ont point eu ces honneurs qui me sont destinés :
Je vais, dans son éclat, voir cette reine heureuse.

MITRANE.

La renommée, Arzace, est souvent bien trompeuse ;
Et peut-être avec moi bientôt vous gémirez,
Quand vous verrez de près ce que vous admirez.

ARZACE.

Comment ?

MITRANE.

Sémiramis, à ses douleurs livrée,
Sème ici les chagrins dont elle est dévorée :
L'horreur qui l'épouvante, est dans tous les esprits.
Tantôt remplissant l'air de ses lugubres cris,
Tantôt morne, abattue, égarée, interdite,
De quelque dieu vengeur évitant la poursuite,
Elle tombe à genoux vers ces lieux retirés,
A la nuit, au silence, à la mort consacrés ;
Séjour où nul mortel n'osa jamais descendre,
Où de Ninus, mon maître, on conserve la cendre.
Elle approche à pas lents, l'air sombre, intimidé,
Et se frappant le sein de ses pleurs inondé.
A travers les horreurs d'un silence farouche,
Les noms de fils, d'époux, échappent de sa bouche :
Elle invoque les Dieux ; mais les Dieux irrités
Ont corrompu le cours de ses prospérités.

ARZACE.

Quelle est d'un tel état l'origine imprévue ?

MITRANE.

L'effet en est affreux, la cause est inconnue.

ARZACE.
Et depuis quand les Dieux l'accablent-ils ainsi?
MITRANE.
Depuis qu'elle ordonna que vous vinssiez ici.
ARZACE.
Moi?
MITRANE.
Vous : ce fut, Seigneur, au milieu de ces fêtes,
Quand Babylone en feu célébrait vos conquêtes;
Lorsqu'on vit déployer ces drapeaux suspendus,
Monuments des Etats à vos armes rendus;
Lorsqu'avec tant d'éclat l'Euphrate vit paraître
Cette jeune Azéma, la nièce de mon maître,
Ce pur sang de Bélus et de nos souverains,
Qu'aux Scythes ravisseurs ont arraché vos mains :
Ce trône a vu flétrir sa majesté suprême,
Dans des jours de triomphe, au sein du bonheur même.
ARZACE.
Azéma n'a point part à ce trouble odieux :
Un seul de ses regards adoucirait les Dieux.
Azéma d'un malheur ne peut être la cause.
Mais de tout, cependant, Sémiramis dispose :
Son cœur en ces horreurs n'est pas toujours plongé?
MITRANE.
De ces chagrins mortels son esprit dégagé
Souvent reprend sa force et sa splendeur première.
J'y revois tous les traits de cette ame si fière,
A qui les plus grands rois, sur la terre adorés,
Même par leurs flatteurs ne sont pas comparés.
Mais lorsque, succombant au mal qui la déchire,

Ses mains laissent flotter les rênes de l'empire,
Alors le fier Assur, ce satrape insolent,
Fait gémir le palais sous son joug accablant.
Ce secret de l'Etat, cette honte du trône,
N'ont point encor percé les murs de Babylone.
Ailleurs on nous envie ; ici nous gémissons.

ARZACE.

Pour les faibles humains quelles hautes leçons !
Que partout le bonheur est mêlé d'amertume !
Qu'un trouble aussi cruel m'agite et me consume !
Privé de ce mortel dont les yeux éclairés
Auraient conduit mes pas à la cour égarés,
Accusant le destin qui m'a ravi mon père,
En proie aux passions d'un âge téméraire,
A mes vœux orgueilleux sans guide abandonné,
De quels écueils nouveaux je marche environné !

MITRANE.

J'ai pleuré comme vous ce vieillard vénérable ;
Phradate m'était cher, et sa perte m'accable :
Hélas ! Ninus l'aimait ; il lui donna son fils ;
Ninias, notre espoir, à ses mains fut remis.
Un même jour ravit et le fils et le père ;
Il s'imposa dès-lors un exil volontaire ;
Mais enfin son exil a fait votre grandeur.
Elevé près de lui dans les champs de l'honneur,
Vous avez à l'empire ajouté des provinces ;
Et, placé par la gloire au rang des plus grands princes,
Vous êtes devenu l'ouvrage de vos mains.

ARZACE.

Je ne sais en ces lieux quels seront mes destins.

Aux plaines d'Arbazan quelques succès peut-être,
Quelques travaux heureux m'ont assez fait connaître;
Et quand Sémiramis, aux rives de l'Oxus,
Veut imposer des lois à cent peuples vaincus,
Elle laissa tomber de son char de victoire
Sur mon front jeune encore un rayon de sa gloire;
Mais souvent dans les camps un soldat honoré
Rampe à la cour des rois, et languit ignoré.
  Mon père, en expirant, me dit que ma fortune
Dépendait en ces lieux de la cause commune.
Il remit dans mes mains ces gages précieux,
Qu'il conserva toujours loin des profanes yeux :
Je dois les déposer dans les mains du grand-prêtre;
Lui seul doit en juger, lui seul doit les connaître;
Sur mon sort, en secret, je dois le consulter;
A Sémiramis même il peut me présenter.

MITRANE.

Rarement il l'approche : obscur et solitaire,
Renfermé dans les soins de son saint ministère,
Sans vaine ambition, sans crainte, sans détour,
On le voit dans son temple, et jamais à la cour.
Il n'a point affecté l'orgueil du rang suprême,
Ni placé sa tiare auprès du diadème;
Moins il veut être grand, plus il est révéré.
Quelque accès m'est ouvert en ce séjour sacré;
Je puis même en secret lui parler à cette heure.
Vous le verrez ici, non loin de sa demeure,
Avant qu'un jour plus grand vienne éclairer nos yeux.

SCÈNE II.

ARZACE, *seul.*

Eh! quelle est donc sur moi la volonté des Dieux?
Que me réservent-ils? et d'où vient que mon père
M'envoie, en expirant, aux pieds du sanctuaire?
Moi soldat, moi nourri dans l'horreur des combats,
Moi qu'enfin l'amour seul entraîne sur ses pas?
Aux dieux des Chaldéens quel service ai-je à rendre?
Mais quelle voix plaintive ici se fait entendre?
(*On entend des gémissements sortir du fond du tombeau, ou l'on suppose qu'ils sont entendus.*)
Du fond de cette tombe, un cri lugubre, affreux,
Sur mon front pâlissant fait dresser mes cheveux;
De Ninus, m'a-t-on dit, l'ombre en ces lieux habite...
Les cris ont redoublé, mon ame est interdite.
Séjour sombre et sacré, mânes de ce grand roi,
Voix puissante des Dieux, que voulez-vous de moi?

SCÈNE III.

ARZACE, LE GRAND-MAGE OROÈS, SUITE DE MAGES, MITRANE.

MITRANE, *au mage Oroès.*

Oui, Seigneur, en vos mains Arzace ici doit rendre
Ces monuments secrets que vous semblez attendre.

ARZACE.

Du dieu des Chaldéens pontife redouté,
Permettez qu'un guerrier, à vos yeux présenté,

ACTE I, SCÈNE III.

Apporte à vos genoux la volonté dernière
D'un père à qui mes mains ont fermé la paupière.
Vous daignâtes l'aimer.

OROÈS.

Jeune et brave mortel,
D'un Dieu qui conduit tout le décret éternel
Vous amène à mes yeux plus que l'ordre d'un père.
De Phradate à jamais la mémoire m'est chère ;
Son fils me l'est encor plus que vous ne croyez.
Ces gages précieux, par son ordre envoyés,
Où sont-ils ?

ARZACE.

Les voici.

(*Les esclaves donnent le coffre aux mages, qui le posent sur un autel.*)

OROÈS, *ouvrant le coffre, et se penchant avec respect et avec douleur.*

C'est donc vous que je touche,
Restes chers et sacrés, je vous vois, et ma bouche
Presse avec des sanglots ces tristes monuments
Qui, m'arrachant des pleurs, attestent mes serments !
Que l'on nous laisse seuls ; allez : et vous, Mitrane,
De ce secret mystère écartez tout profane.

(*Les mages se retirent.*)

Voici ce même sceau, dont Ninus autrefois
Transmit aux nations l'empreinte de ses lois :
Je la vois cette lettre à jamais effrayante,
Que, prête à se glacer, traça sa main mourante.
Adorez ce bandeau dont il fut couronné ;
A venger son trépas ce fer est destiné,

Ce fer qui subjugua la Perse et la Médie,
Inutile instrument contre la perfidie,
Contre un poison trop sûr, dont les mortels apprêts...

ARZACE.

Ciel! que m'apprenez-vous?

OROÈS.

Ces horribles secrets
Sont encor demeurés dans une nuit profonde.
Du sein de ce sépulcre, inaccessible au monde,
Les mânes de Ninus et les Dieux outragés
Ont élevé leurs voix, et ne sont point vengés.

ARZACE.

Jugez de quelle horreur j'ai dû sentir l'atteinte.
Ici même, et du fond de cette auguste enceinte
D'affreux gémissements sont vers moi parvenus.

OROÈS.

Ces accents de la mort sont la voix de Ninus.

ARZACE.

Deux fois à mon oreille ils se sont fait entendre.

OROÈS.

Ils demandent vengeance.

ARZACE.

Il a droit de l'attendre :
Mais de qui?

OROÈS.

Les cruels dont les coupables mains
Du plus juste des rois ont privé les humains
Ont de leur trahison caché la trame impie;
Dans la nuit de la tombe elle est ensevelie.

Aisément des mortels ils ont séduit les yeux : *
Mais on ne peut tromper l'œil vigilant des Dieux :
Des plus obscurs complots il perce les abîmes.

ARZACE.

Ah! si ma faible main pouvait punir ces crimes!
Je ne sais; mais l'aspect de ce fatal tombeau
Dans mes sens étonnés porte un trouble nouveau.
Ne puis-je y consulter ce roi qu'on y révère?

OROÈS.

Non; le Ciel le défend; un oracle sévère
Nous interdit l'accès de ce séjour de pleurs,
Habité par la mort et par des dieux vengeurs.
Attendez avec moi le jour de la justice;
Il est temps qu'il arrive, et que tout s'accomplisse.
Je n'en puis dire plus; des pervers éloigné,
Je lève en paix mes mains vers le ciel indigné.
Sur ce grand intérêt, qui peut-être vous touche,
Ce Ciel, quand il lui plaît, ouvre et ferme ma bouche.
J'ai dit ce que j'ai dû; tremblez qu'en ces remparts
Une parole, un geste, un seul de vos regards,
Ne trahisse un secret que mon Dieu vous confie.
Il y va de sa gloire et du sort de l'Asie,
Il y va de vos jours. Vous, mages, approchez;
Que ces chers monuments sous l'autel soient cachés.

(*La grande porte du palais s'ouvre et se remplit de gardes. Assur paraît avec sa suite d'un autre côté.*)

Déjà le palais s'ouvre; on entre chez la reine:

* Var. des premières éditions :

．．．．．． ils ont trompé les yeux.

Voyez la Remarque à la fin du volume.

Vous voyez cet Assur, dont la grandeur hautaine
Traîne ici sur ses pas un peuple de flatteurs.
A qui, Dieu tout-puissant, donnez-vous les grandeurs?
O monstre!

ARZACE.

Quoi! Seigneur...

OROÈS.

Adieu. Quand la nuit sombre
Sur ces coupables murs viendra jeter son ombre,
Je pourrai vous parler en présence des Dieux.
Redoutez-les, Arzace; ils ont sur vous les yeux.

SCÈNE IV.

ARZACE *sur le devant du théâtre, avec* MITRANE, *qui reste auprès de lui;* ASSUR, *vers un des côtés, avec* CÉDAR *et sa suite.*

ARZACE.

De tout ce qu'il m'a dit, que mon ame est émue!
Quels crimes! quelle cour! et qu'elle est peu connue!
Quoi! Ninus, quoi! mon maître est mort empoisonné!
Et je ne vois que trop qu'Assur est soupçonné.

MITRANE, *approchant d'Arzace.*

Des rois de Babylone Assur tient sa naissance;
Sa fière autorité veut de la déférence :
La reine le ménage, on craint de l'offenser;
Et l'on peut, sans rougir, devant lui s'abaisser.

ARZACE.

Devant lui?

ACTE I, SCÈNE IV.

ASSUR, *dans l'enfoncement, à Cédar.*

Me trompé-je, Arzace à Babylone !
Sans mon ordre ! qui ? lui ! tant d'audace m'étonne.

ARZACE.

Quel orgueil !

ASSUR.

Approchez : quels intérêts nouveaux
Vous font abandonner vos camps et vos drapeaux ?
Des rives de l'Oxus quel sujet vous amène ?

ARZACE.

Mes services, Seigneur, et l'ordre de la reine.

ASSUR.

Quoi ! la reine vous mande ?

ARZACE.

Oui.

ASSUR.

Mais savez-vous bien
Que pour avoir son ordre on demande le mien ?

ARZACE.

Je l'ignorais, Seigneur ; et j'aurais pensé même
Blesser, en le croyant, l'honneur du diadème.
Pardonnez, un soldat est mauvais courtisan.
Nourri dans la Scythie, aux plaines d'Arbazan,
J'ai pu servir la cour, et non pas la connaître.

ASSUR.

L'âge, le temps, les lieux, vous l'apprendront peut-être ;
Mais ici par moi seul aux pieds du trône admis,
Que venez-vous chercher près de Sémiramis ?

ARZACE.

J'ose lui demander le prix de mon courage,
L'honneur de la servir.

ASSUR.

Vous osez davantage.
Vous ne m'expliquez pas vos vœux présomptueux :
Je sais pour Azéma vos desseins et vos feux.

ARZACE.

Je l'adore, sans doute ; et son cœur où j'aspire
Est d'un prix à mes yeux au-dessus de l'empire :
Et mes profonds respects, mon amour...

ASSUR.

Arrêtez.
Vous ne connaissez pas à qui vous insultez.
Qui ? vous ! associer la race d'un Sarmate
Au sang des demi-dieux du Tigre et de l'Euphrate ?
Je veux bien par pitié vous donner un avis :
Si vous osez porter jusqu'à Sémiramis
L'injurieux aveu que vous osez me faire,
Vous m'avez entendu, frémissez, téméraire :
Mes droits impunément ne sont pas offensés.

ARZACE.

J'y cours de ce pas même, et vous m'enhardissez :
C'est l'effet que sur moi fit toujours la menace.
Quels que soient en ces lieux les droits de votre place,
Vous n'avez pas celui d'outrager un soldat
Qui servit et la reine, et vous-même, et l'Etat.
Je vous parais hardi ; mon feu peut vous déplaire :
Mais vous me paraissez cent fois plus téméraire,

Vous qui, sous votre joug prétendant m'accabler,
Vous croyez assez grand pour me faire trembler.

ASSUR.

Pour vous punir peut-être : et je vais vous apprendre
Quel prix de tant d'audace un sujet doit attendre.

ARZACE.

Tous deux nous l'apprendrons.

SCÈNE V.

SÉMIRAMIS *paraît dans le fond, appuyée sur ses femmes :* OTANE, *son confident, va au-devant d'Assur.* ASSUR, ARZACE, MITRANE.

OTANE.

Seigneur, quittez ces lieux.
La reine en ce moment se cache à tous les yeux.
Respectez les douleurs de son ame éperdue.
Dieux, retirez la main sur sa tête étendue !

ARZACE.

Que je la plains !

ASSUR, *à l'un des siens.*

Sortons ; et, sans plus consulter,
De ce trouble inouï songeons à profiter.

(*Sémiramis avance sur la scène.*)

OTANE, *revenant à Sémiramis.*

O reine, rappelez votre force première ;
Que vos yeux, sans horreur, s'ouvrent à la lumière.

SÉMIRAMIS.

O voiles de la mort, quand viendrez-vous couvrir

SÉMIRAMIS.

Mes yeux remplis de pleurs, et lassés de s'ouvrir ! *
(*Elle marche éperdue sur la scène, croyant voir l'ombre de Ninus.*)
Abîmes, fermez-vous ; fantôme horrible, arrête :
Frappe, ou cesse à la fin de menacer ma tête.
Arzace est-il venu ?

OTANE.

Madame, en cette cour,
Arzace auprès du temple a devancé le jour.

SÉMIRAMIS.

Cette voix formidable, infernale, ou céleste,
Qui dans l'ombre des nuits pousse un cri si funeste,
M'avertit que le jour qu'Arzace doit venir
Mes douloureux tourments seront prêts à finir.

OTANE.

Au sein de ces horreurs goûtez donc quelque joie :
Espérez dans ces dieux dont le bras se déploie.

SÉMIRAMIS.

Arzace est dans ma cour !... Ah ! je sens qu'à son nom
L'horreur de mon forfait trouble moins ma raison.

OTANE.

Perdez-en pour jamais l'importune mémoire ;
Que de Sémiramis les beaux jours pleins de gloire
Effacent ce moment heureux ou malheureux
Qui d'un fatal hymen brisa le joug affreux.
Ninus, en vous chassant de son lit et du trône,
En vous perdant, Madame, eût perdu Babylone.

---

* Il y a dans une ode de J.-B. Rousseau :
    Et mes yeux baignés de larmes
    Étaient lassés de s'ouvrir.

ACTE I, SCÈNE V.

Pour le bien des mortels vous prévîntes ses coups;
Babylone et la terre avaient besoin de vous :
Et quinze ans de vertus et de travaux utiles,
Les arides déserts par vous rendus fertiles,
Les sauvages humains soumis au frein des lois,
Les arts dans nos cités naissants à votre voix,
Ces hardis monuments que l'univers admire,
Les acclamations de ce puissant empire,
Sont autant de témoins dont le cri glorieux
A déposé pour vous au tribunal des Dieux.
Enfin, si leur justice emportait la balance,
Si la mort de Ninus excitait leur vengeance,
D'où vient qu'Assur ici brave en paix leur courroux?
Assur fut en effet plus coupable que vous;
Sa main, qui prépara le breuvage homicide,
Ne tremble point pourtant, et rien ne l'intimide.

SÉMIRAMIS.

Nos destins, nos devoirs étaient trop différents;
Plus les nœuds sont sacrés, plus les crimes sont grands.
J'étais épouse, Otane, et je suis sans excuse;
Devant les Dieux vengeurs mon désespoir m'accuse.
J'avais cru que ces Dieux justement offensés,
En m'arrachant mon fils, m'avaient punie assez;
Que tant d'heureux travaux rendaient mon diadème,
Ainsi qu'au monde entier, respectable au Ciel même.
Mais, depuis quelques mois, ce spectre furieux
Vient affliger mon cœur, mon oreille, mes yeux.
Je me traîne à la tombe, où je ne puis descendre;
J'y révère de loin cette fatale cendre;
Je l'invoque en tremblant : des sons, des cris affreux,

De longs gémissements répondent à mes vœux.
D'un grand événement je me vois avertie ;
Et peut-être il est temps que le crime s'expie.

OTANE.

Mais est-il assuré que ce spectre fatal
Soit en effet sorti du séjour infernal ?
Souvent de ses erreurs notre ame est obsédée ;
De son ouvrage même elle est intimidée,
Croit voir ce qu'elle craint, et, dans l'horreur des nuits,
Voit enfin les objets qu'elle même a produits.

SÉMIRAMIS.

Je l'ai vu : ce n'est point une erreur passagère
Qu'enfante du sommeil la vapeur mensongère ;
Le sommeil, à mes yeux refusant ses douceurs,
N'a point sur mes esprits répandu ses erreurs.
Je veillais, je pensais au sort qui me menace,
Lorsqu'au bord de mon lit j'entends nommer Arzace.
Ce nom me rassurait : tu sais quel est mon cœur ;
Assur depuis un temps l'a pénétré d'horreur.
Je frémis quand il faut ménager mon complice :
Rougir devant ses yeux est mon premier supplice ;
Et je déteste en lui cet avantage affreux,
Que lui donne un forfait qui nous unit tous deux.
Je voudrais... mais faut-il, dans l'état qui m'opprime,
Par un crime nouveau punir sur lui mon crime ?
Je demandais Arzace, afin de l'opposer
Au complice odieux qui pense m'imposer ;
Je m'occupais d'Arzace, et j'étais moins troublée.
Dans ces moments de paix, qui m'avaient consolée,

ACTE I, SCÈNE V.

Ce ministre de mort a reparu soudain
Tout dégouttant de sang, et le glaive à la main :
Je crois le voir encor, je crois encor l'entendre.
Vient-il pour me punir, vient-il pour me défendre?
Arzace, au moment même, arrivait dans ma cour;
Le Ciel à mon repos a réservé ce jour :
Cependant toute en proie au trouble qui me tue,
La paix ne rentre point dans mon ame abattue.
Je passe, à tout moment, de l'espoir à l'effroi.
Le fardeau de la vie est trop pesant pour moi.
Mon trône m'importune; et ma gloire passée
N'est qu'un nouveau tourment de ma triste pensée.

 J'ai nourri mes chagrins sans les manifester;
Ma peur m'a fait rougir. J'ai craint de consulter
Ce mage révéré que chérit Babylone;
D'avilir devant lui la majesté du trône;
De montrer une fois, en présence du ciel,
Sémiramis tremblante aux regards d'un mortel.
Mais j'ai fait en secret, moins fière ou plus hardie,
Consulter Jupiter aux sables de Libye,
Comme si loin de nous le Dieu de l'univers *
N'eût mis la vérité qu'au fond de ces déserts.
Le dieu qui s'est caché dans cette sombre enceinte
A reçu dès long-temps mon hommage et ma crainte.
J'ai comblé ses autels et de dons et d'encens.
Répare-t-on le crime, hélas, par des présents?
De Memphis aujourd'hui j'attends une réponse.

---

* Imitation de ces vers de Lucain :
 ...... Sterilesne elegit arenas
 Ut caneret paucis, mersitque hoc pulvere verum?

SCÈNE VI.

SÉMIRAMIS, OTANE, MITRANE.

MITRANE.

Aux portes du palais en secret on annonce
Un prêtre de l'Egypte, arrivé de Memphis.
SÉMIRAMIS.
Je verrai donc mes maux ou comblés ou finis.
Allons, cachons surtout au reste de l'empire
Le trouble humiliant dont l'horreur me déchire;
Et qu'Arzace, à l'instant à mon ordre rendu,
Puisse apporter le calme à ce cœur éperdu!

FIN DU PREMIER ACTE.

ACTE SECOND.

SCÈNE I.

ARZACE, AZÉMA.

AZÉMA.

Arzace, écoutez-moi; cet empire indompté
Vous doit son nouveau lustre, et moi, ma liberté.
Quand les Scythes vaincus, réparant leurs défaites,
S'élancèrent sur nous de leurs vastes retraites,
Quand mon père en tombant me laissa dans leurs fers,
Vous seul, portant la foudre au fond de leurs déserts,
Brisâtes mes liens, remplîtes ma vengeance.
Je vous dois tout; mon cœur en est la récompense :
Je ne serai qu'à vous; mais notre amour nous perd.
Votre cœur généreux, trop simple et trop ouvert,
A cru qu'en cette cour, ainsi qu'en votre armée,
Suivi de vos exploits et de la renommée,
Vous pouviez déployer, sincère impunément,
La fierté d'un héros et le cœur d'un amant.
Vous outragez Assur, vous devez le connaître;
Vous ne pouvez le perdre, il menace, il est maître;
Il abuse en ces lieux de son pouvoir fatal;
Il est inexorable... il est votre rival.

ARZACE.

Il vous aime! qui? lui!

AZÉMA.
Ce cœur sombre et farouche,
Qui hait toute vertu, qu'aucun charme ne touche,
Ambitieux esclave, et tyran tour-à-tour,
S'est-il flatté de plaire, et connaît-il l'amour?
Des rois Assyriens comme lui descendue,
Et plus près de ce trône, où je suis attendue,
Il pense, en m'immolant à ses secrets desseins,
Appuyer de mes droits ses droits trop incertains.
Pour moi, si Ninias, à qui, dès sa naissance,
Ninus m'avait donnée aux jours de mon enfance;
Si l'héritier du sceptre à moi seule promis
Voyait encor le jour près de Sémiramis;
S'il me donnait son cœur avec le rang suprême,
J'en atteste l'amour, j'en jure par vous-même,
Ninias me verrait préférer aujourd'hui
Un exil avec vous, à ce trône avec lui.
Les campagnes du Scythe, et ses climats stériles,
Pleins de votre grand nom, sont d'assez doux asiles.
Le sein de ces déserts, où naquit notre amour,
Est pour moi Babylone, et deviendra ma cour.
Peut-être l'ennemi, que cet amour outrage,
A ce doux châtiment ne borne point sa rage.
J'ai démêlé son ame, et j'en vois la noirceur;
Le crime, ou je me trompe, étonne peu son cœur.
Votre gloire déjà lui fait assez d'ombrage;
Il vous craint, il vous hait.

ARZACE.
Je le hais davantage;
Mais je ne le crains pas, étant aimé de vous.

ACTE II, SCÈNE I.

Conservez vos bontés*, je brave son courroux.
La reine entre nous deux tient au moins la balance.
Je me suis vu d'abord admis en sa présence ;
Elle m'a fait sentir, à ce premier accueil,
Autant d'humanité qu'Assur avait d'orgueil ;
Et, relevant mon front prosterné vers son trône,
M'a vingt fois appelé l'appui de Babylone.
Je m'entendais flatter de cette auguste voix,
Dont tant de souverains ont adoré les lois ;
Je la voyais franchir cet immense intervalle
Qu'a mis entre elle et moi la majesté royale :
Que j'en étais touché ! qu'elle était à mes yeux
La mortelle, après vous, la plus semblable aux Dieux !

AZÉMA.

Si la reine est pour nous, Assur en vain menace ;
Je ne crains rien.

ARZACE.

J'allais, plein d'une noble audace,
Mettre à ses pieds mes vœux jusqu'à vous élevés,
Qui révoltent Assur, et que vous approuvez.
Un prêtre de l'Egypte approche au moment même,
Des oracles d'Ammon portant l'ordre suprême.
Elle ouvre le billet d'une tremblante main,
Fixe les yeux sur moi, les détourne soudain,
Laisse couler des pleurs, interdite, éperdue,
Me regarde, soupire, et s'échappe à ma vue.
On dit qu'au désespoir son grand cœur est réduit,
Que la terreur l'accable, et qu'un dieu la poursuit.

* Var. Ménagez vos bontés.

Je m'attendris sur elle; et je ne puis comprendre
Qu'après plus de quinze ans, soigneux de la défendre,
Le Ciel la persécute! et paraisse outragé.
Qu'a-t-elle fait aux Dieux? d'où vient qu'ils ont changé?

AZÉMA.

On ne parle en effet que d'augures funestes,
De mânes en courroux, de vengeances célestes.
Sémiramis troublée a semblé, quelques jours,
Des soins de son empire abandonner le cours;
Et j'ai tremblé qu'Assur, en ces jours de tristesse,
Du palais effrayé n'accablât la faiblesse.
Mais la reine a paru, tout s'est calmé soudain;
Tout a senti le poids du pouvoir souverain.
Si déjà de la cour mes yeux ont quelque usage,
La reine hait Assur, l'observe, le ménage :
Ils se craignent l'un l'autre; et, tout près d'éclater,
Quelque intérêt secret semble les arrêter.
J'ai vu Sémiramis à son nom courroucée;
La rougeur de son front trahissait sa pensée;
Son cœur paraissait plein d'un long ressentiment :
Mais souvent à la cour tout change en un moment.
Retournez et parlez.

ARZACE.

J'obéis; mais j'ignore
Si je puis à son trône être introduit encore.

AZÉMA.

Ma voix secondera mes vœux et votre espoir;
Je fais de vous aimer ma gloire et mon devoir.
Que de Sémiramis on adore l'empire,
Que l'Orient vaincu la respecte et l'admire,

ACTE II, SCÈNE I.

Dans mon triomphe heureux j'envîrai peu les siens.
Le monde est à ses pieds, mais Arzace est aux miens.
Allez. Assur paraît.

ARZACE.

Qui? ce traître! à sa vue,
D'une invincible horreur je sens mon ame émue.

SCÈNE II.

ASSUR, CÉDAR, ARZACE, AZÉMA.

ASSUR, *à Cédar.*

Va, dis-je, et vois enfin si les temps sont venus
De lui porter des coups trop long-temps retenus.
(Cédar sort.)
Quoi! je le vois encore! il brave encor ma haine!

ARZACE.

Vous voyez un sujet protégé par sa reine.

ASSUR.

Elle a daigné vous voir; mais vous a-t-elle appris
De l'orgueil d'un sujet quel est le digne prix?
Savez-vous qu'Azéma, la fille de vos maîtres,
Ne doit unir son sang qu'au sang de ses ancêtres?
Et que de Ninias épouse en son berceau...

ARZACE.

Je sais que Ninias, Seigneur, est au tombeau,
Que son père avec lui mourut d'un coup funeste;
Il me suffit.

ASSUR.

Eh bien, apprenez donc le reste.

Sachez que de Ninus le droit m'est assuré,
Qu'entre son trône et moi je ne vois qu'un degré;
Que la reine m'écoute, et souvent sacrifie
A mes justes conseils un sujet qui s'oublie;
Et que tous vos respects ne pourront effacer
Les téméraires vœux qui m'osaient offenser.

ARZACE.

Instruit à respecter le sang qui vous fit naître,
Sans redouter en vous l'autorité d'un maître,
Je sais ce qu'on vous doit, surtout en ces climats;
Et je m'en souviendrais, si vous n'en parliez pas.
Vos aïeux, dont Bélus a fondé la noblesse,
Sont votre premier droit au cœur de la princesse.
Vos intérêts présents, le soin de l'avenir,
Le besoin de l'Etat, tout semble vous unir.
Moi, contre tant de droits, qu'il me faut reconnaître,
J'ose en opposer un qui les vaut tous peut-être :
J'aime : et j'ajouterais, Seigneur, que mon secours
A vengé ses malheurs, a défendu ses jours,
A soutenu ce trône où son destin l'appelle,
Si j'osais, comme vous, me vanter devant elle.
Je vais remplir son ordre à mon zèle commis;
Je n'en reçois que d'elle et de Sémiramis.
L'Etat peut, quelque jour, être en votre puissance;
Le Ciel donne souvent des rois dans sa vengeance :
Mais il vous trompe au moins dans l'un de vos projets,
Si vous comptez Arzace au rang de vos sujets.

ASSUR.

Tu combles la mesure, et tu cours à ta perte.

SCÈNE III.

ASSUR, AZÉMA.

ASSUR.

Madame, son audace est trop long-temps soufferte.
Mais puis-je en liberté m'expliquer avec vous
Sur un sujet plus noble et plus digne de nous?

AZÉMA.

En est-il? mais parlez.

ASSUR.

Bientôt l'Asie entière
Sur vos pas et les miens ouvre une autre carrière :
Les faibles intérêts doivent peu nous frapper;
L'univers nous appelle, et va nous occuper.
Sémiramis n'est plus que l'ombre d'elle-même;
Le ciel semble abaisser cette grandeur suprême :
Cet astre si brillant, si long-temps respecté,
Penche vers son déclin, sans force et sans clarté.
On le voit, on murmure; et déjà Babylone
Demande à haute voix un héritier du trône.
Ce mot en dit assez; vous connaissez mes droits :
Ce n'est point à l'amour à nous donner des rois.
Non qu'à tant de beautés mon ame inaccessible
Se fasse une vertu de paraître insensible;
Mais pour vous et pour moi j'aurais trop à rougir,
Si le sort de l'Etat dépendait d'un soupir.
Un sentiment plus digne et de l'un et de l'autre
Doit gouverner mon sort, et commander au vôtre.

Vos aïeux sont les miens, et nous les trahissons,
Nous perdons l'univers si nous nous divisons.
Je puis vous étonner; cet austère langage
Effarouche aisément les grâces de votre âge;
Mais je parle aux héros, aux rois dont vous sortez,
A tous ces demi-dieux que vous représentez.
Long-temps, foulant aux pieds leur grandeur et leur cendre,
Usurpant un pouvoir où nous devons prétendre,
Donnant aux nations ou des lois, ou des fers,
Une femme imposa silence à l'univers.
De sa grandeur qui tombe, affermissez l'ouvrage;
Elle eut votre beauté, possédez son courage.
L'amour à vos genoux ne doit se présenter
Que pour vous rendre un sceptre, et non pour vous l'ôter.
C'est ma main qui vous l'offre; et du moins je me flatte
Que vous n'immolez pas à l'amour d'un Sarmate
La majesté d'un nom qu'il vous faut respecter,
Et le trône du monde où vous devez monter.

AZÉMA.

Reposez-vous sur moi, sans insulter Arzace,
Du soin de maintenir la splendeur de ma race.
Je défendrai surtout, quand il en sera temps,
Les droits que m'ont transmis les rois dont je descends.
Je connais nos aïeux; mais après tout j'ignore
Si parmi ces héros que l'Assyrie adore
Il en est un plus grand, plus chéri des humains,
Que ce même Sarmate, objet de vos dédains.
Aux vertus, croyez-moi, rendez plus de justice :
Pour moi, quand il faudra que l'hymen m'asservisse,

C'est à Sémiramis à faire mes destins;
Et j'attendrai, Seigneur, un maître de ses mains.
J'écoute peu ces bruits que le peuple répète,
Echos tumultueux d'une voix plus secrète.
J'ignore si vos chefs, aux révoltes poussés
De servir une femme en secret sont lassés;
Je les vois à ses pieds baisser leur tête altière;
Ils peuvent murmurer, mais c'est dans la poussière.
Les Dieux, dit-on, sur elle ont étendu leur bras :
J'ignore son offense, et je ne pense pas,
Si le Ciel a parlé, Seigneur, qu'il vous choisisse
Pour annoncer son ordre, et servir sa justice.
Elle règne en un mot. Et vous qui gouvernez,
Vous prenez à ses pieds les lois que vous donnez;
Je ne connais ici que son pouvoir suprême :
Ma gloire est d'obéir; obéissez de même.

SCÈNE IV.

ASSUR, CÉDAR.

ASSUR.

Obéir! ah! ce mot fait trop rougir mon front;
J'en ai trop dévoré l'insupportable affront.
Parle, as-tu réussi? Ces semences de haine
Que nos soins en secret cultivaient avec peine,
Pourront-elles porter, au gré de ma fureur,
Les fruits que j'en attends de discorde et d'horreur?

CÉDAR.

J'ose espérer beaucoup. Le peuple enfin commence
A sortir du respect et de ce long silence

Où le nom, les exploits, l'art de Sémiramis,
Ont enchaîné les cœurs étonnés et soumis.
On veut un successeur au trône d'Assyrie;
Et quiconque, Seigneur, aime encor la patrie,
Ou qui, gagné par moi, se vante de l'aimer,
Dit qu'il nous faut un maître, et qu'il faut vous nommer.

ASSUR.

Chagrins toujours cuisants! honte toujours nouvelle!
Quoi! ma gloire, mon rang, mon destin dépend d'elle!
Quoi! j'aurais fait mourir et Ninus et son fils,
Pour ramper le premier devant Sémiramis,
Pour languir dans l'éclat d'une illustre disgrace,
Près du trône du monde à la seconde place!
La reine se bornait à la mort d'un époux;
Mais j'étendis plus loin ma fureur et mes coups.
Ninias, en secret privé de la lumière,
Du trône où j'aspirais m'entr'ouvrait la barrière,
Quand sa puissante main la ferma sous mes pas.
C'est en vain que, flattant l'orgueil de ses appas,
J'avais cru chaque jour prendre sur sa jeunesse
Cet heureux ascendant que les soins, la souplesse,
L'attention, le temps, savent si bien donner
Sur un cœur sans dessein, facile à gouverner.
Je connus mal cette ame inflexible et profonde.
Rien ne la put toucher que l'empire du monde.
Elle en parut trop digne, il le faut avouer:
Je suis dans mes fureurs contraint à la louer.
Je la vis retenir, dans ses mains assurées,
De l'Etat chancelant les rênes égarées,
Apaiser le murmure, étouffer les complots,

Gouverner en monarque, et combattre en héros.
Je la vis captiver et le peuple et l'armée.
Ce grand art d'imposer même à la renommée,
Fut l'art qui sous son joug enchaîna les esprits :
L'univers à ses pieds demeure encor surpris.
Que dis-je? sa beauté, ce flatteur avantage,
Fit adorer les lois qu'imposa son courage;
Et quand dans mon dépit j'ai voulu conspirer,
Mes amis consternés n'ont su que l'admirer.

CÉDAR.

Ce charme se dissipe, et ce pouvoir chancelle;
Son génie égaré semble s'éloigner d'elle.
Un vrai remords la trouble; et sa crédulité
A depuis quelque temps en secret consulté
Ces oracles menteurs d'un temple méprisable,
Que les fourbes d'Egypte ont rendu vénérable.
Son encens et ses vœux fatiguent les autels;
Elle devient semblable au reste des mortels :
Elle a connu la crainte.

ASSUR.

Accablons sa faiblesse.
Je ne puis m'élever qu'autant qu'elle s'abaisse.
De Babylone au moins j'ai fait parler la voix.
Sémiramis enfin va céder une fois.
Ce premier coup porté, sa ruine est certaine.
Me donner Azéma, c'est cesser d'être reine;
Oser me refuser, soulève ses Etats;
Et de tous les côtés le piége est sous ses pas.
Mais peut-être, après tout, quand je crois la surprendre,
J'ai lassé ma fortune à force de l'attendre.

CÉDAR.

Si la reine vous cède, et nomme un héritier,
Assur de son destin peut-il se défier?
De vous et d'Azéma l'union desirée
Rejoindra de nos rois la tige séparée.
Tout vous porte à l'empire, et tout parle pour vous.

ASSUR.

Pour Azéma sans doute il n'est point d'autre époux.
Mais pourquoi de si loin faire venir Arzace?
Elle a favorisé son insolente audace.
Tout prêt à le punir, je me vois retenu
Par cette même main dont il est soutenu.
Prince, mais sans sujets, ministre et sans puissance,
Environné d'honneurs, et dans la dépendance,
Tout m'afflige, une amante, un jeune audacieux
Des prêtres consultés, qui font parler leurs dieux,
Sémiramis enfin toujours en défiance,
Qui me ménage à peine, et qui craint ma présence!
Nous verrons si l'ingrate avec impunité
Ose pousser à bout un complice irrité.

(*Il veut sortir.*)

SCÈNE V.

ASSUR, OTANE, CÉDAR.

OTANE.

Seigneur, Sémiramis vous ordonne d'attendre;
Elle veut en secret vous voir et vous entendre,
Et de cet entretien qu'aucun ne soit témoin.

ASSUR.

A ses ordres sacrés j'obéis avec soin,
Otane, et j'attendrai sa volonté suprême.

SCÈNE VI.

ASSUR, CÉDAR.

ASSUR.

Eh! d'où peut donc venir ce changement extrême?
Depuis près de trois mois je lui semble odieux;
Mon aspect importun lui fait baisser les yeux :
Toujours quelque témoin nous voit et nous écoute.
De nos froids entretiens, qui lui pèsent sans doute,
Ses soudaines frayeurs interrompent le cours;
Son silence souvent répond à mes discours.
Que veut-elle me dire? ou que veut-elle apprendre?
Elle avance vers nous : c'est-elle. Va m'attendre.

SCÈNE VII.

SÉMIRAMIS, ASSUR.

SÉMIRAMIS.

Seigneur, il faut enfin que je vous ouvre un cœur
Qui long-temps devant vous dévora sa douleur.
J'ai gouverné l'Asie, et peut-être avec gloire;
Peut-être Babylone, honorant ma mémoire,
Mettra Sémiramis à côté des grands rois.
Vos mains de mon empire ont soutenu le poids.
Partout victorieuse, absolue, adorée,
De l'encens des humains je vivais enivrée :
Tranquille, j'oubliai, sans crainte et sans ennuis,
Quel degré m'éleva dans ce rang où je suis.

Des Dieux, dans mon bonheur, j'oubliai la justice;
Elle parle, je cède : et ce grand édifice,
Que je crus à l'abri des outrages du temps,
Veut être raffermi jusqu'en ses fondements.

ASSUR.

Madame, c'est à vous d'achever votre ouvrage,
De commander au temps, de prévoir son outrage.
Qui pourrait obscurcir des jours si glorieux?
Quand la terre obéit, que craignez-vous des Dieux?

SÉMIRAMIS.

La cendre de Ninus repose en cette enceinte,
Et vous me demandez le sujet de ma crainte?
Vous!

ASSUR.

Je vous avoûrai que je suis indigné
Qu'on se souvienne encor si Ninus a régné.
Craint-on, après quinze ans, ses mânes en colère?
Ils se seraient vengés, s'ils avaient pu le faire.
D'un éternel oubli ne tirez point les morts.
Je suis épouvanté, mais c'est de vos remords.
Ah! ne consultez point d'oracles inutiles :
C'est par la fermeté qu'on rend les dieux faciles.
Ce fantôme inouï qui paraît en ce jour,
Qui naquit de la crainte et l'enfante à son tour,
Peut-il vous effrayer par tous ses vains prestiges?
Pour qui ne les craint point, il n'est point de prodiges :
Ils sont l'appât grossier des peuples ignorants,
L'invention du fourbe, et le mépris des grands.
Mais si quelque intérêt plus noble et plus solide
Eclaire votre esprit, qu'un vain trouble intimide;

S'il vous faut de Bélus éterniser le sang,
Si la jeune Azéma prétend à ce haut rang...

SÉMIRAMIS.

Je viens vous en parler. Ammon et Babylone
Demandent sans détour un héritier du trône.
Il faut que de mon sceptre on partage le faix;
Et le peuple et les Dieux vont être satisfaits.
Vous le savez assez; mon superbe courage
S'était fait une loi de régner sans partage :
Je tins sur mon hymen l'univers en suspens;
Et quand la voix du peuple, à la fleur de mes ans,
Cette voix qu'aujourd'hui le Ciel même seconde,
Me pressait de donner des souverains au monde;
Si quelqu'un put prétendre au nom de mon époux,
Cet honneur, je le sais, n'appartenait qu'à vous.
Vous deviez l'espérer : mais vous pûtes connaître
Combien Sémiramis craignait d'avoir un maître.
Je vous fis, sans former un lien si fatal,
Le second de la terre, et non pas mon égal.
C'était assez, Seigneur; et j'ai l'orgueil de croire
Que ce rang aurait pu suffire à votre gloire.
Le Ciel me parle enfin, j'obéis à sa voix;
Ecoutez son oracle, et recevez mes lois.
« Babylone doit prendre une face nouvelle,
« Quand d'un second hymen allumant le flambeau,
« Mère trop malheureuse, épouse trop cruelle,
« Tu calmeras Ninus au fond de son tombeau. »
C'est ainsi que des Dieux l'ordre éternel s'explique.
Je connais vos desseins et votre politique;
Vous voulez dans l'Etat vous former un parti;

Vous m'opposez le sang dont vous êtes sorti.
De vous et d'Azéma mon successeur peut naître;
Vous briguez cet hymen, elle y prétend peut-être.
Mais moi, je ne veux pas que vos droits et les siens,
Ensemble confondus, s'arment contre les miens :
Telle est ma volonté, constante, irrévocable.
C'est à vous de juger si le dieu qui m'accable
A laissé quelque force à mes sens interdits,
Si vous reconnaissez encor Sémiramis,
Si je puis soutenir la majesté du trône.
Je vais donner, Seigneur, un maître à Babylone.
Mais soit qu'un si grand choix honore un autre ou vous,
Je serai souveraine, en prenant un époux.
Assemblez seulement les princes et les mages;
Qu'ils viennent à ma voix joindre ici leurs suffrages;
Le don de mon empire et de ma liberté
Est l'acte le plus grand de mon autorité.
Loin de le prévenir, qu'on l'attende en silence.
Le Ciel à ce grand jour attache sa clémence :
Tout m'annonce des dieux qui daignent se calmer;
Mais c'est le repentir qui doit les désarmer.
Croyez-moi; les remords, à vos yeux méprisables,
Sont la seule vertu qui reste à des coupables.
Je vous parais timide et faible : désormais
Connaissez la faiblesse; elle est dans les forfaits.
Cette crainte n'est pas honteuse au diadème;
Elle convient au rois, et surtout à vous-même :
Et je vous apprendrai qu'on peut sans s'avilir,
S'abaisser sous les Dieux, les craindre, et les servir.

SCÈNE VIII.

ASSUR, *seul.*

Quels discours étonnants! quels projets! quel langage!
Est-ce crainte, artifice, ou faiblesse, ou courage?
Prétend-elle, en cédant, raffermir ses destins?
Et s'unit-elle à moi pour tromper mes desseins?
A l'hymen d'Azéma je ne dois point prétendre!
C'est m'assurer du sien, que je dois seul attendre.
Ce que n'ont pu mes soins et nos communs forfaits,
L'hommage dont jadis je flattai ses attraits,
Mes brigues, mon dépit, la crainte de sa chute,
Un oracle d'Egypte, un songe l'exécute!
Quel pouvoir inconnu gouverne les humains!
Que de faibles ressorts font d'illustres destins!
Doutons encor de tout; voyons encor la reine.
Sa résolution me paraît trop soudaine;
Trop de soins à mes yeux paraissent l'occuper :
Et qui change aisément est faible, ou veut tromper.

FIN DU SECOND ACTE.

ACTE TROISIÈME.

SCÈNE I.

Le théâtre représente un cabinet du palais.

SÉMIRAMIS, OTANE.

SÉMIRAMIS.

Otane, qui l'eût cru, que les Dieux en colère
Me tendaient en effet une main salutaire ;
Qu'ils ne m'épouvantaient que pour se désarmer?
Ils ont ouvert l'abîme, et l'ont daigné fermer :
C'est la foudre à la main qu'ils m'ont donné ma grâce ;
Ils ont changé mon sort, ils ont conduit Arzace ;
Ils veulent mon hymen, ils veulent expier,
Par ce lien nouveau, les crimes du premier.
Non, je ne doute plus que des cœurs ils disposent :
Le mien vole au-devant de la loi qu'ils m'imposent.
Arzace, c'en est fait, je me rends ; et je voi
Que tu devais régner sur le monde et sur moi.

OTANE.

Arzace! lui ?

SÉMIRAMIS.

Tu sais qu'aux plaines de Scythie,
Quand je vengeais la Perse et subjuguais l'Asie,
Ce héros (sous son père il combattait alors),
Ce héros entouré de captifs et de morts,

M'offrit en rougissant, de ses mains triomphantes,
Des ennemis vaincus les dépouilles sanglantes.
A son premier aspect tout mon cœur étonné
Par un pouvoir secret se sentit entraîné;
Je n'en pus affaiblir le charme inconcevable :
Le reste des mortels me sembla méprisable.
Assur qui m'observait, ne fut que trop jaloux;
Dès-lors le nom d'Arzace aigrissait son courroux :
Mais l'image d'Arzace occupa ma pensée,
Avant que de nos Dieux la main me l'eût tracée;
Avant que cette voix qui commande à mon cœur
Me désignât Arzace, et nommât mon vainqueur.

OTANE.

C'est beaucoup abaisser ce superbe courage
Qui des maîtres du Gange a dédaigné l'hommage;
Qui, n'écoutant jamais de faibles sentiments,
Veut des rois pour sujets, et non pas pour amants.
Vous avez méprisé jusqu'à la beauté même,
Dont l'empire accroissait votre empire suprême;
Et vos yeux sur la terre exerçaient leur pouvoir,
Sans que vous daignassiez vous en apercevoir.
Quoi! de l'amour enfin connaissez-vous les charmes?
Et pouvez-vous passer, de ces sombres alarmes,
Au tendre sentiment qui vous parle aujourd'hui?

SÉMIRAMIS.

Non, ce n'est point l'amour qui m'entraîne vers lui :
Mon ame par les yeux ne peut-être vaincue.
Ne crois pas qu'à ce point de mon rang descendue,
Ecoutant dans mon trouble un charme suborneur,
Je donne à la beauté le prix de la valeur;

Je crois sentir du moins de plus nobles tendresses.
Malheureuse! est-ce à moi d'éprouver des faiblesses,
De connaître l'amour et ses fatales lois!
Otane, que veux-tu? je fus mère autrefois;
Mes malheureuses mains à peine cultivèrent
Ce fruit d'un triste hymen que les Dieux m'enlevèrent.
Seule, en proie aux chagrins qui venaient m'alarmer,
N'ayant autour de moi rien que je pusse aimer,
Sentant ce vide affreux de ma grandeur suprême,
M'arrachant à ma cour et m'évitant moi-même,
J'ai cherché le repos dans ces grands monuments,
D'une ame qui se fuit trompeurs amusements.
Le repos m'échappait, je sens que je le trouve;
Je m'étonne en secret du charme que j'éprouve :
Arzace me tient lieu d'un époux et d'un fils,
Et de tous mes travaux, et du monde soumis.
Que je vous dois d'encens, ô puissance céleste,
Qui, me forçant de prendre un joug jadis funeste,
Me préparez au nœud que j'avais abhorré,
En m'embrasant d'un feu par vous-même inspiré!

OTANE.

Mais vous avez prévu la douleur et la rage
Dont va frémir Assur à ce nouvel outrage;
Car enfin il se flatte, et la commune voix
A fait tomber sur lui l'honneur de votre choix :
Il ne bornera pas son dépit à se plaindre.

SÉMIRAMIS.

Je ne l'ai point trompé, je ne veux pas le craindre.
J'ai su quinze ans entiers, quel que fût son projet,
Le tenir dans le rang de mon premier sujet :

ACTE III, SCÈNE I.

A son ambition, pour moi toujours suspecte,
Je prescrivis quinze ans les bornes qu'il respecte.
Je régnais seule alors; et si ma faible main
Mit à ses vœux hardis ce redoutable-frein,
Que pourront désormais sa brigue et son audace
Contre Sémiramis unie avec Arzace?
Oui, je crois que Ninus, content de mes remords,
Pour presser cet hymen quitte le sein des morts.
Sa grande ombre en effet, déjà trop offensée,
Contre Sémiramis serait trop courroucée;
Elle verrait donner, avec trop de douleur,
Sa couronne et son lit à son empoisonneur.
Du sein de son tombeau voilà ce qui l'appelle;
Les oracles d'Ammon s'accordent avec elle;
La vertu d'Oroès ne me fait pas trembler :
Pour entendre mes lois, je l'ai fait appeler ;
Je l'attends.

OTANE.

Son crédit, son sacré caractère,
Peut appuyer le choix que vous prétendez faire.

SÉMIRAMIS.

Sa voix achèvera de rassurer mon cœur.

OTANE.

Il vient.

SCÈNE II.

SÉMIRAMIS, OROÈS.

SÉMIRAMIS.

De Zoroastre auguste successeur,
Je vais nommer un roi; vous, couronnez sa tête :
Tout est-il préparé pour cette auguste fête?

OROÈS.

Les mages et les grands attendent votre choix;
Je remplis mon devoir, et j'obéis aux rois :
Le soin de les juger n'est point notre partage;
C'est celui des Dieux seuls.

SÉMIRAMIS.

A ce sombre langage,
On dirait qu'en secret vous condamnez mes vœux.

OROÈS.

Je ne les connais pas; puissent-ils être heureux!

SÉMIRAMIS.

Mais vous interprétez les volontés célestes.
Ces signes que j'ai vus, me seraient-ils funestes?
Une ombre, un dieu, peut-être, à mes yeux s'est montré :
Dans le sein de la terre il est soudain rentré.
Quel pouvoir a brisé l'éternelle barrière
Dont le Ciel sépara l'enfer et la lumière?
D'où vient que les humains, malgré l'arrêt du sort,
Reviennent à mes yeux du séjour de la mort?

OROÈS.

Du Ciel, quand il le faut, la justice suprême
Suspend l'ordre éternel établi par lui-même :

ACTE III, SCÈNE II.

Il permet à la mort d'interrompre ses lois,
Pour l'effroi de la terre et l'exemple des rois.
SÉMIRAMIS.
Les oracles d'Ammon veulent un sacrifice.
OROÈS.
Il se fera, Madame. *
SÉMIRAMIS.
                    Eternelle justice,
Qui lisez dans mon ame avec des yeux vengeurs!
Ne la remplissez plus de nouvelles horreurs;
De mon premier hymen oubliez l'infortune.
(A Oroès qui s'éloignait.)
Revenez.
OROÈS, *revenant.*
        Je croyais ma présence importune.
SÉMIRAMIS.
Répondez : ce matin aux pieds de vos autels
Arzace a présenté des dons aux immortels?
OROÈS.
Oui, ces dons leur sont chers; Arzace a su leur plaire.
SÉMIRAMIS.
Je le crois, et ce mot me rassure et m'éclaire.
Puis-je d'un sort heureux me reposer sur lui?
OROÈS.
Arzace de l'empire est le plus digne appui;
Les Dieux l'ont amené; sa gloire est leur ouvrage.
SÉMIRAMIS.
J'accepte avec transport ce fortuné présage;

---

* Ce mot rappelle le mot terrible d'Agamemnon à Iphigénie :
    Vous y serez, ma fille.

L'espérance et la paix reviennent me calmer.
Allez ; qu'un pur encens recommence à fumer.
De vos mages, de vous, que la présence auguste
Sur l'hymen le plus grand, sur le choix le plus juste,
Attire de nos Dieux les regards souverains.
Puissent de cet Etat les éternels destins
Reprendre avec les miens une splendeur nouvelle !
Hâtez de ce beau jour la pompe solennelle.
Allez.

SCÈNE III.

SÉMIRAMIS, OTANE.

SÉMIRAMIS.

Ainsi le Ciel est d'accord avec moi ;
Je suis son interprète en choisissant un roi.
Que je vais l'étonner par le don d'un empire !
Qu'il est loin d'espérer ce moment où j'aspire !
Qu'Assur et tous les siens vont être humiliés !
Quand j'aurai dit un mot, la terre est à ses pieds.
Combien à mes bontés il faudra qu'il réponde !
Je l'épouse, et pour dot, je lui donne le monde.
Enfin ma gloire est pure, et je puis la goûter.

SCÈNE IV.

SÉMIRAMIS, OTANE, MITRANE, UN OFFICIER DU PALAIS.

OTANE.

Arzace à vos genoux demande à se jeter :
Daignez à ses douleurs accorder cette grâce.

SÉMIRAMIS.
Quel chagrin près de moi peut occuper Arzace!
De mes chagrins lui seul a dissipé l'horreur :
Qu'il vienne; il ne sait pas ce qu'il peut sur mon cœur.
Vous, dont le sang s'apaise, et dont la voix m'inspire,
O mânes redoutés, et vous, Dieux de l'empire,
Dieux des Assyriens, de Ninus, de mon fils,
Pour le favoriser soyez tous réunis.
Quel trouble en le voyant m'a soudain pénétrée!

SCÈNE V.

SÉMIRAMIS, ARZACE, AZÉMA.

ARZACE.
O reine, à vous servir ma vie est consacrée :
Je vous devais mon sang; et quand je l'ai versé,
Puisqu'il coula pour vous, je fus récompensé.
Mon père avait joui de quelque renommée;
Mes yeux l'ont vu mourir, commandant votre armée;
Il a laissé, Madame, à son malheureux fils
Des exemples frappants, peut-être mal suivis.
Je n'ose devant vous rappeler la mémoire
Des services d'un père et de sa faible gloire,
Qu'afin d'obtenir grâce à vos sacrés genoux
Pour un fils téméraire et coupable envers vous,
Qui, de ses vœux hardis écoutant l'imprudence,
Craint, même en vous servant, de vous faire une offense.
SÉMIRAMIS.
Vous, m'offenser? qui, vous? ah! ne le craignez pas.

ARZACE.

Vous donnez votre main, vous donnez vos Etats.
Sur ces grands intérêts, sur ce choix que vous faites,
Mon cœur doit renfermer ses plaintes indiscrètes :
Je dois dans le silence, et le front prosterné,
Attendre, avec cent rois, qu'un roi nous soit donné.
Mais d'Assur hautement le triomphe s'apprête ;
D'un pas audacieux il marche à sa conquête ;
Le peuple nomme Assur ; il est de votre sang :
Puisse-t-il mériter et son nom et son rang !
Mais enfin je me sens l'ame trop élevée
Pour adorer ici la main que j'ai bravée,
Pour me voir écrasé de son orgueil jaloux.
Souffrez que loin de lui, malgré moi loin de vous,
Je retourne aux climats où je vous ai servie.
J'y suis assez puissant contre sa tyrannie,
Si des bienfaits nouveaux dont j'ose me flatter...

SÉMIRAMIS.

Ah ! que m'avez-vous dit ? vous, fuir ? vous, me quitter ?
Vous pourriez craindre Assur ?

ARZACE.

Non ; ce cœur téméraire
Craint dans le monde entier votre seule colère.
Peut-être avez-vous su mes desirs orgueilleux :
Votre indignation peut confondre mes vœux.
Je tremble.

SÉMIRAMIS.

Espérez tout ; je vous ferai connaître
Qu'Assur en aucun temps ne sera votre maître.

ARZACE.

Eh bien, je l'avoûrai; mes yeux avec horreur
De votre époux en lui verraient le successeur.
Mais s'il ne peut prétendre à ce grand hyménée,
Verra-t-on à ses lois Azéma destinée?
Pardonnez à l'excès de ma présomption;
Ne redoutez-vous point sa sourde ambition?
Jadis à Ninias Azéma fut unie;
C'est dans le même sang qu'Assur puisa la vie :
Je ne suis qu'un sujet; mais j'ose contre lui...

SÉMIRAMIS.

Des sujets tels que vous sont mon plus noble appui.
Je sais vos sentiments : votre ame peu commune
Chérit Sémiramis, et non pas ma fortune.
Sur mes vrais intérêts vos yeux sont éclairés :
Je vous en fais l'arbitre, et vous les soutiendrez.
D'Assur et d'Azéma je romps l'intelligence;
J'ai prévu les dangers d'une telle alliance;
Je sais tous ses projets, ils seront confondus.

ARZACE.

Ah! puisque ainsi mes vœux sont par vous entendus,
Puisque vous avez lu dans le fond de mon ame...

AZÉMA *arrive avec précipitation.*

Reine, j'ose à vos pieds...

SÉMIRAMIS *relevant Azéma.*

Rassurez-vous, Madame :
Quel que soit mon époux, je vous garde en ces lieux
Un sort et des honneurs dignes de vos aïeux.
Destinée à mon fils, vous m'êtes toujours chère;
Et je vous vois encore avec des yeux de mère.

Placez-vous l'un et l'autre avec ceux que ma voix
A nommés pour témoins de mon auguste choix.

(*A Arzace.*)

Que l'appui de l'Etat se range auprès du trône.

SCÈNE VI.

Le cabinet où était Sémiramis fait place à un grand salon magnifiquement orné. Plusieurs officiers, avec les marques de leurs dignités, sont sur des gradins. Un trône est placé au milieu du salon. Les satrapes sont auprès du trône. Le grand-prêtre entre avec les mages. Il se place debout entre Assur et Arzace. La reine est au milieu avez Azéma et ses femmes. Des gardes occupent le fond du salon.

OROÈS.

Princes, mages, guerriers, soutiens de Babylone,
Par l'ordre de la reine en ces lieux rassemblés,
Les décrets de nos Dieux vous seront révélés :
Ils veillent sur l'empire ; et voici la journée
Qu'à de grands changements ils avaient destinée.
Quel que soit le monarque, et quel que soit l'époux
Que la reine ait choisi pour l'élever sur nous,
C'est à nous d'obéir... J'apporte au nom des mages
Ce que je dois aux rois, des vœux et des hommages,
Des souhaits pour leur gloire, et surtout pour l'Etat.
Puissent ces jours nouveaux de grandeur et d'éclat
N'être jamais changés en des jours de ténèbres,
Ni ces chants d'allégresse en des plaintes funèbres !

AZÉMA.

Pontife, et vous, Seigneurs, on va nommer un roi :
Ce grand choix, tel qu'il soit, peut n'offenser que moi.

ACTE III, SCÈNE VI.

Mais je naquis sujette, et je le suis encore;
Je m'abandonne aux soins dont la reine m'honore;
Et, sans oser prévoir un sinistre avenir,
Je donne à ses sujets l'exemple d'obéir.

ASSUR.

Quoi qu'il puisse arriver, quoi que le Ciel décide,
Que le bien de l'Etat à ce grand jour préside.
Jurons tous par ce trône, et par Sémiramis,
D'être à ce choix auguste aveuglément soumis,
D'obéir sans murmure au gré de sa justice.

ARZACE.

Je le jure; et ce bras armé pour son service,
Ce cœur à qui sa voix commande après les Dieux,
Ce sang dans les combats répandu sous ses yeux,
Sont à mon nouveau maître avec le même zèle
Qui sans se démentir les anima pour elle.

OROÈS.

De la reine et des Dieux j'attends les volontés.

SÉMIRAMIS.

Il suffit; prenez place; et vous, peuple, écoutez.

(*Elle s'assied sur le trône.*)

*Azéma, Assur, le grand-prêtre, Arzace, prennent leurs places;
elle continue :*

Si la terre, quinze ans de ma gloire occupée,
Révéra dans ma main le sceptre avec l'épée,
Dans cette même main qu'un usage jaloux
Destinait au fuseau sous les lois d'un époux;
Si j'ai, de mes sujets surpassant l'espérance,
De cet empire heureux porté le poids immense,

Je vais le partager, pour le mieux maintenir,
Pour étendre sa gloire aux siècles à venir,
Pour obéir aux Dieux, dont l'ordre irrévocable
Fléchit ce cœur altier si long-temps indomptable.
Ils m'ont ôté mon fils; puissent-ils m'en donner
Qui, dignes de me suivre et de vous gouverner,
Marchant dans les sentiers que fraya mon courage,
Des grandeurs de mon règne éternisent l'ouvrage!
J'ai pu choisir sans doute entre des souverains;
Mais ceux dont les Etats entourent mes confins,
Ou sont mes ennemis, ou sont mes tributaires :
Mon sceptre n'est point fait pour leurs mains étrangères;
Et mes premiers sujets sont plus grands à mes yeux
Que tous ces rois vaincus par moi-même ou par eux.
Bélus naquit sujet; s'il eut le diadème,
Il le dut à ce peuple, il le dut à lui-même.
J'ai, par les mêmes droits, le sceptre que je tiens.
Maîtresse d'un Etat plus vaste que les siens,
J'ai vengé sous vos lois vingt peuples de l'Aurore,
Qu'au siècle de Bélus on ignorait encore.
Tout ce qu'il entreprit, je le sus achever.
Ce qui fonde un Etat, le peut seul conserver.
Il vous faut un héros digne d'un tel empire,
Digne de tels sujets, et, si j'ose le dire,
Digne de cette main qui va le couronner,
Et du cœur indompté que je vais lui donner.
J'ai consulté les lois, les maîtres du tonnerre,
L'intérêt de l'Etat, l'intérêt de la terre :
Je fais le bien du monde, en nommant un époux.
Adorez le héros qui va régner sur vous;

ACTE III, SCÈNE VI.

Voyez revivre en lui les princes de ma race.
Ce héros, cet époux, ce monarque est Arzace.
(*Elle descend du trône, et tout le monde se lève.*)

AZÉMA.

Arzace! ô perfidie!

ASSUR.

O vengeance! ô fureurs!

ARZACE, *à Azéma.*

Ah! croyez...

OROÈS.

Juste ciel! écartez ces horreurs!

SÉMIRAMIS, *avançant sur la scène, et s'adressant aux mages.*

Vous, qui sanctifiez de si pures tendresses,
Venez sur les autels garantir nos promesses;
Ninus et Ninias vous sont rendus en lui.
(*Le tonnerre gronde, et le tombeau paraît s'ébranler.*)
Ciel! qu'est-ce que j'entends?

OROÈS.

Dieux! soyez notre appui.

SÉMIRAMIS.

Le Ciel tonne sur nous : est-ce faveur, ou haine?
Grâce, Dieux tout-puissants! qu'Arzace me l'obtienne.
Quels funèbres accents redoublent mes terreurs!
La tombe s'est ouverte; il paraît... Ciel!... je meurs...
(*L'ombre de Ninus sort de son tombeau.*)

ASSUR.

L'ombre de Ninus même! ô Dieux! est-il possible!

ARZACE.

Eh bien! qu'ordonnes-tu? parle-nous, Dieu terrible.

ASSUR.

Parle.

SÉMIRAMIS.

Veux-tu me perdre, ou veux-tu pardonner?
C'est ton sceptre et ton lit que je viens de donner;
Juge si ce héros est digne de ta place.
Prononce; j'y consens.

L'OMBRE, à *Arzace*.

Tu régneras, Arzace;
Mais il est des forfaits que tu dois expier.
Dans ma tombe, à ma cendre il faut sacrifier.
Sers et mon fils et moi; souviens-toi de ton père :
Ecoute le pontife.

ARZACE.

Ombre que je révère,
Demi-Dieu dont l'esprit anime ces climats,
Ton aspect m'encourage, et ne m'étonne pas.
Oui, j'irai dans ta tombe au péril de ma vie.
Achève; que veux-tu que ma main sacrifie?

(*L'ombre retourne de son estrade à la porte du tombeau.*)

Il s'éloigne, il nous fuit!

SÉMIRAMIS.

Ombre de mon époux,
Permets qu'en ce tombeau j'embrasse tes genoux,
Que mes regrets...

L'OMBRE, à *la porte du tombeau*.

Arrête, et respecte ma cendre;
Quand il en sera temps, je t'y ferai descendre.

(*Le spectre rentre, et le mausolée se referme.*)

ACTE III, SCÈNE VI.

ASSUR.

Quel horrible prodige!

SÉMIRAMIS.

O peuples, suivez-moi,
Venez tous dans ce temple, et calmez votre effroi.
Les mânes de Ninus ne sont point implacables;
S'ils protègent Arzace, ils me sont favorables :
C'est le Ciel qui m'inspire, et qui vous donne un roi;
Venez tous l'implorer pour Arzace et pour moi.

FIN DU TROISIÈME ACTE.

ACTE QUATRIÈME.

SCÈNE I.

Le théâtre représente le vestibule du temple.

ARZACE, AZÉMA.

ARZACE.

N'IRRITEZ point mes maux; ils m'accablent assez.
Cet oracle est affreux, plus que vous ne pensez.
Des prodiges sans nombre étonnent la nature.
Le Ciel m'a tout ravi; je vous perds.

AZÉMA.

Ah! parjure!
Va, cesse d'ajouter aux horreurs de ce jour
L'indigne souvenir de ton perfide amour.
Je ne combattrai point la main qui te couronne,
Les morts qui t'ont parlé, ton cœur qui m'abandonne.
Des prodiges nouveaux qui me glacent d'effroi,
Ta barbare inconstance est le plus grand pour moi.
Achève; rends Ninus à ton crime propice;
Commence ici par moi ton affreux sacrifice :
Frappe, ingrat.

ARZACE.

C'en est trop : mon cœur désespéré
Contre ces derniers traits n'était point préparé.
Vous voyez trop, cruelle, à ma douleur profonde,
Si ce cœur vous préfère à l'empire du monde.

Ces victoires, ce nom, dont j'étais si jaloux,
Vous en étiez l'objet; j'avais tout fait pour vous;
Et mon ambition, au comble parvenue,
Jusqu'à vous mériter avait porté sa vue.
Sémiramis m'est chère; oui, je dois l'avouer;
Votre bouche avec moi conspire à la louer.
Nos yeux la regardaient comme un dieu tutélaire
Qui de nos chastes feux protégeait le mystère.
C'est avec cette ardeur, et ces vœux épurés,
Que peut-être les Dieux veulent être adorés.
Jugez de ma surprise au choix qu'a fait la reine;
Jugez du précipice où ce choix nous entraîne :
Apprenez tout mon sort.

AZÉMA.

Je le sais.

ARZACE.

Apprenez
Que l'empire ni vous ne me sont destinés.
Ce fils qu'il faut servir, ce fils de Ninus même,
Cet unique héritier de la grandeur suprême...

AZÉMA.

Eh bien?

ARZACE.

Ce Ninias, qui, presque en son berceau,
De l'hymen avec vous alluma le flambeau,
Qui naquit à-la-fois mon rival et mon maître...

AZÉMA.

Ninias!

ARZACE.

Il respire, il vient, il va paraître.

AZÉMA.
Ninias! juste ciel! Et quoi! Sémiramis...
ARZACE.
Jusqu'à ce jour trompée, elle a pleuré son fils.
AZÉMA.
Ninias est vivant!
ARZACE.
C'est un secret encore,
Renfermé dans le temple, et que la reine ignore.
AZÉMA.
Mais Ninus te couronne, et sa veuve est à toi.
ARZACE.
Mais son fils est à vous; mais son fils est mon roi;
Mais je dois le servir. Quel oracle funeste!
AZÉMA.
L'amour parle, il suffit; que m'importe le reste?
Ses ordres plus certains n'ont point d'obscurité;
Voilà mon seul oracle, il doit être écouté.
Ninias est vivant! Eh bien! qu'il reparaisse;
Que sa mère à mes yeux attestant sa promesse,
Que son père avec lui rappelé du tombeau,
Rejoignent ces liens formés dans mon berceau;
Que Ninias mon roi, ton rival et ton maître,
Ait pour moi tout l'amour que tu me dois peut-être :
Viens voir tout cet amour devant toi confondu;
Vois fouler à mes pieds le sceptre qui m'est dû.
Où donc est Ninias? quel secret, quel mystère
Le dérobe à ma vue, et le cache à sa mère?
Qu'il revienne, en un mot; lui, ni Sémiramis,
Ni ces mânes sacrés que l'enfer a vomis,

Ni le renversement de toute la nature,
Ne pourront de mon ame arracher un parjure.
Arzace, c'est à toi de te bien consulter ;
Vois si ton cœur m'égale, et s'il m'ose imiter.
Quels sont donc ces forfaits que l'enfer en furie,
Que l'ombre de Ninus ordonne qu'on expie ?
Cruel, si tu trahis un si sacré lien,
Je ne connais ici de crime que le tien.
Je vois de tes destins le fatal interprète,
Pour te dicter leurs lois, sortir de sa retraite,
Le malheureux amour, dont tu trahis la foi,
N'est point fait pour paraître entre les Dieux et toi.
Va recevoir l'arrêt dont Ninus nous menace ;
Ton sort dépend des Dieux, le mien dépend d'Arzace.

(*Elle sort.*)

ARZACE.

Arzace est à vous seule. Ah ! cruelle, arrêtez !
Quel mélange d'horreur et de félicités !
Quels étonnants destins l'un à l'autre contraires !...

SCÈNE II.

ARZACE, OROËS SUIVI DES MAGES.

OROËS, *à Arzace.*

Venez, retirons-nous vers ces lieux solitaires ;
Je vois quel trouble affreux a dû vous pénétrer :
A de plus grands assauts il faut vous préparer.

(*Aux mages.*)

Apportez ce bandeau d'un roi que je révère,
Prenez ce fer sacré, cette lettre.

(*Les mages vont chercher ce que le grand-prêtre demande.*)

ARZACE.

O mon père !
Tirez-moi de l'abîme où mes pas sont plongés !
Levez le voile affreux dont mes yeux sont chargés !

OROÈS.

Le voile va tomber, mon fils; et voici l'heure
Où, dans sa redoutable et profonde demeure,
Ninus attend de vous, pour apaiser ses cris,
L'offrande réservée à ses mânes trahis.

ARZACE.

Quel ordre? quelle offrande? et qu'est-ce qu'il desire?
Qui, moi! venger Ninus! et Ninias respire?
Qu'il vienne, il est mon roi, mon bras va le servir.

OROÈS.

Son père a commandé, ne sachez qu'obéir.
Dans une heure à sa tombe, Arzace, il faut vous rendre,
(*Il donne le diadème et l'épée à Ninias.*)
Armé du fer sacré que vos mains doivent prendre,
Ceint du même bandeau que son front a porté,
Et que vous-même ici vous m'avez présenté.

ARZACE.

Du bandeau de Ninus!

OROÈS.

Ses mânes le commandent :
C'est dans cet appareil, c'est ainsi qu'ils attendent
Ce sang qui, devant eux, doit être offert par vous.
Ne songez qu'à frapper, qu'à servir leur courroux :
La victime y sera; c'est assez vous instruire.
Reposez-vous sur eux du soin de la conduire.

ARZACE.

S'il demande mon sang, disposez de ce bras.
Mais vous ne parlez point, Seigneur, de Ninias :
Vous ne me dites point comment son père même
Me donnerait sa femme avec son diadème ?

OROÈS.

Sa femme, vous! la reine! ô Ciel! Sémiramis!
Eh bien, voici l'instant que je vous ai promis.
Connaissez vos destins et cette femme impie.

ARZACE.

Grands Dieux!

OROÈS.

De son époux elle a tranché la vie.

ARZACE.

Elle! la reine!

OROÈS.

Assur, l'opprobre de son nom,
Le détestable Assur a donné le poison.

ARZACE, *après un peu de silence.*

Ce crime dans Assur n'a rien qui me surprenne;
Mais croirai-je en effet qu'une épouse, une reine,
L'amour des nations, l'honneur des souverains,
D'un attentat si noir ait pu souiller ses mains?
A-t-on tant de vertus après un si grand crime?

OROÈS.

Ce doute, cher Arzace, est d'un cœur magnanime :
Mais ce n'est plus le temps de rien dissimuler :
Chaque instant de ce jour est fait pour révéler
Les effrayants secrets dont frémit la nature :
Elle vous parle ici; vous sentez son murmure;

Votre cœur, malgré vous, gémit épouvanté.
Ne soyez plus surpris si Ninus irrité
Est monté de la terre à ces voûtes impies :
Il vient briser des nœuds tissus par les furies;
Il vient montrer au jour des crimes impunis;
Des horreurs de l'inceste il vient sauver son fils :
Il parle, il vous attend; Ninus est votre père;
Vous êtes Ninias; la reine est votre mère.

ARZACE.

De tous ces coups mortels en un moment frappé,
Dans la nuit du trépas je reste enveloppé.
Moi, son fils! moi?

OROÈS.

Vous-même : en doutez-vous encore?
Apprenez que Ninus, à sa dernière aurore,
Sûr qu'un poison mortel en terminait le cours,
Et que le même crime attentait sur vos jours,
Qu'il attaquait en vous les sources de la vie,
Vous arracha mourant à cette cour impie.
Assur, comblant sur vous ses crimes inouïs,
Pour épouser la mère, empoisonna le fils.
Il crut que, de ses rois exterminant la race,
Le trône était ouvert à sa perfide audace;
Et lorsque le palais déplorait votre mort,
Le fidèle Phradate eut soin de votre sort.
Ces végétaux puissants qu'en Perse on voit éclore,
Bienfaits nés dans ses champs de l'astre qu'elle adore,
Par les soins de Phradate avec art préparés,
Firent sortir la mort de vos flancs déchirés;
De son fils qu'il perdit il vous donna la place;

ACTE IV, SCÈNE II.

Vous ne fûtes connu que sous le nom d'Arzace :
Il attendait le jour d'un heureux changement.
Dieu, qui juge les rois, en ordonne autrement.
La vérité terrible est du Ciel descendue,
Et du sein des tombeaux la vengeance est venue.

ARZACE.

Dieu, maître des destins, suis-je assez éprouvé ?
Vous me rendez la mort dont vous m'avez sauvé.
Eh bien ! Sémiramis... oui, je reçus la vie
Dans le sein des grandeurs et de l'ignominie.
Ma mère... ô Ciel ! Ninus ! ah ! quel aveu cruel !
Mais si le traître Assur était seul criminel,
S'il se pouvait...

OROÈS, *prenant la lettre et la lui donnant.*
Voici ces sacrés caractères,
Ces garants trop certains de ces cruels mystères ;
Le monument du crime est ici sous vos yeux :
Douterez-vous encor ?

ARZACE.
Que ne le puis-je, ô Dieux !
Donnez, je n'aurai plus de doute qui me flatte ;
Donnez.

(*Il lit.*)
« Ninus mourant au fidèle Phradate.
« Je meurs empoisonné ; prenez soin de mon fils ;
« Arrachez Ninias à des bras ennemis :
« Ma criminelle épouse... »

OROÈS.
En faut-il davantage ?
C'est de vous que je tiens cet affreux témoignage.

Ninus n'acheva point : l'approche de la mort
Glaça sa faible main qui traçait votre sort.
Phradate en cet écrit vous apprend tout le reste ;
Lisez : il vous confirme un secret si funeste.
Il suffit, Ninus parle, il arme votre bras ;
De sa tombe à son trône il va guider vos pas ;
Il veut du sang.

ARZACE, *après avoir lu.*

O jour trop fécond en miracles !
Enfer qui m'as parlé, tes funestes oracles
Sont plus obscurs encore à mon esprit troublé,
Que le sein de la tombe où je suis appelé.
Au sacrificateur on cache la victime ;
Je tremble sur le choix.

OROÈS.

Tremblez, mais sur le crime.
Allez ; dans les horreurs dont vous êtes troublé,
Le Ciel vous conduira comme il vous a parlé.
Ne vous regardez plus comme un homme ordinaire ;
Des éternels décrets sacré dépositaire,
Marqué du sceau des Dieux, séparé des humains,
Avancez dans la nuit qui couvre vos destins.
Mortel, faible instrument des Dieux de vos ancêtres,
Vous n'avez pas le droit d'interroger vos maîtres.
A la mort échappé, malheureux Ninias,
Adorez, rendez grâce, et ne murmurez pas.

SCÈNE III.

ARZACE, MITRANE.

ARZACE.

Non, je ne reviens point de cet état horrible :
Sémiramis ma mère! ô Ciel! est-il possible?

MITRANE, *arrivant*.

Babylone, Seigneur, en ce commun effroi,
Ne peut se rassurer qu'en revoyant son roi.
Souffrez que le premier je vienne reconnaître
Et l'époux de la reine, et mon auguste maître.
Sémiramis vous cherche, elle vient sur mes pas;
Je bénis ce moment, qui la met dans vos bras.
Vous ne répondez point; un désespoir farouche
Fixe vos yeux troublés, et vous ferme la bouche;
Vous pâlissez d'effroi, tout votre corps frémit.
Qu'est-ce qui s'est passé? qu'est-ce qu'on vous a dit?

ARZACE.

Fuyons vers Azéma.

MITRANE.

Quel étonnant langage!
Seigneur, est-ce bien vous? faites-vous cet outrage
Aux bontés de la reine, à ses feux, à son choix,
A ce cœur qui pour vous dédaigna tant de rois?
Son espérance en vous est-elle confondue?

ARZACE.

Dieux! c'est Sémiramis qui se montre à ma vue!
O tombe de Ninus! ô séjour des enfers!
Cachez son crime et moi dans vos gouffres ouverts.

SCÈNE IV.

SÉMIRAMIS, ARZACE, OTANE.

SÉMIRAMIS.

On n'attend plus que vous; venez, maître du monde;
Son sort, comme le mien, sur mon hymen se fonde.
Je vois avec transport ce signe révéré,
Qu'a mis sur votre front un pontife inspiré;
Ce sacré diadème, assuré témoignage
Que le Ciel et l'enfer confirment mon suffrage.
Tout le parti d'Assur, frappé d'un saint respect,
Tombe à la voix des Dieux, et tremble à mon aspect;
Ninus veut une offrande; il en est plus propice :
Pour hâter mon bonheur, hâtez ce sacrifice.
Tous les cœurs sont à nous; tout le peuple applaudit :
Vous régnez, je vous aime; Assur en vain frémit.

ARZACE, *hors de lui.*

Assur! allons... il faut dans le sang du perfide...
Dans cet infâme sang lavons son parricide;
Allons venger Ninus...

SÉMIRAMIS.

Qu'entends-je? juste Ciel!
Ninus!

ARZACE, *d'un air égaré.*

Vous m'avez dit que son bras criminel
(*Revenant à lui.*)
Avait... que l'insolent s'arme contre sa reine;
Et n'est-ce pas assez pour mériter ma haine?

ACTE IV, SCÈNE IV.

SÉMIRAMIS.

Commencez la vengeance, en recevant ma foi.

ARZACE.

Mon père!

SÉMIRAMIS.

Ah! quels regards vos yeux lancent sur moi!
Arzace, est-ce donc là ce cœur soumis et tendre.
Qu'en vous donnant ma main j'ai cru devoir attendre?
Je ne m'étonne point que ce prodige affreux,
Que les morts, déchaînés du séjour ténébreux,
De la terreur en vous laissent encor la trace;
Mais j'en suis moins troublée, en revoyant Arzace.
Ah! ne répandez pas cette funeste nuit
Sur ces premiers moments du beau jour qui me luit.
Soyez tel qu'à mes pieds je vous ai vu paraître,
Lorsque vous redoutiez d'avoir Assur pour maître.
Ne craignez point Ninus, et son ombre en courroux.
Arzace, mon appui, mon secours, mon époux;
Cher prince...

ARZACE, *se detournant*.

C'en est trop: le crime m'environne...
Arrêtez.

SÉMIRAMIS.

A quel trouble, hélas! il s'abandonne,
Quand lui seul à la paix a pu me rappeler!

ARZACE.

Sémiramis...

SÉMIRAMIS.

Eh bien?

ARZACE.

Je ne puis lui parler :
Fuyez-moi pour jamais, ou m'arrachez la vie.

SÉMIRAMIS.

Quels transports! quels discours! qui? moi! que je vous fuie?
Eclaircissez ce trouble insupportable, affreux,
Qui passe dans mon ame, et fait deux malheureux.
Les traits du désespoir sont sur votre visage :
De moment en moment vous glacez mon courage;
Et vos yeux alarmés me causent plus d'effroi
Que le Ciel et les morts soulevés contre moi.
Je tremble en vous offrant ce sacré diadème;
Ma bouche en frémissant prononce : Je vous aime.
D'un pouvoir inconnu l'invincible ascendant
M'entraîne ici vers vous, m'en repousse à l'instant;
Et, par un sentiment que je ne puis comprendre,
Mêle une horreur affreuse à l'amour le plus tendre.

ARZACE.

Haïssez-moi.

SÉMIRAMIS.

Cruel! non, tu ne le veux pas.
Mon cœur suivra ton cœur, mes pas suivront tes pas.
Quel est donc ce billet que tes yeux pleins d'alarmes
Lisent avec horreur, et trempent de leurs larmes?
Contient-il les raisons de tes refus affreux?

ARZACE.

Oui.

SÉMIRAMIS.

Donne.

ACTE IV, SCÈNE IV.

ARZACE.
Ah! je ne puis... osez-vous?...
SÉMIRAMIS.
                              Je le veux.
ARZACE.
Laissez-moi cet écrit horrible et nécessaire...
SÉMIRAMIS.
D'où le tiens-tu?
ARZACE.
Des Dieux.
SÉMIRAMIS.
                         Qui l'écrivit?
ARZACE.
                                    Mon père.
SÉMIRAMIS.
Que me dis-tu?
ARZACE.
Tremblez.
SÉMIRAMIS.
     Donne: apprends-moi mon sort.
ARZACE.
Cessez... A chaque mot vous trouveriez la mort.
SÉMIRAMIS.
N'importe; éclaircissez ce doute qui m'accable;
Ne me résistez plus, ou je vous crois coupable.
ARZACE.
Dieux, qui conduisez tout, c'est vous qui m'y forcez!
SÉMIRAMIS, *prenant le billet.*
Pour la dernière fois, Arzace, obéissez.

ARZACE.

Eh bien! que ce billet soit donc le seul supplice
Qu'à son crime, grand Dieu, réserve ta justice!
(*Sémiramis lit.*)
Vous allez trop savoir, c'en est fait.

SÉMIRAMIS, *à Otane.*

Qu'ai-je lu?
Soutiens-moi, je me meurs...

ARZACE.

Hélas! tout est connu!...

SÉMIRAMIS, *revenant à elle, après un long silence.*
Eh bien! ne tarde plus, remplis ta destinée;
Punis cette coupable et cette infortunée;
Etouffe dans mon sang mes détestables feux.
La nature trompée est horrible à tous deux.
Venge tous mes forfaits, venge la mort d'un père;
Reconnais-moi, mon fils; frappe, et punis ta mère.

ARZACE.

Que ce glaive plutôt épuise ici mon flanc
De ce sang malheureux formé de votre sang!
Qu'il perce de vos mains ce cœur qui vous révère,
Et qui porte d'un fils le sacré caractère!

SÉMIRAMIS, *se jetant à genoux.*

Ah! je fus sans pitié; sois barbare à ton tour;
Sois le fils de Ninus en m'arrachant le jour:
Frappe. Mais quoi! tes pleurs se mêlent à mes larmes!
O Ninias! ô jour plein d'horreur et de charmes!...
Avant de me donner la mort que tu me dois,
De la nature encor laisse parler la voix;

ACTE IV, SCÈNE IV.

Souffre au moins que les pleurs de ta coupable mère
Arrosent une main si fatale et si chère.

ARZACE.

Ah! je suis votre fils; et ce n'est pas à vous,
Quoi que vous ayez fait, d'embrasser mes genoux.
Ninias vous implore, il vous aime, il vous jure
Les plus profonds respects, et l'amour la plus pure.
C'est un nouveau sujet, plus cher et plus soumis;
Le Ciel est apaisé, puisqu'il vous rend un fils :
Livrez l'infame Assur au Dieu qui vous pardonne.

SÉMIRAMIS.

Reçois pour te venger mon sceptre et ma couronne;
Je les ai trop souillés.

ARZACE.

    Je veux tout ignorer,
Je veux avec l'Asie encor vous admirer.

SÉMIRAMIS.

Non; mon crime est trop grand.

ARZACE.

      Le repentir l'efface.

SÉMIRAMIS.

Ninus t'a commandé de régner en ma place;
Crains ses mânes vengeurs.

ARZACE.

      Ils seront attendris
Des remords d'une mère et des larmes d'un fils.
Otane, au nom des Dieux, ayez soin de ma mère;
Et cachez comme moi cet horrible mystère.

FIN DU QUATRIÈME ACTE.

ACTE CINQUIÈME.

SCÈNE I.

SÉMIRAMIS, OTANE.

OTANE.

Songez qu'un dieu propice a voulu prévenir
Cet effroyable hymen, dont je vous vois frémir.
La nature étonnée à ce danger funeste,
En vous rendant un fils, vous arrache à l'inceste.
Des oracles d'Ammon les ordres absolus,
Les infernales voix, les mânes de Ninus,
Vous disaient que le jour d'un nouvel hyménée
Finirait les horreurs de votre destinée :
Mais ils ne disaient pas qu'il dût être accompli.
L'hymen s'est préparé, votre sort est rempli;
Ninias vous révère. Un secret sacrifice
Va contenter des Dieux la facile justice :
Ce jour si redouté fera votre bonheur.

SÉMIRAMIS.

Ah! le bonheur, Otane, est-il fait pour mon cœur?
Mon fils s'est attendri; je me flatte, j'espère
Qu'en ces premiers moments la douleur d'une mère
Parle plus hautement à ses sens oppressés
Que le sang de Ninus, et mes crimes passés.

Mais peut-être bientôt, moins tendre et plus sévère,
Il ne se souviendra que du meurtre d'un père.
OTANE.
Que craignez-vous d'un fils ? quel noir pressentiment ?
SÉMIRAMIS.
La crainte suit le crime ; et c'est son châtiment.
Le détestable Assur sait-il ce qui se passe ?
N'a-t-on rien attenté ? sait-on quel est Arzace ?
OTANE.
Non ; ce secret terrible est de tous ignoré :
De l'ombre de Ninus l'oracle est adoré ;
Les esprits consternés ne peuvent le comprendre.
Comment servir son fils ? pourquoi venger sa cendre ?
On l'ignore, on se tait. On attend ces moments
Où, fermé sans réserve au reste des vivants,
Ce lieu saint doit s'ouvrir pour finir tant d'alarmes.
Le peuple est aux autels ; vos soldats sont en armes.
Azéma, pâle, errante, et la mort dans les yeux,
Veille autour du tombeau, lève les mains aux cieux.
Ninias est au temple, et d'une âme éperdue,
Se prépare à frapper sa victime inconnue.
Dans ses sombres fureurs Assur enveloppé
Rassemble les débris d'un parti dissipé ;
Je ne sais quels projets il peut former encore.
SÉMIRAMIS.
Ah ! c'est trop ménager un traître que j'abhorre ;
Qu'Assur chargé de fers en vos mains soit remis :
Otane, allez livrer le coupable à mon fils.
Mon fils apaisera l'éternelle justice,
En répandant du moins le sang de mon complice :

Qu'il meure; qu'Azéma, rendue à Ninias,
Du crime de mon règne épure ces climats.
Tu vois ce cœur, Ninus, il doit te satisfaire :
Tu vois du moins en moi des entrailles de mère.
Ah! qui vient dans ces lieux à pas précipités?
Que tout rend la terreur à mes sens agités!

SCÈNE II.

SÉMIRAMIS, AZÉMA.

AZÉMA.

Madame, pardonnez si, sans être appelée,
De mortelles frayeurs trop justement troublée,
Je viens avec transport embrasser vos genoux.

SÉMIRAMIS.

Ah! Princesse, parlez, que me demandez-vous?

AZÉMA.

D'arracher un héros au coup qui le menace,
De prévenir le crime, et de sauver Arzace.

SÉMIRAMIS.

Arzace? lui! quel crime?

AZÉMA.

     Il devient votre époux;
Il me trahit, n'importe, il doit vivre pour vous.

SÉMIRAMIS.

Lui, mon époux? grands Dieux!

AZÉMA.

     Quoi! l'hymen qui vous lie...

SÉMIRAMIS.

Cet hymen est affreux, abominable, impie.

Arzace! il est... Parlez; je frissonne; achevez :
Quels dangers...? hâtez-vous...

AZÉMA.

Madame, vous savez
Que peut-être au moment que ma voix vous implore...

SÉMIRAMIS.

Eh bien?

AZÉMA.

Ce demi-dieu, que je redoute encore,
D'un secret sacrifice en doit être honoré
Au fond du labyrinthe à Ninus consacré.
J'ignore quels forfaits il faut qu'Arzace expie.

SÉMIRAMIS.

Quels forfaits, justes Dieux!

AZÉMA.

Cet Assur, cet impie,
Va violer la tombe où nul n'est introduit.

SÉMIRAMIS.

Qui? lui?

AZÉMA.

Dans les horreurs de la profonde nuit,
Des souterrains secrets, où sa fureur habile
A tout événement se creusait un asile,
Ont servi les desseins de ce monstre odieux;
Il vient braver les morts, il vient braver les Dieux :
D'une main sacrilége, aux forfaits enhardie,
Du généreux Arzace il va trancher la vie.

SÉMIRAMIS.

O Ciel! qui vous l'a dit? comment, par quel détour?

AZÉMA.

Fiez-vous à mon cœur éclairé par l'amour ;
J'ai vu du traître Assur la haine envenimée,
Sa faction tremblante, et par lui ranimée,
Ses amis rassemblés, qu'a séduits sa fureur.
De ses desseins secrets j'ai démêlé l'horreur ;
J'ai feint de réunir nos causes mutuelles ;
Je l'ai fait épier par des regards fidèles :
Il ne commet qu'à lui ce meurtre détesté ;
Il marche au sacrilége avec impunité.
Sûr que dans ce lieu saint nul n'osera paraître,
Que l'accès en est même interdit au grand-prêtre,
Il y vole : et le bruit par ses soins se répand
Qu'Arzace est la victime, et que la mort l'attend ;
Que Ninus dans son sang doit laver son injure.
On parle au peuple, aux grands, on s'assemble, on murmure.
Je crains Ninus, Assur, et le Ciel en courroux.

SÉMIRAMIS.

Eh bien ! chère Azéma, ce Ciel parle par vous :
Il me suffit. Je vois ce qui me reste à faire.
On peut s'en reposer sur le cœur d'une mère.
Ma fille, nos destins à-la-fois sont remplis ;
Défendez votre époux, je vais sauver mon fils.

AZÉMA.

Ciel !

SÉMIRAMIS.

Prête à l'épouser, les Dieux m'ont éclairée ;
Ils inspirent encore une mère éplorée :
Mais les moments sont chers. Laissez-moi dans ces lieux ;
Ordonnez en mon nom que les prêtres des Dieux,

Que les chefs de l'Etat viennent ici se rendre.
(*Azéma passe dans le vestibule du temple; Sémiramis, de l'autre côté, s'avance vers le mausolée.*)
Ombre de mon époux! je vais venger ta cendre.
Voici l'instant fatal où ta voix m'a promis
Que l'accès de ta tombe allait m'être permis :
J'obéirai; mes mains qui guidaient des armées,
Pour secourir mon fils, à ta voix sont armées.
Venez, gardes du trône, accourez à ma voix;
D'Arzace désormais reconnaissez les lois :
Arzace est votre roi; vous n'avez plus de reine :
Je dépose en ses mains la grandeur souveraine.
Soyez ses défenseurs, ainsi que ses sujets.
Allez.
(*Les gardes se rangent au fond de la scène.*)
Dieux tout-puissants, secondez mes projets.
(*Elle entre dans le tombeau.*)

SCÈNE III.

AZÉMA *revenant de la porte du temple sur le devant de la scène.*

Que méditait la reine, et quel dessein l'anime?
A-t-elle encor le temps de prévenir le crime?
O prodige, ô destin, que je ne conçois pas!
Moment cher et terrible, Arzace, Ninias!
Arbitres des humains, puissances que j'adore,
Me l'avez-vous rendu pour le ravir encore?

SCÈNE IV.

AZÉMA, ARZACE ou NINIAS.

AZÉMA.

Ah! cher Prince, arrêtez. Ninias, est-ce vous?
Vous, le fils de Ninus, mon maître et mon époux?

NINIAS.

Ah! vous me revoyez confus de me connaître.
Je suis du sang des Dieux, et je frémis d'en être.
Ecartez ces horreurs qui m'ont environné,
Fortifiez ce cœur au trouble abandonné,
Encouragez ce bras prêt à venger un père.

AZÉMA.

Gardez-vous de remplir cet affreux ministère.

NINIAS.

Je dois un sacrifice, il le faut, j'obéis.

AZÉMA.

Non, Ninus ne veut pas qu'on immole son fils.

NINIAS.

Comment?

AZÉMA.

Vous n'irez point dans ce lieu redoutable:
Un traître y tend pour vous un piége inévitable.

NINIAS.

Qui peut me retenir, et qui peut m'effrayer?

AZÉMA.

C'est vous que dans la tombe on va sacrifier;
Assur, l'indigne Assur a d'un pas sacrilége
Violé du tombeau le divin privilége :
Il vous attend.

NINIAS.

Grands Dieux! tout est donc éclairci.
Mon cœur est rassuré, la victime est ici.
Mon père, empoisonné par ce monstre perfide,
Demande à haute voix le sang du parricide.
Instruit par le grand-prêtre, et conduit par le Ciel,
Par Ninus même armé contre le criminel,
Je n'aurai qu'à frapper la victime funeste
Qu'amène à mon courroux la justice céleste.
Je vois trop que ma main, dans ce fatal moment,
D'un pouvoir invincible est l'aveugle instrument.
Les Dieux seuls ont tout fait, et mon ame étonnée
S'abandonne à la voix qui fait ma destinée.
Je vois que, malgré nous, tous nos pas sont marqués;
Je vois que des enfers ces mânes évoqués
Sur le chemin du trône ont semé les miracles :
J'obéis sans rien craindre, et j'en crois les oracles.

AZÉMA.

Tout ce qu'ont fait les Dieux ne m'apprend qu'à frémir :
Ils ont aimé Ninus, ils l'ont laissé périr.

NINIAS.

Ils le vengent enfin : étouffez ce murmure.

AZÉMA.

Ils choisissent souvent une victime pure;
Le sang de l'innocence a coulé sous leurs coups.

NINIAS.

Puisqu'ils nous ont unis, ils combattent pour nous.
Ce sont eux qui parlaient par la voix de mon père.
Ils me rendent un trône, une épouse, une mère;

Et, couvert à vos yeux du sang du criminel,
Ils vont de ce tombeau me conduire à l'autel.
J'obéis, c'est assez; le Ciel fera le reste.

SCÈNE V.

AZEMA, seule.

Dieux! veillez sur ses pas, dans ce tombeau funeste.
Que voulez-vous? quel sang doit aujourd'hui couler?
Impénétrables Dieux, vous me faites trembler.
Je crains Assur, je crains cette main sanguinaire;
Il peut percer le fils sur la cendre du père.
Abîmes redoutés, dont Ninus est sorti,
Dans vos antres profonds que ce monstre englouti
Porte au sein des enfers la fureur qui le presse!
Cieux, tonnez! cieux, lancez la foudre vengeresse!
O son père! ô Ninus, quoi, tu n'as pas permis
Qu'une épouse éplorée accompagnât ton fils!
Ninus, combats pour lui dans ce lieu de ténèbres!
    N'entends-je pas sa voix parmi des cris funèbres?
Dût ce sacré tombeau, profané par mes pas,
Ouvrir pour me punir les gouffres du trépas,
J'y descendrai, j'y vole... Ah! quels coups de tonnerre
Ont enflammé le ciel et font trembler la terre!
Je crains, j'espère... il vient.

SCÈNE VI.

NINIAS, *une épée sanglante à la main*, AZÉMA.

NINIAS.
Ciel, où suis-je?
AZÉMA.
Ah! Seigneur,
Vous êtes teint de sang, pâle, glacé d'horreur.
NINIAS, *d'un air égaré*.
Vous me voyez couvert du sang du parricide.
Au fond de ce tombeau, mon père était mon guide.
J'errais dans les détours de ce grand monument,
Plein de respect, d'horreur et de saisissement;
Il marchait devant moi : j'ai reconnu la place
Que son ombre en courroux marquait à mon audace.
Auprès d'une colonne, et loin de la clarté
Qui suffisait à peine à ce lieu redouté,
J'ai vu briller le fer dans la main du perfide;
J'ai cru le voir trembler : tout coupable est timide.
J'ai deux fois dans son flanc plongé ce fer vengeur;
Et d'un bras tout sanglant, qu'animait ma fureur,
Déjà je le traînais, roulant sur la poussière,
Vers les lieux d'où partait cette faible lumière;
Mais, je vous l'avoûrai, ses sanglots redoublés,
Ses cris plaintifs et sourds, et mal articulés,
Les Dieux qu'il invoquait, et le repentir même
Qui semblait le saisir à son heure suprême;
La sainteté du lieu, la pitié, dont la voix,
Alors qu'on est vengé, fait entendre ses lois;

Un sentiment confus, qui même m'épouvante,
M'ont fait abandonner la victime sanglante.
Azéma, quel est donc ce trouble, cet effroi,
Cette invincible horreur qui s'empare de moi ?
Mon cœur est pur, ô Dieux ! mes mains sont innocentes :
D'un sang proscrit par vous vous les voyez fumantes ;
Quoi ! j'ai servi le Ciel, et je sens des remords !

AZÉMA.

Vous avez satisfait la nature et les morts.
Quittons ce lieu terrible, allons vers votre mère ;
Calmez à ses genoux ce trouble involontaire :
Et puisque Assur n'est plus...

SCÈNE VII.

NINIAS, AZÉMA, ASSUR.

(Assur paraît dans l'enfoncement avec Otane et les gardes de la reine.)

AZÉMA.

Ciel ! Assur à mes yeux !

NINIAS.

Assur ?

AZÉMA.

Accourez tous, ministres de nos Dieux,
Ministres de nos rois, défendez votre maître.

SCÈNE VIII.

LE GRAND-PRÊTRE OROËS, LES MAGES ET LE PEUPLE, NINIAS, AZÉMA, ASSUR *désarmé*, MITRANE, OTANE.

OTANE.

Il n'en est pas besoin ; j'ai fait saisir le traître,
Lorsque dans ce lieu saint il allait pénétrer :
La reine l'ordonna ; je viens vous le livrer.

NINIAS.

Qu'ai-je fait ? et quelle est la victime immolée ?

OROËS.

Le Ciel est satisfait ; la vengeance est comblée.
    (*En montrant Assur.*)
Peuples, de votre roi voilà l'empoisonneur :
    (*En montrant Ninias.*)
Peuples, de votre roi voilà le successeur.
Je viens vous l'annoncer, je viens le reconnaître ;
Revoyez Ninias, et servez votre maître.

ASSUR.

Toi, Ninias ?

OROËS.

            Lui-même : un dieu qui l'a conduit
Le sauva de ta rage, et ce dieu te poursuit.

ASSUR.

Toi, de Sémiramis tu reçus la naissance ?

NINIAS.

Oui ; mais pour te punir j'ai reçu sa puissance.
Allez, délivrez-moi de ce monstre inhumain :
Il ne méritait pas de tomber sous ma main.

Qu'il meure dans l'opprobre, et non de mon épée ;
Et qu'on rende au trépas ma victime échappée.

(*Sémiramis paraît au pied du tombeau mourante; un mage qui est à cette porte la relève.*)

ASSUR.

Va : mon plus grand supplice est de te voir mon roi ;
(*Apercevant Sémiramis.*)
Mais je te laisse encor plus malheureux que moi :
Regarde ce tombeau ; contemple ton ouvrage.

NINIAS.

Quelle victime, ô Ciel, a donc frappé ma rage ?

AZÉMA.

Ah ! fuyez, cher époux !

MITRANE.

Qu'avez-vous fait ?

OROÈS, *se mettant entre le tombeau et Ninias.*

Sortez ;
Venez purifier vos bras ensanglantés ;
Remettez dans mes mains ce glaive trop funeste,
Cet aveugle instrument de la fureur céleste.

NINIAS, *courant vers Sémiramis.*

Ah ! cruels, laissez-moi le plonger dans mon cœur.

OROÈS, *tandis qu'on désarme Ninias.*

Gardez de le laisser à sa propre fureur.

SÉMIRAMIS, *qu'on fait avancer, et qu'on place sur un fauteuil.*

Viens me venger, mon fils : un monstre sanguinaire,
Un traître, un sacrilége, assassine ta mère.

NINIAS.

O jour de la terreur! ô crimes inouïs!
Ce sacrilége affreux, ce monstre est votre fils.
Au sein qui m'a nourri, cette main s'est plongée :
Je vous suis dans la tombe, et vous serez vengée.

SÉMIRAMIS.

Hélas! j'y descendis pour défendre tes jours.
Ta malheureuse mère allait à ton secours...
J'ai reçu de tes mains la mort qui m'était due.

NINIAS.

Ah! c'est le dernier trait à mon ame éperdue.
J'atteste ici les Dieux qui conduisaient mon bras,
Ces Dieux qui m'égaraient...

SÉMIRAMIS.

Mon fils, n'achève pas :
Je te pardonne tout, si, pour grâce dernière,
Une si chère main ferme au moins ma paupière.

(*Il se jette à genoux.*)

Viens, je te le demande, au nom du même sang
Qui t'a donné la vie, et qui sort de mon flanc.
Ton cœur n'a pas sur moi conduit ta main cruelle.
Quand Ninus expira, j'étais plus criminelle.
J'en suis assez punie. Il est donc des forfaits
Que le courroux des Dieux ne pardonne jamais!
Ninias, Azéma, que votre hymen efface
L'opprobre dont mon crime a souillé votre race;
D'une mère expirante approchez-vous tous deux;
Donnez-moi votre main; vivez, régnez heureux :
Cet espoir me console; il mêle quelque joie
Aux horreurs de la mort où mon ame est en proie.

Je la sens... elle vient... songe à Sémiramis,
Ne hais point sa mémoire : ô mon fils ! mon cher fils...
C'en est fait.

OROÈS.

La lumière à ses yeux est ravie.
Secourez Ninias, prenez soin de sa vie.
Par ce terrible exemple apprenez tous du moins
Que les crimes secrets ont les Dieux pour témoins.
Plus le coupable est grand, plus grand est le supplice.
Rois, tremblez sur le trône, et craignez leur justice. *

* Ces derniers vers rappellent, pour la morale, ceux qui terminent *Athalie*.

FIN DE SÉMIRAMIS.

COMMENTAIRE GRAMMATICAL DE LAHARPE,

AVEC

DES REMARQUES DE L'ÉDITEUR ACTUEL *.

~~~~~~~~~~~~~~~~~~~~~~~~~~~~~~

ZULIME.

Acte I, scène I, page 14.

> . . . . C'est un titre qui rend
> Notre affront plus sensible, et son crime plus grand.

Cet enjambement est contre les règles de la versification française. — Du moins la phrase ne se termine pas au premier hémistiche du second vers, mais elle finit avec le vers; et ni l'euphonie, ni la langue, sous le rapport de la construction, ne sont blessées.

Ibid. page 15.

> Et quand vos citoyens, par nos soins respirants,
> A quelque ombre de paix ont porté vos tyrans, etc.

Ce dernier vers manque d'élégance. — *Ont porté à quelque ombre*, pour *ont porté à donner quelque ombre*, est plus qu'un défaut d'élégance; et en outre, dans le premier vers, le pluriel *respirants*, mis à cause de la rime, est une faute contre la règle de l'indéclinabilité de ces participes, quand le sens demande, comme ici, un complément du verbe.

* On a en général séparé ces Remarques de l'Éditeur par un tiret.

Acte I, scène II, page 17.

C'est toi qui découvris, dans mes esprits troublés,
De mon secret penchant les traits mal démêlés.
C'est toi qui les nourris, etc.

Comment *nourrit-on des traits?* —L'Auteur aura pu mettre, *c'est toi qui le nourris* (ce penchant).

Acte I, scène III, page 21.

Dérobez-vous, Madame, aux peuples irrités
Qui poursuivent sur nous l'excès de vos bontés.

On ne peut *poursuivre des bontés* en ce sens, ni surtout *l'excès des bontés*. On dit *poursuivre des grâces,* c'est-à-dire, *tâcher d'en obtenir*.

Ibid. même page.

Calmez de vos chagrins l'importune douleur.

La douleur de vos chagrins est une phrase incorrecte. — L'inversion rendrait l'incorrection moins sensible. Mais il peut y avoir une ellipse; *de* aurait un sens actif. *La douleur de,* etc., signifierait, *la douleur que vous causent vos chagrins*.

Acte I, scène IV, même page.

Le peu de nos amis *dont* nos murs sont gardés...
En défendront l'approche.

Dont ces murs sont gardés est une faute de grammaire. *Dont* ne peut se mettre que pour *de qui* (en cet endroit), et l'on ne peut pas dire, *de qui* ces murs sont gardés : il faut dire : *par qui*.

Acte II, scène I, page 26.

Ils ont quitté ces traits, ces funestes machines,
Qui des murs d'Arsénie apportaient les ruines.

Apportaient les ruines est une expression très-impropre. *Ruines* ne peut jamais se prendre que pour *débris*. Or, comment des machines de guerre peuvent-elles *apporter les débris des murs?* Le sens demandait qu'on mît, *apporter la ruine.*

Acte II, scène II, page 33.

. . . . . . Soit ou crime ou devoir.

Le premier *ou* est inutile, et dur à l'oreille. — Il fallait, *soit crime, soit devoir.*

Acte II, scène III, page 34.

Sa voix de ce palais s'est fait ouvrir la porte.

Pour parler plus exactement on dirait, *sa voix lui a fait ouvrir la porte.* — Cela est vrai, surtout en prose.

Acte III, scène II, page 44.

. . . . . . Mon ame est en proie,
A tout l'emportement de l'excès de ma joie.

A tout, etc., est un mauvais vers. — C'est moins l'expression *à tout,* rejetée par l'enjambement au second vers, que la redondance de *l'emportement de l'excès,* qui gâte ce vers.

Acte III, scène VII, page 55.

Sa fureur échauffait les glaces de son âge.

Peut-on dire, *échauffer les glaces?* — Non; mais *glaces de l'âge,* est pris au figuré; et ces mots, que la critique n'a point dû séparer, atténuent ce que l'expression a d'exagéré.

Acte IV, scène I, page 58.

Je vous laisse à regret dans ces horreurs mortelles.
— Va, dis-je. Ah! j'en mérite encor de plus cruelles!

On ne dit point, *mériter des horreurs.* — Sans doute; mais on voit qu'en y joignant l'épithète de *cruelles,* il y a moins de disparate dans ces expressions; et d'ailleurs on sous-entend (je mérite) d'en essuyer.

Acte IV, scène V, page 65.

> . . . . . . Ce poison détesté,..
> De toutes les fureurs m'embrase et me déchire.

On dit *enflammé de fureur*, mais non *embrasé de fureur*. Les fureurs n'*embrasent* ni ne *déchirent*. — Mais un *poison* qui *enflamme*, serait encore moins le terme propre. Le mot *déchirer* peut ici paraître amené par le mot *embraser*.

Acte IV, scène VI, pages 67-68.

> Je jure encor ce Ciel...
> Que s'il me permettait de délivrer Ramire,
> S'*il* osait me donner son cœur et son empire, etc.

Ce second *il*, qui semble se rapporter encore à Ciel, se rapporte, par le sens, à Ramire : cela fait obscurité. — On trouve rarement de ces fautes contre la clarté dans Voltaire, qui a dit lui-même que l'emploi des pronoms sans équivoque forme une des plus grandes difficultés de notre langue.

Acte IV, scène VII, page 69.

> Il ne mourra pas seul ; et *devant qu'il* expire.

Racine et Voltaire se permettent d'employer *devant que*, pour *avant que* : c'est une licence dont on ne peut user dans la prose.

MAHOMET.

Acte I, scène I, page 123.

Les flambeaux de la haine, entre nous allumés,
Jamais des mains du temps ne seront consumés.

Les *mains* ne *consument* point; et Phanor, qui répond, en continuant la métaphore des flambeaux :

Ne les éteignez point, mais cachez-en la flamme,

parle un langage trop peu naturel : mais au reste, il n'y a presque point de semblables fautes de style dans *Mahomet*.

Ibid. même page.

Quand vous touchez au port, vous expose au naufrage?

La variante *vous fait exposer* offre une leçon défectueuse : il faudrait dire régulièrement, *vous fait vous exposer*.

Acte I, scène II, page 125.

De vos justes desirs si je remplis les vœux.

Les vœux de vos desirs, pléonasme blâmable.

Ibid. page 126.

Non, d'un si grand hymen mon cœur n'est point flatté.

L'expression est peu juste : le sens demanderait, *ne se flatte pas d'un*, etc., (n'espère pas un); ce qui n'est pas la même chose que *n'est point flatté d'un* (par un), etc.

Acte I, scène IV, page 132.

Quand mes yeux, éclairés du feu de son génie,
Le virent s'élever dans sa course infinie.

S'élever dans sa course infinie : ces mots sont impropres et mal assemblés. — *Hardie* eût suffi d'ailleurs, au lieu d'*infinie*, qui forme une rime riche, mais dont l'expression est exagérée et vague.

Acte I, scène IV, page 133.

. . . . . . Tu penses me séduire,
Me vendre ici ma honte, et marchander la paix
Par ses trésors honteux, le prix de ses forfaits.

Marchander la paix par, est dur et inexact : il faudrait *avec* au lieu de *par*. — Dans *Mérope*, il y a :

Vous achetiez sa mort *avec* mon hyménée.

Ici, il faudrait *par*.

Acte II, scène II, page 139.

Nous faisons retentir *à* ce peuple agité
Les noms sacrés de Dieu, de paix, de liberté.

Retentir à n'est pas exact. — Cependant on dirait bien, *retentir aux oreilles de*, etc. Mais, *à ce peuple* serait une licence elliptique trop forte.

Acte II, scène IV, page 143.

Reviens me rendre compte, et voir s'il faut hâter
Ou retenir les coups que je dois lui porter.

Rendre compte demande un régime. Compte de quoi ? — C'est du moins pour la régularité qu'un régime indirect conviendrait.

Acte II, scène V, page 147.

Porte ailleurs tes *leçons*, l'école des tyrans.

Des *leçons* ne sont point une *école*. — Mais c'est-là une

légère inexactitude, dans une scène dont le style est si également soutenu.

Acte III, scène III, page 157.

Esclave de vos lois, soumise, à vos genoux,
Mon cœur d'un saint respect ne perd point l'habitude.

Soumise à vos genoux est une espèce d'ellipse : il faut supposer *étant à vos genoux*.

Ibid. page 158.

Affermissez ses pas *où* son devoir le guide.

La phrase est incorrecte. *Où* n'est gouverné par rien. — On peut néanmoins dire que *où* est pour *là où*.

Acte III, scène IV, même page.

Vous allez éprouver, dans cet horrible jour,
Ce que peut à-la-fois ma haine et mon amour.

— Le singulier pour le pluriel, *peut* au lieu de *peuvent*, est une de ces irrégularités que les poètes se permettent pour la mesure, quoiqu'ici la pluralité du sujet soit bien marquée par le sens.

Acte III, scène VI, page 161.

Quand je demande un sang à lui seul adressé,
Quand Dieu vous a choisi, vous avez balancé !

Un *sang adressé*, pour *consacré à*, est sans doute un terme impropre ; — mais à peine s'en aperçoit-on dans un discours si artificieux, et qui a partout la couleur de l'inspiration.

Acte IV, scène III, page 172.

Vous me voyez, Palmire, en proie à cet orage,
Nageant dans le reflux des contrariétés,
Qui pousse et qui retient mes faibles volontés.

Quoique ces vers semblent trop figurés pour la situation,

cependant, ils caractérisent, ainsi que d'autres morceaux semblables, le génie métaphorique des Arabes.

Acte V, scène I, page 185.

.... Ce reste importun de la sédition
N'est qu'un bruit passager des flots après l'orage,
Dont le courroux mourant frappe encor le rivage.

— Nouvel emploi du style figuré. Une variante qui porte, *de flots après l'orage*, fait que le relatif *dont* avec *flots* est plus régulier ; mais la construction en devient dure.

MÉROPE.

Lettre à M. Maffei, page 217.

Si la *Mérope* française a eu le même succès, etc., c'est à vous, Monsieur, que je le dois : c'est cette simplicité, dont j'ai toujours été idolâtre, qui dans votre ouvrage m'a servi de modèle.—On a imprimé, *c'est à cette simplicité*, etc., rapporté à ce qui précède, et comme en étant la suite ; mais alors il faudrait, *et qui :* conjonction que Voltaire n'eût pas omise pour la clarté de la construction, s'il avait ajouté la préposition *à*.

Acte I, scène II, page 235.

De leurs affreux complots il faut tromper la rage.

La rage des complots est un terme impropre. — Le mot *rage* ne comprend point l'idée de *manœuvre*, de *trame* ; ce qui serait nécessaire pour faire supporter l'ellipse du verbe.

Acte I, scène II, page 236.

> . . . . Rallumons, dans ces ames timides,
> Ces regrets mal éteints du sang des Héraclides.

On dit bien *le regret d'une faute qu'on a commise;* mais on ne peut dire, même en poésie, *le regret d'un père, d'une mère, d'un ami que l'on a perdus,* etc. D'ailleurs, des regrets ne *s'éteignent* ni ne *se rallument :* la métaphore n'est pas juste. — Il est bon d'expliquer plus clairement l'énoncé de Laharpe, qu'on ne peut dire *le regret d'un père,* etc. C'est que le *de* est équivoque, et qu'il est pris par le poète dans le sens passif, tandis qu'il a un sens actif avec le mot *regret* appliqué aux personnes.

Acte II, scène I, page 246.

> Il verrait que jamais sa malheureuse mère
> Ne lui donna d'amour une marque plus chère.

Ne lui donna d'amour, est une inversion un peu dure. — Cet hémistiche semble d'ailleurs former un sens à part.

Acte II, scène II, page 247.

> Celle de qui la gloire et l'infortune affreuse
> Retentit jusqu'à moi dans le fond des déserts?

Il faut, pour la règle, *ont retenti.*

Ibid. page 250.

> Ceux dont je tiens le jour, Polyclète, Sirris,
> Ne sont point des mortels dignes de vos mépris :
> Leur sort les avilit.

Abaisse eût été plus juste qu'*avilit*. Rien ne peut avilir ceux qu'Égisthe vient de dépeindre.

Acte II, scène VII, page 258.

> Au sein du meurtrier j'enfoncerai mon bras.

Voltaire est le premier qui se soit permis de mettre *enfoncer le bras,* pour *enfoncer le fer.*

On trouve encore dans la *Mort de César* :

Enfonçons dans leur sein nos bras désespérés.

Cette espèce de métonymie est peut-être trop hasardée Il n'y en a pas d'exemple dans Racine.

Acte IV, scène II, page 283.

Vous achetiez sa mort *avec* mon hyménée.

Phrase peu élégante, dit le Commentateur. — Il suffirait de mettre *par* au lieu d'*avec*, et la phrase serait bonne. Mais ce sont-là de légères taches dans une pièce si purement écrite qu'on n'a pu en remarquer que de ce genre, et en petit nombre.

Acte V, scène II, page 290.

Crois-moi, n'affecte point, dans ton sort abattu,
Cet orgueil dangereux que tu prends pour vertu.

Dans ton sort abattu est un terme impropre.

SÉMIRAMIS.

Acte I, scène III, page 345.

Aisément des mortels ils ont *séduit* les yeux :
Mais on ne peut tromper l'œil vigilant des Dieux.

On ne peut séduire *des yeux*. Les éditions précédentes portaient *ils ont trompé*; et la répétition de ce mot n'était point un défaut.

Acte I, scène V, page 350.

Arzace auprès du temple a devancé le jour.

Il y a dans *Esther* :

Aman à votre porte a devancé le jour.

De pareils vers appartiennent à tout le monde.

Acte II, scène I, page 355.

Vous seul, portant la foudre au fond de leurs déserts,
Brisâtes mes liens, remplîtes ma vengeance.

Ces deux prétérits sont peu agréables à l'oreille. Dit-on, d'ailleurs, *remplir la vengeance ?*

Ibid. même page.

Votre cœur généreux. . . . . .
A cru que. . . vous pouviez, etc.

C'est une inadvertance causée par la longueur de la phrase. — Cependant, comme la construction est claire, ce peut bien être une licence que se serait permise le poète.

Ibid. page 357.

Conservez vos bontés, je brave son courroux.

Il faudrait, pour le sens, *conservez-moi,* sans quoi le mot *conserver* est trop général.

Ibid. page 358.

Et j'ai tremblé qu'Assur, en ces jours de tristesse,
Du palais effrayé n'accablât la faiblesse.

On ne peut dire, *la faiblesse du palais.* — Au reste, *du palais effrayé* est sans doute pour, *d'une cour effrayée.*

Ibid. même page.

. . . . J'ignore
Si je puis *à son trône* être introduit encore.

Introduit ne se dit que pour les choses qui ont un intérieur. (*Introduit à la cour, dans une maison.*)

Acte II, scène II, page 359.

. . . . Vois enfin si les temps sont venus
De lui porter des coups trop long-temps retenus.

Les temps de faire quelque chose, ne peut se dire comme *le temps,* parce que le temps relatif à la chose que l'on fait;

n'est qu'un. — Oui; mais relativement aux choses que l'on peut faire, pourquoi n'y aurait-il pas lieu à une certaine latitude de temps? Le *de*, en ce cas, signifie *pour*, ou bien *où on peut*.

Acte II, scène II, page 360.

.... La reine m'écoute, et.... sacrifie
A mes justes *conseils* un sujet qui s'oublie.

Sacrifier un sujet à des conseils, est une expression impropre. — Ou il faudrait pouvoir dire *à*, pour *d'après*.

Ibid. même page.

Je vais remplir son ordre à mon zèle commis.

Un ordre commis est encore un terme impropre. — Le Commentateur eût plutôt dû relever la transposition de *commis*. Mais pourquoi ne dirait-on pas *un ordre commis* (confié) au zèle?

Acte II, scène IV, page 365.

Me donner Azéma, c'est cesser d'être reine;
Oser me refuser, soulève ses États.

L'infinitif *oser* est pris ici pour le nominatif, ce qui est permis rarement, même en poésie. — Cela est vrai, sans doute, surtout quand le verbe qui s'y rapporte n'est pas seulement *c'est* ou *est*; mais un autre verbe, comme ici.

Acte III, scène III, page 378.

Qu'Assur et tous les siens vont être humiliés!
Quand j'aurai dit un mot, la terre est à ses pieds.

Comme *Assur* est le dernier nominatif, *ses pieds*, grammaticalement, se rapportent à lui: mais par le sens, ils se rapportent à Arsace, dont la reine parle dans les vers précédents.

Acte III, scène VI, page 382.

> . . . . . . On va nommer un roi :
> Ce grand choix, tel qu'il soit, peut n'offenser que moi.

La négation est mal placée. Il faut, pour le sens, *ne peut offenser que moi*, ce qui est fort différent. — Il faut aussi, *quel qu'il soit*.

Ibid. page 383.

> Jurons tous. . . . . . par Sémiramis, etc.,
> D'obéir sans murmure au gré de sa justice.

Au gré est ici gouverné par *obéir*, ce qui est un peu contre l'usage. Au gré s'emploie le plus souvent comme adverbe; c'est-à-dire, *selon le gré*. — En ôtant la virgule après *obéir*, le complément est *sans murmure;* et *au gré* a moins l'air d'être le régime.

Ibid. page 386.

> Quand il en sera temps, je t'y ferai descendre.

Une incorrection existe dans ce vers. Cet *y* se rapporte à la cendre de Ninus; et l'on ne descend point *dans une cendre.* — L'ancien éditeur du Commentaire qualifie avec raison cette Remarque de minutieuse, parce que, par la force du sens, ce même *y* se rapporte au mot *tombeau*, exprimé dans ce que vient de dire Sémiramis, auquel répond l'Ombre de Ninus.

Acte IV, scène IV, page 402.

> La nature trompée est horrible à tous deux.

Il faudrait, pour l'exactitude, *est horrible pour tous deux*. Mais l'analogie n'est point blessée, et la construction ajoute à l'énergie.

Acte V, scène I, page 404.

La nature étonnée à ce danger funeste,
En vous rendant un fils, vous arrache à l'inceste.

Il faudrait, *étonnée de*. — Mais on a observé qu'on pouvait supposer une ellipse (*étonnée à la vue de, à l'approche de*, etc.).

FIN DU COMMENTAIRE GRAMMATICAL DU TROISIÈME VOLUME.

TABLE DES PIÈCES

CONTENUES

DANS CE VOLUME.

ZULIME, tragédie................... Pag. 1
   Avertissement........................... 3
   Épître à mademoiselle Clairon............ 5
   Variantes du quatrième et du cinquième acte de Zulime............................ 81
LE FANATISME, ou Mahomet le Prophète, tragédie. 97
   Avertissement........................... 99
   A sa Majesté le roi de Prusse............ 101
   Lettre de M. de Voltaire au pape Benoît XIV...... 110
   Traduction............................ 111
   Réponse du souverain pontife Benoît XIV à Voltaire. 112
   Traduction............................ 114
   Lettre de remercîment de M. de Voltaire au pape.... 116
   Traduction............................ 118
MÉROPE, tragédie....................... 195
   Lettre du père de Tournemine au père Brumoy, sur la tragédie de *Mérope*................. 197
   Lettre à M. le marquis Scipion Maffei............ 201
   Lettre de M. de La Lindelle à M. de Voltaire....... 220
   Réponse de M. de Voltaire à M. de La Lindelle..... 227

SÉMIRAMIS, tragédie..................Pag. 303
   Dissertation sur la tragédie ancienne et moderne.... 305
   Avertissement....................... 335
COMMENTAIRE GRAMMATICAL................ 419

FIN DE LA TABLE.

L.-É. HERHAN, IMPRIMEUR-STÉRÉOTYPE,
RUE TRAÎNÉE, N° 15, PRÈS DE SAINT-EUSTACHE.

www.ingramcontent.com/pod-product-compliance
Lightning Source LLC
Chambersburg PA
CBHW070612230426
43670CB00010B/1499